KB078351

심리학으로 보는

로마인 이야기

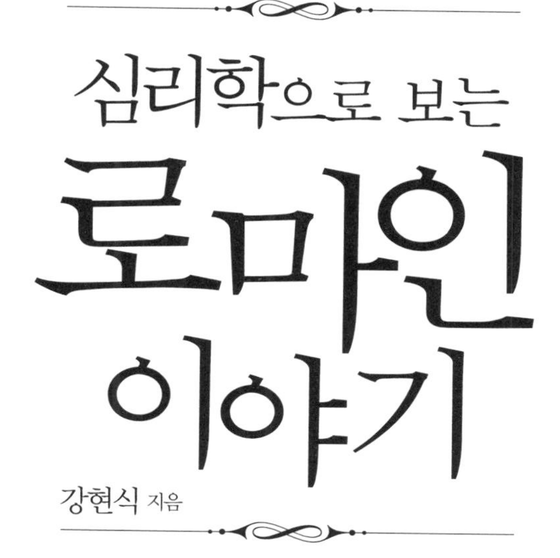

살림

심리학과 역사의 만남

심리학을 공부한 뒤부터 무엇이든 심리학으로 보는 버릇이 생겼다. 신문기사, 영화나 드라마, 그리고 일상에서 일어나는 크고 작은 사건까지도. 물론 심리학이 모든 것을 완벽하게 설명할 수 있다거나 심리적 관점이 가장 설득력 있다고 생각하지는 않는다. 이 세상은 워낙 복잡해서 사람의 마음만으로 모든 것을 설명할 수는 없다. 그러나 사람이 중심인 세상에서 심리적 관점은 여전히 유용하다. 보이지 않았던 부분을 볼 수 있고 미처 몰랐던 것을 알 수 있을뿐더러 모호함이 선명함으로 바뀌기도 한다. 역사 분야라고 예외일 수 없다. 그저 옛날이야기에 불과한 역사도 심리학이라는 조명으로 비추어 보면 생명력이 느껴진다.

많은 사람들은 역사에서 만나는 수많은 인물들이 우리와는 다른 종이라고 생각하는 경향이 있는 것 같다. 물론 왕이나 지도자를 비롯한 유명한 역사적 인물들이 우리네 범인과는 뭔가 다를 것이라는 기대가 드는 것은 사실이다. 필자의 전작 『심리학으로 보는 조선왕조실록』을 읽은 독자들은 이런 서평을 남겼다.

> 그들도 한 인간으로서, 인간적인 고뇌와 열등감, 그리고 언제 자신이 내쳐질지 모른다는 불안감 속에서 살아왔다. 놀랍지 않은가! 왕인데……. (ID: struclove)
>
> 왕도 지극히 단순한 한 인간에 지나지 않는 것을……. (ID: beigebrown)

그렇다. 왕을 비롯하여 역사에 등장하는 이들도 모두 인간이다. 비록 시대와 환경이 다르고 지위와 역할이 다르지만 그들 역시 사람이었다는 사실을 우리는 알면서도 모르고 있었던 것은 아닐지. 이런 측면에서 심리적 관점은 우리가 역사에서 놓칠 수 있는 부분을 보여 준다.

사실 역사와 심리학은 '인간'이라는 공통분모가 있지만 두 분야의 학자들은 서로에 대하여 매우 무관심하다. 당연히 학자들은 자신의 분야에서 인정받을 연구를 해야 하므로 다른 분야에까지 관심을 가지기 어렵다. 자연과학에서는 학제 간 연구가 활발하다지만 인문학이나 사회과학에서는 요원한 일인 듯하다. 그러나 '누구나 다가갈 수 있는 심리학'을 꿈꾸는 필자에게 역사만큼 매력적인 주제는 없었다. 역사는 많은 사람들이 좋아하는 주제로 그 안에는 심리학자의 입장에서 할 얘기가 무궁무진하기 때문이다.

왜 로마인가?

고대 로마(이하 로마)를 주제로 잡은 이유는 크게 두 가지다. 우선 로마에 대한 연구 결과와 다양한 자료들이 많다는 점, 그리고 로마에 관심 있는 사람들이 많다는 점이다. 특히 우리나라에서 로마에 대한 대중의 관심은 시오노 나나미의 『로마인 이야기』가 얻은 인기와 무관하지 않다. 필자 역시 애독자 중의 한 사람이다.

로마에 대한 사람들의 관심은 비단 어제오늘의 일이 아니다. 심지어 당대에도 있었다. 기원전 167년 마케도니아를 정복한 로마가 그리스에서 인질로 데리고 온 천여 명의 귀족에 포함되어 있었던 그리스 역사가 폴리비우스(Polybius, 대략 BC 203~120)는 〈역사〉에서 이렇게 말했다.

> 정말 어리석고 게으른 사람이 아니라면, 로마가 어떻게 그리고 어떠한 방법으로 53년 만에 전 세계를 장악했는지 알고 싶어 할 것이다. 이와 같은 일은 이전에 없었다. 이것 이외에 더 중요하다고 할 수 있는 주제가 어디 있으며, 누가 다른 주제를 연구할 수 있겠는가?

로마에 대한 관심은 르네상스 시대에도 있었다. 마키아벨리(Niccolò Machiavelli, 1469~1527)는 두 귀족에게 『로마사 이야기』를 헌정했다. 이 책은 로마 역사가 리비우스(Titus Livius, BC 59~AD 17)의 〈로마사〉를 토대로 자신의 생각을 전달하고자 한 일종의 정치해설서이다. 책의 서문에 이런 글이 있다.

> 보잘것없는 선물을 삼가 두 분께 드리려 합니다. 두 분이 베풀어

주신 호의에 비할 바는 못 되지만, 저로서는 감히 이보다 더 나은 선물은 바칠 수 없을 것입니다. 여기에는 저의 모든 지식과 오랜 세월에 걸친 경험, 그리고 세상에 대한 끊임없는 탐구를 통해 얻을 수 있었던 모든 것이 들어 있기 때문입니다.

마키아벨리는 자신의 후원자이자 공화주의자인 두 귀족에게 이 책을 헌정했다. 이를 보면 혼란스러운 시대를 살았던 마키아벨리가 조국 피렌체의 번영을 위하여 자신의 '모든 것'을 걸 만한 주제로 로마를 꼽았음을 알 수 있다.

사학자들 중에서도 로마에 관심을 가졌던 사람들이 많이 있다. 실증주의 사가였던 독일의 랑케(Leopold von Ranke, 1795~1886)는 1854년 바이에른의 왕 막시밀리안 2세(Maximilian II, 1811~1864) 앞에서 19회에 걸쳐 역사학 강의를 했는데 두 번째 강의에서 이렇게 말했다.

고대사는 모두 로마사로 흘러들어 간다고 할 수 있습니다. 많은 개울이 호수로 흘러들어 가듯이. 그리고 근대사는 다시금 모두 로마사에서 흘러나옵니다. 로마가 존재하지 않았더라면 역사는 무의미한 것이라고 저는 과감히 주장합니다.

랑케와 동시대의 인물이었던 독일의 사학자 몸젠(Theodor Mommsen, 1817~1903)은 대표 저서가 〈로마사〉일 정도로 로마에 대한 책을 여러 권 저술한 로마법 연구의 권위자이다. 그는 또한 1902년 이 책으로 노벨문학상을 수상하기도 했다. 이를 보면 로마에 대한 사람들의 관심이 어느 정도였는지 가늠해 볼 수 있다.

영국의 에드워드 기번(Edward Gibbon, 1737~1794)도 빼놓을 수 없다. 그의 『로마제국 쇠망사』는 너무나 유명해서 제목을 모르는 사람도 거의 없지만, 제대로 읽은 사람도 거의 없을 정도로 분량이 워낙 방대하다. 그는 트라야누스(Marcus Ulpius Nerva Traianus, 52~117) 황제부터 동로마 제국의 멸망까지를 서술하고 있다. 이 책에서 감동과 영감을 얻은 사람들이 많이 있는데 그중 한 명이 바로 시오노 나나미이다.

어디 이뿐이겠는가? 지금도 끊임없이 로마를 배경으로 한 영화와 소설이 나오고, 로마를 주제로 한 다큐멘터리와 각종 저술들이 쏟아진다. 이렇게 로마가 오랫동안 많은 사람들의 관심을 받았다는 것은 로마에 뭔가 특별한 것이 있기 때문이다.

무엇을 어떻게 볼 것인가

기원전 753년에 건국되어 476년 서로마제국의 멸망에 이르기까지 존속했던 로마를 공부하다 보니 엄청난 자료와 방대한 내용에 혀를 내두르지 않을 수 없었다. 이 모든 것을 책에 담을 수는 없었다. 심리학으로 설명할 수 있고, 그럴 필요가 있는 내용을 선별하는 작업이 필요했다. 그러던 중 로마가 위대한 제국으로 발전할 수 있었던 중요한 계기는 공화정에 있음을 알게 되었고, 로마의 시작부터 공화정까지를 중심으로 구성하기로 했다. 로마사를 주로 연구하는 영국의 사학자 필립 마티작(Philip Matyszak)은 『로마 공화정』에서 이렇게 말한다.

> 로마제국의 기반은 대부분 공화정 시기에 다져졌다.

그런데 공화정이라는 시대를 선택하니 또 다른 난관에 부딪혔다. 왕정과 제정에서는 왕과 황제를 중심으로 글을 쓰면 되지만, 공화정에서는 누구를 중심으로 풀어가야 할지 막막했다. 전작 『심리학으로 보는 조선왕조실록』에서 왕과 그 주변 인물들을 중심으로 글을 썼기 때문인지 너무나 당연하게 로마에서도 인물을 찾았던 것이다. 그러나 로마의 공화정은 영웅을 배격하는 정치제도였다. 당연히 영웅이나 인물이 존재하기가 어려웠다. 결국 인물이 아닌 제도와 사건을 중심으로 로마의 공화정을 풀어내기로 했다.

공화정을 중심으로 하는 이 책은 크게 4장으로 구분했다. 1장은 로마의 건국을 이해하기 위하여 두 신화를 다루었다. 신화의 내용을 역사적이고 객관적인 사실로 보기는 어렵겠지만, 건국 신화에는 로마인들의 생각과 사상을 엿볼 수 있는 단서가 들어 있다. 2장은 로마를 융성하게 만들었던 기초인 공화정이라는 제도를 주제로 삼았다. 왕정에서 공화정으로 발전하는 과정과 공화정의 장단점, 특히 이 정치제도가 진가를 발휘했던 포에니전쟁도 다루었다. 3장은 로마의 군대와 전쟁 이야기이다. 공화정이 로마의 기초였다면, 전쟁은 로마의 실천이었다. 그러므로 적을 동화시키는 방법과 백전백승의 이유를 살펴보았다. 마지막 4장은 공화정 말기의 극심해진 빈부격차와 이로 인한 사회불안, 그 속에 숨어 있는 개혁파와 보수파의 갈등을 주제로 잡았다. 그리고 각 장의 끝마다 관련 주제들을 짧게 서술했다.

역사와 심리학의 접목을 시도하면서 마음 한구석에 밀린 숙제가 있는 듯했다. 바로 두 분야의 만남을 학문적으로는 어떻게 볼 수 있는지 조사해야겠다는 의무감 같은 것이었다. 분명히 역사와 심리학을 접목하려는 연구나 저술이 있을 것 같았다. 그래서 본격적으로 작업을 시작하기 전에 역사학과 심리학에서 참고가 될 만한 자료들을 모아 보았다. 처음 생각보다 더 많은 시간과 노력, 수고가 필요했지만 상당한 자료들을 얻을 수 있었다. 이 자료들을 토대로 역사와 심리학의 접목이 왜 가능하고 필요한지, 지금까지 어떠한 시도들이 있었는지를 정리하여 부록으로 실었다. 두 분야의 접목에 관심이 있는 사람들이라면 꼭 읽어 주었으면 좋겠다.

본문 중에 언급한 책들 중 시중에서 구할 수 있는 책은 『○○○』으로, 우리나라에 번역되지 않아 구할 수 없는 책은 〈○○○〉으로 표시했다. 그리고 사람의 이름은 필요한 경우 괄호 속에 원어와 생몰년(심리학자 제외)을 기록했고, 두 번째부터는 표시하지 않았다. 로마에 대한 책이기 때문에 가급적 라틴어를 사용하려고 했고, 특히 로마인의 이름과 신화에 나오는 신들의 이름은 라틴어로 표기했다. 그러나 그리스어가 익숙한 사람들을 위하여 표로 정리해 놓았다. 지명은 라틴어를 우선적으로 사용하려고 했다.

책을 낼 때마다 언제나 부족함을 느낀다. 그 부족함을 채우기 위하여 애쓰고 노력하지만 성과는 많지 않다. 아마도 평생 해야 할 작업이 아닐까 싶다. 이 부족한 책을 통해서 누군가가 사람의 삶에 대한, 마음에 대한, 역사에 대한 작은 통찰이라도 얻게 된다면 정말 감사하고 행복한 일일 것이다. 언제나 옆에서 응원해 주는 아내와 꼼꼼히 원고를 검토해 준 누나에게 고마움을 전한다. 그리고 뛰어난 독일어 실력으로 자료 검색은 물론 역사학도의 입장에서 조언을 아끼지 않으신 정용숙 님에게도 감사의 마음을 전하고 싶다.

차례

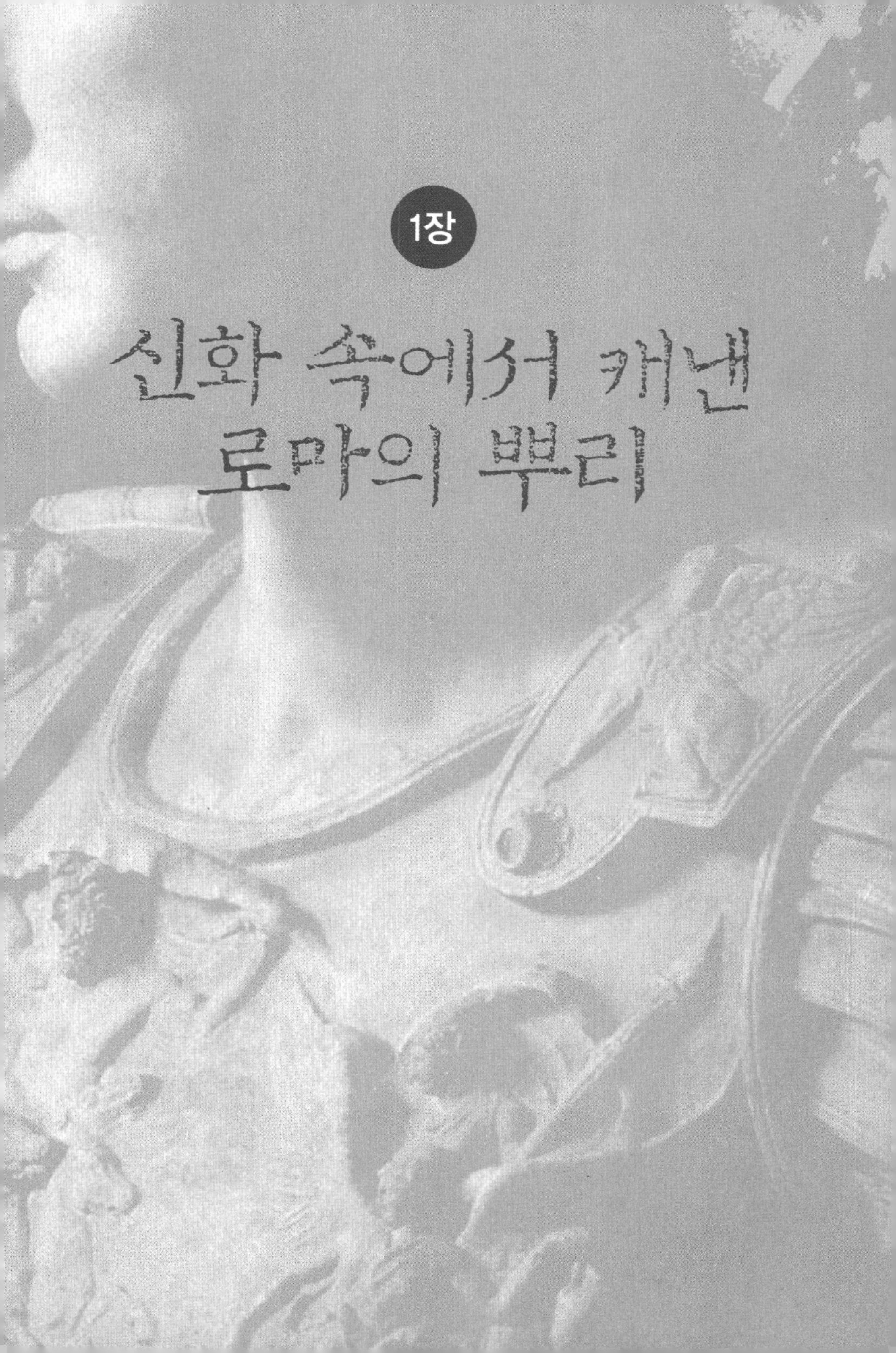

1장

신화 속에서 캐낸 로마의 뿌리

로마, 영원한 제국과의 첫 인사

인류 역사에서 가장 많은 찬사를 받고 있는 로마. 도시국가로 출발한 로마는 보편제국으로 성장했다. 동쪽으로는 헬레니즘 문화권의 소아시아 지역과 유대, 남쪽으로는 이집트를 비롯한 북아프리카, 서쪽으로는 히스파니아(스페인), 북쪽으로는 브리타니아(영국)까지 이르렀다. 지중해를 '우리의 바다'라고 불렀으니 무슨 말이 더 필요하겠는가.

AD 100년경 로마의 영토.

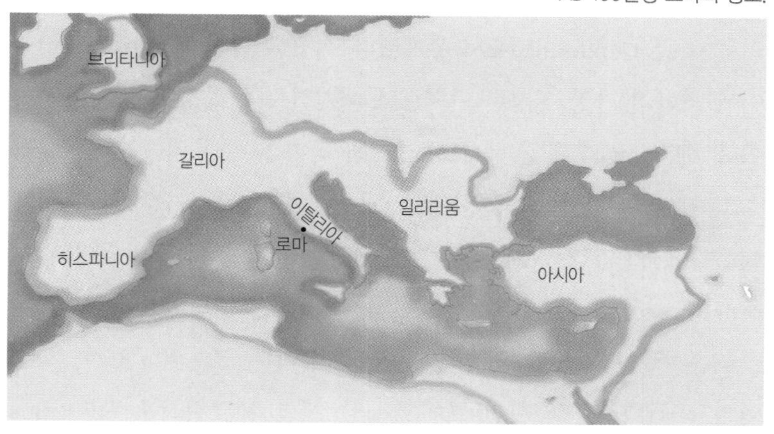

사실 영토만으로 보자면 마케도니아에서 인도까지 진출했던 알렉산더 대왕(BC 356~323)이나, 몽골에서 유럽까지 진출했던 칭기즈 칸(1162~1227)의 제국이 더 광대했다. 그러나 다른 점이 있다. 이 제국들에서는 비범한 '영웅'이 그 중심에 있었지만, 로마는 평범한 사람들이 만든 '시스템'이 그 중심에 있었다. 시스템으로 이루어낸 제국의 또 다른 특징은 정복 이후에 일방적인 착취와 억압이 아닌 통합과 공영 위주의 정책을 펴려고 노력했다는 것이다. 물론 로마의 패권이 확대될수록 그 노력은 점차 희미해졌다. 이에 대해서는 여러 평가와 의견이 있다. 그러나 로마가 다른 제국들과는 차별화된 보편제국이라는 분명한 증거가 있다. 바로 건축과 법, 정치를 비롯하여 로마의 문화가 서구사회의 원형이 되었다는 점이다.

서구의 여러 나라 중에서도 미국은 국가 모델을 로마 공화정에서 찾았을 정도로 로마의 흔적이 뚜렷하게 남아 있다. 의회는 상원과 하원이 있는 양원제도를 채택했는데, 상원을 의미하는 'Senate'는 로마의 원로원을 가리키는 말이었다. 의사당을 지칭하는 'Capitol Hill' 역시 로마의 7개 언덕 중 하나였던 카피톨리노 언덕(Mons Capitolino)에서 유래했다. 이곳은 유피테르(주피터) 신전이 위치하여 가장 신성한 언덕으로 여겨졌으며, 집정관의 취임 서약이나 개선장군의 환영 행사 등 중요한 국가 행사가 치러졌다.

1782년 미 의회는 문장(紋章)에 몇 개의 라틴어를 넣기로 채택했다. 그중의 하나가 '여럿으로 이루어진 하나'라는 의미의 'E pluribus unum'으로 이는 로마가 추구했던 이념이었다. 또한 이 글귀는 독수리 입에 물려 있는데, 독수리는 로마의 주요한 상징이기도 하다. 문장 뒷면에는 로마의 시인 베르길리우스(Publius

미국의 문장.

Vergilius Maro, BC 70~19)의 시에서 인용한 'Annuit cœptis'와 'Novus ordo seclorum'이 있다. 전자는 우리 애국가에 나오는 '하느님이 보우하사' 정도로 이해할 수 있으며, 후자는 '세계의 새 질서'라는 의미이다. 이 문구들은 1달러짜리 지폐를 비롯하여 여러 동전에서도 쉽게 찾아볼 수 있다.

서구사회에서는 보수적인 귀족과 기득권층에 맞서서 민중들의 편에 서고자 하는 정치인과 언론들이 종종 '트리뷴(tribune)'이라는 이름을 사용했다. 이는 로마에서 평민의 이익을 대변하는 관직 호민관(트리부누스, tribunus)에서 나온 말이다. 영국 노동당 하원의 트리뷴 그룹이나 트리뷴이라는 이름을 내건 신문들이 바로 이에 해당한다. 물론 지금은 많이 변질되긴 했지만 애초의 정신은 그렇다고 한다. 이외에도 로마의 관직에서 따온 말 중 우리에게 친숙한 것이 인구조사를 의미하는 센서스(census)이다. 이 말은 로마에서 인구와 재산을 조사하던 감찰관(켄소르, censor)에서 유래했다.

로마의 영향력은 더욱 직접적이기도 하다. 유럽의 여러 나라들이 엄청난 관광 수입을 올릴 수 있는 주요한 이유가 바로 로마시대의 건축물과 유적 때문이다. 로마제국의 수도이자 지금은 이탈리아의 수도인 로마는 도시 곳곳에서 고대 로마인의 숨결을 느낄 수 있을 정도다. 이외에도 거의 전 유럽이 로마의 영토였기에 때문에 곳곳에는 원형경기장이나 도심으로 물을 끌어오기 위해 만든 수도교(水道橋), 로마제국의 국경을 표시한 방벽과 군인들의 야영지가 유적으로 남아 있다. 대표적 도시로는 로마식 목욕탕이 있는 영국의 바스(Bath), 수도교가 잘 보존되어 있는 스페인의 세고비아(Segovia), 그리고 식민시라는 의미의 콜로니아(colonia)에서 발전한 독일의 쾰른(Köln) 등이 있다.

> "모든 길은 로마로 통한다."
> "로마는 하루아침에 이루어지지 않았다."
> "로마에서는 로마법을 따라야 한다."

이상의 경구들은 로마시대에 만들어진 것은 아니지만 로마의 영향력을 잘 보여 준다. 로마의 영웅 율리우스 카이사르(Gaius Julius Caesar, BC 100~44)의 유명한 경구도 많다. 그중 대표적인 두 가지는 바로 이것이 아닐까.

> "주사위는 던져졌다."
> "왔노라, 보았노라, 이겼노라."

첫 번째 경구는 '루비콘 강을 건넜다'는 표현과 연관이 있다. 당시 로마에서는 군대의 지휘관들이 로마로 들어오기 전에 군대를 해

산해야 했는데, 군대 해산의 북쪽 경계가 바로 루비콘 강이었다. 카이사르는 기원전 49년 1월 자신의 정적과 싸우기 위하여 군대와 함께 로마로 진군하면서 이 강을 건널 때 '주사위는 던져졌다'는 말을 했다고 한다. 두 번째 경구는 기원전 47년 폰투스(Pontus)의 파르나케스 2세(Pharnaces II, ?~BC 47)와의 전쟁에서 승리한 직후 로마로 보낸 승전보의 한 구절이다. 로마인의 영원한 어록 중의 어록이다.

로마의 또 다른 흔적은 그리스도교이다. 로마는 처음에 그리스도인들을 박해했지만, 313년 콘스탄티누스 1세(Constantinus I, 280~337)는 밀라노 칙령으로 그리스도교를 인정해 주었고, 392년 테오도시우스 1세(Theodosius I, 347~395)는 그리스도교를 국교로 정했다. 많은 이들은 이 사건을 통해 로마제국이 그리스도교화되었다고 생각하지만, 사실 이보다는 그리스도교가 로마화되었다고 보는 것이 맞지 않나 싶다. 로마(서로마)는 그리스도교를 국교로 삼은 이후에 100년 이상 가지 못했지만, 그리스도교는 현재까지 지속되어 로마의 색깔을 가지고 있지 않은가. 그 일례로 가톨릭교회는 1960년대에 진행되었던 제2차 바티칸 공의회의 결정 이전까지 모든 나라에서 로마의 언어였던 라틴어로 미사를 봉헌했다. 미사에서 사제는 라틴어 성경을 읽고, 라틴어로 성도들에게 강론을 했다. 당연히 알아들은 사람은 거의 없었다고 한다. 불과 반세기 전까지 로마의 언어가 실제로 사용되었다는 것은 놀라운 일이다.

지금도 가톨릭교회의 중심은 로마 시내에 바티칸 공국이라는 이름으로 존재하고, 그 안에는 가톨릭교회를 대표하는 교황이 있다. 왜 교황이 로마에 있을까? 그것은 예수(Jesus of Nazareth, 대략 BC

4~AD 30)의 제자였던 베드로(Simon Peter, 대략 1~64)가 복음을 전하기 위하여 로마로 와서 순교를 한 것과 연관이 있다. 콘스탄티누스 1세는 그리스도교를 공인한 이후에 베드로의 무덤으로 알려진 장소에 성당을 건축했다. 이 일로 로마교회의 감독은 자신이 베드로의 계승자라는 주장을 했고, 이 주장을 받아들이는 사람들이 많아지면서 자연스럽게 교황으로 발전했다. 베드로가 제국의 수도에 와서 죽은 덕에 로마교회의 감독이 교황이 될 수 있었으니, 이 역시 로마제국의 영향임을 부인할 수 없다.

이외에도 로마의 유산은 얼마든지 더 있다. 그것을 모아서 기록하기만 해도 책 한 권은 족히 나올 것이며, 이러한 유산들은 인류가 지속되는 한 사라지지 않을 것이다. 이제 영원한 제국 로마의 역사로 여행을 떠나 보자. 시작은 신화부터이다.

모든 시작은 신화에서

어느 나라나 왕조든지 역사의 시작점에는 신화가 존재한다. 우리나라만 해도 그렇다. 고조선은 단군, 부여는 동명왕, 고구려는 주몽, 백제는 비류와 온조, 신라는 박혁거세 신화가 있다. 이러한 신화들은 자연스럽게 역사와 연결된다는 점에서 역사와 완전히 분리하기 어렵다. '기록'을 중심으로 선사와 역사를 구분한다면, 신화는 이 둘 사이에서 다리 역할을 한다. 신화는 누군가에 의해서 기록으로 남기도 하지만, 형성과 발전은 구전을 통해 이루어진다. 그래서 지역이나 개인마다 다를 수 있고 심하게 과장되거나 왜곡되기도 한다. 이런 측면에서 신화는 단순히 '신들의 이야기'를 넘어서, '현실에서는 일어날 것 같지 않은 일'을 의미하기도 한다.

신화가 주목받기 시작한 것은 19세기였다. 고고학의 발전으로 신화의 배경이 되는 지역에서 유물이 발견됨에 따라 사람들은 신화가 어느 정도는 역사적 사실을 포함하고 있을지도 모른다고 생각했다. 그러면서 신화를 본격적으로 연구하는 이들이 생겨났고 신화학이라는 학문이 발전했다. 왜 이전까지는 신화를 연구하는 이들이 없었을까? 19세기 전까지는 신화를 미개한 시대를 살았던 사람들이 심심풀이로 지어낸 이야기로 치부했기 때문이다.

신화를 허구로 치부하는 경향은 자연과학과 계몽주의 사상이 급속도로 발전했던 시기에 최고조에 달했다. 이 시기의 과학자들은 물질의 실재성을 의심하지 않았기에 논리적 실증주의 원칙을 사용하면 진리에 도달할 수 있다고 생각했다. 실재성이란 '실제로 존재한다'는 의미이고, 논리적 실증주의란 '논리적으로 오류 없이(합리주의) 증명 가능한 객관적이고 보편적인 증거(경험주의)가 있어야 한다'는 의미이다. 다시 말해 실제로 존재하는 자연(물질)으로부터 경험적인 증거와 자료를 모아 논리적으로 추론하면 진리를 알 수 있다고 믿었다.

이 방법으로 사람들은 예전에 미처 알지 못했던 것들을 새롭게 알게 되었으며, 수많은 문명의 도구를 만들어 냈다. 당장의 불편함이 사라지면서 사람들은 인간의 무한한 가능성과 과학의 위대함에 전율했다. 더 나아가 지상에 유토피아 건설이 가능할 것이라는 환상이 생겨났다. 이러한 과학 맹신주의는 20세기 두 차례의 세계대전으로 상당 부분 깨졌지만, 여전히 강력한 영향력을 발휘하고 있다. 우리 주변에서 '과학'이라는 말이 얼마나 남용되고 있는지를 보

라. 사람들은 자신의 주장이 사실임을 알리기 위해서 "과학적으로 입증되었다."라고 말한다. 진리 판단의 유일한 기준이 과학이 된 듯하다.

그러나 아이러니하게도 과학이 발전함에 따라 과학의 근간이 되는 전제와 가정이 도전받고 있다. 한 가지 예는 양자물리학에서 나온다. 양자물리학에 따르면 모든 물질은 원자 수준으로 분해될 수 있고, 원자는 텅 빈 공간을 광속도로 돌아다니는 소립자들로 구성되어 있다고 한다. 물질의 99.99퍼센트가 허공이라는 것이다. 그런데 0.01퍼센트인 소립자 역시 실제로 존재하는 물질이라기보다는 거대한 허공 속에서 단계별로 상태가 달라지는 정보와 에너지에 가깝다고 한다. 우리의 몸도 예외는 아니어서 보기에는 물질로 보이지만, 실제로는 무(無) 혹은 진공이라고 할 수 있다. 우리 눈에 이 공간이 보이지 않는다고 공간이 없다고는 할 수 없고, 우리의 손에 무엇이 만져진다고 그것이 실제로 존재하는 물질이라고 할 수도 없다. 우리의 감각기관은 매우 제한적이기 때문이다. 양자물리학의 발전으로 그동안 비과학이나 미신 정도로 취급받았던 동양의 기(氣) 사상이 새롭게 주목받고 있다. 이는 진실과 거짓, 사실과 허구의 구분을 혼란스럽게 한다.

이처럼 과거의 거짓이 지금의 진실이 될 수 있다면, 지금의 진실도 미래의 거짓이 될 수 있지 않을까. 우리는 좀 더 겸손해질 필요가 있다. 현재의 관점으로 과거의 옳고 그름을 따져서는 안 되고, 과거의 사람들이 우둔하다거나 미개하다고 판단해서도 안 된다. 사람은 누구나 주어진 세계관 속에서 의미를 부여하며 살아간다. 따라서 그 시대의 맥락에서 의미를 찾아내고 발견하는 일이 중요하다.

신화를 대할 때도 마찬가지이다. 신화를 미개한 이야기나 순전한 허구라고 치부하면 신화에서 아무것도 얻을 수 없으며, 신화를 읽거나 배우려는 모든 노력들은 시간 낭비가 될 것이다.

그렇다고 해서 이와 반대로 신화의 역사성과 사실성을 증명하려는 시도가 대단한 의미를 갖는 것은 아니다. 물론 이러한 시도 자체가 나쁘다거나 필요 없다고 말하는 것은 아니다. 다만 지금 일어나고 있는 사건도 사람들마다 시각이 다른데 하물며 고대의 이야기는 말해 무엇하랴! 그뿐만 아니라 고고학자들이 신화와 관련 있는 유물을 찾았다고 해도 신화를 온전한 역사적 사실로 받아들일 수는 없다. 예를 들어 트로이아(Troia)가 있었을 것이라고 추정되는 터키의 북동부 지역에서 기원전 12~13세기의 유물이 나왔다고 트로이아 신화가 역사적 사실이라고 할 수 있을까? 성급한 일반화의 오류일 뿐이다. 반대로 유물이 나오지 않았다고 신화가 무의미해지는 것도 아니다. 이보다는 신화가 무엇을 말하고자 하는지, 그리고 왜 사람들은 신화를 필요로 했는지에 귀를 기울여야 한다. 그러면 신화에서도 의미 있는 교훈을 얻을 수 있을 것이다.

자, 이제 천 년 제국 로마사의 시작점에 있는 신화를 살펴보자. 많은 사람들은 도시국가 로마를 건립한 로물루스(Romulus) 신화를 알고 있지만, 이것이 로마의 유일한 건국 신화는 아니다. 로물루스보다 한참 앞선 시기를 살았다고 하는 아이네아스(Aeneas) 신화가 있다. 두 신화 역시 오랜 구전을 거쳐서 기록으로 남아 현재까지 전해지고 있다. 여러 사료가 있지만 그중에서도 가장 신뢰할 만한 두 사료는 베르길리우스의 『아이네이스』와 플루타르쿠스(Lucius Mestrius Plutarchus, 대략 46~120)의 『영웅전』이다.

신들의 이름 비교.

로마신화(라틴어/영어)	그리스신화(헬라어)
유노(Iuno) / 주노(Juno)	헤라(Hera)
베누스(Venus) / 비너스	아프로디테(Aphrodite)
미네르바(Minerva)	아테나(Athena)
유피테르(Iuppiter) / 주피터(Jupiter)	제우스(Zeus)
메르쿠리우스(Mercurius) / 머큐리(Mercury)	헤르메스(Hermes)
마르스(Mars)	아레스(Ares)
디스코르디아(Discordia)	에리스(Eris)
헬레나(Helena) / 헬렌(Helen)	헬레네(Helene)

'아이네이스(Aeneis)'는 '아이네아스의 노래'라는 뜻으로, 베르길리우스는 주인공 아이네아스의 이야기를 서사시의 형태로 기록하고 있다. 이 이야기는 엔니우스(Quintus Ennius, 대략 BC 239~169)와 리비우스를 비롯하여 여러 역사가들의 기록에도 남아 있다고 한다. 아이네아스는 우리가 잘 아는 호메로스(Homeros)의 서사시 『일리아스』에 나오는 트로이아의 왕족이자, 미와 사랑의 여신인 베누스(비너스)의 아들이다. 어떻게 베누스의 아들이 로마의 시조가 되었을까? 이야기는 그리스신화와 맞닿아 있다.

그리스신화에 따르면 펠레우스(Peleus)와 테티스(Tetis)의 결혼식에 초청받지 못한 분쟁과 불화의 여신 디스코르디아가 앙심을 품는다. 그리고 '가장 아름다운 이에게'라는 문장을 황금사과에 새긴 후 연회장에 던졌다. 결혼식에 참석했던 세 명의 여신, 유노, 미네르바, 베누스는 이 사과가 자신의 것이라면서 싸웠고, 연회장은 아수라장이 되었다.

이들은 공정한 심판을 받기 위해 유피테르의 주선으로 트로이아

「파리스의 심판」, 루벤스(Peter Paul Rubens, 1577~1640).

의 왕자 파리스(Paris)를 찾아간다. 그리고 누가 황금사과의 주인공인지를 가려 달라고 청한다. 파리스의 입장에서도 보통 난처한 일이 아니었다. 누구의 손을 들어 주든 선택받지 못한 두 여신으로부터 화를 당할 것이 뻔했기 때문이다. 세 여신은 파리스가 자신을 선택하도록 로비를 펼쳤다. 유노는 아시아에 대한 통치권을, 미네르바는 전쟁에서의 승리를, 베누스는 절세미인을 주겠노라고 약속했다. 파리스는 베누스의 선물이 가장 마음에 들었는지 황금사과가 베누스의 것이라고 했다. 황금사과를 얻은 베누스는 약속한 대로 파리스가 절세미인인 헬레네를 납치하도록 도와주었다. 반면 유노와 미네르바는 이 사건으로 트로이야 왕국과 베누스를 집요하게 괴롭히게 된다.

헬레네는 이미 스파르타의 왕 메넬라오스(Menelaos)와 결혼한 상태였다. 메넬라오스는 아내를 되찾기 위해 그리스 연합군을 결성하여 트로이야로 쳐들어갔다. 이것이 10년 동안이나 지속된 트로이야 전쟁의 발발이었다. 트로이야가 그리스와의 오랜 전쟁 끝에 그 유명한 목마 사건으로 패하자, 베누스는 자신의 아들 아이네아스와 일족이 탈출하도록 돕는다.

이들의 목적지는 처음부터 이탈리아였는데, 그 이유는 두 가지이다. 우선 트로이아의 선조인 다르다누스(Dardanus)가 이탈리아 출신이었고, 아이네아스가 트로이아를 떠날 때 이탈리아에서 제2의 트로이아를 건설할 것이라는 신탁을 받았기 때문이었다. 『아이네이스』는 바로 아이네아스가 일족을 이끌고 약속의 땅 이탈리아에 도착하기까지 겪는 수많은 역경과 이탈리아에 도착해서 정착하기까지의 과정을 묘사하고 있다.

운명의 시작을 알린 아이네아스의 노래

> 무구(武具: 전쟁에서 사용하는 각종 무기와 도구)들과 한 남자를 나는 노래하노라. 그는 운명에 의해 트로이아의 해변에서 망명하여 최초로 이탈리아와 라비니움의 해안에 닿았으나, 육지에서도 바다에서도 하늘의 신들의 뜻에 따라 수없이 시달림을 당했으니 잔혹한 유노가 노여움을 풀지 않았던 것이다. 그는 전쟁에서도 많은 고통을 당했으나 마침내 도시를 세우고 라티움 땅으로 신들을 모셨으니 그에게서 라티니족과 알바의 선조들과 높다란 로마의 성벽들이 생겨났던 것이다.

이것은 『아이네이스』의 첫 구절로, '한 남자'는 바로 아이네아스를 말한다. 즉 이 구절은 로마의 기원이 아이네아스에 있음을 명백히 밝히고 있다. 신화에 따르면 트로이아가 함락된 것도, 아이네아스가 이탈리아에 도착하기 전까지 많은 역경과 죽을 고비를 겪은 것도 모두 유노의 노여움 때문이었다. 황금사과 사건 때문에 베누스의 아들인 아이네아스 무리가 약속의 땅 이탈리아에 도착하지 못하도록 괴롭힌 것이다. 유노는 바람의 신인 아이올루스(Aeolus)에게 명령하여 아이네아스 일행을 풍랑에 휩쓸리게 한다. 그러나 이들 일행은 바다의 신 넵투누스(Neptunus)의 도움으로 구출되어 카르타고(Carthago)로 피신하는데, 카르타고는 사실 유노의 도시였다. 베누스는 사냥꾼으로 변장한 뒤 아이네아스에게 나타나서 카르타고와 여왕 디도(Dido)에 관하여 알려 준다.

얼마 후 디도는 아이네아스 일행의 도착 소식을 듣고 이들을 초청하여 연회를 베푼다. 디도는 일행을 후하게 대접하면서, 아이네아스에게 트로이야의 최후와 카르타고에 도착하기까지 경험담을 말해 달라고 부탁한다. 아이네아스는 그동안 있었던 일들을 말해 준다. 서로 친분을 쌓은 두 사람은 어느 날 폭풍을 피해 들어간 동굴에서 서로에 대한 사랑을 확인하고, 아이네아스는 이탈리아로 가서 새로운 도시를 건설해야 하는 임무도 잊은 채 카르타고에 정착하려고 했다.

그러나 이 모든 것은 유노의 계략이었다. 유노는 기회를 틈타 아이네아스를 더 큰 위험에 빠뜨리려고 했던 것이다. 아들이 위험에 처한 것을 알게 된 베누스가 유피테르를 찾아가서 도와 달라고 간청하자 유피테르는 이렇게 대답한다.

> 두려워 마라, 퀴테리아(베누스의 애칭)여. 네 백성의 운명은 변함이 없다. 너는 약속된 라비니움 시의 성벽을 보게 될 것이며, 고매한 아이네아스를 하늘의 별들에게로 올리게 될 것이다. 내 생각은 결코

「아이네아스와 디도」, 게랭(Pierre-Narcisse Guérin, 1774~1833).

바뀌지 않았다. 네가 이 일로 이렇게 노심초사하고 있으니 나는 여기서 더 먼 미래를 말하고 운명의 두루마리를 펼쳐 보여 주겠다.

유피테르는 아이네아스가 이탈리아에 무사히 도착하여 왕국을 건설하며, 그 아들인 아스카니우스(Ascanius)가 300년을 통치한 후에 로물루스가 태어나서 로마를 세울 것이라고 베누스에게 말해 주었다. 한편 유피테르는 디도와 사랑에 빠져서 자신의 임무를 잊고 있는 아이네아스에게 메르쿠리우스를 보내 임무와 사명을 일깨워 준다. 결국 아이네아스는 떠나지 말라는 디도의 애원을 뿌리친 후 일행을 이끌고 이탈리아로 떠난다. 디도는 실연의 괴로움 때문에 아이네아스를 저주하는 기도를 한다.

만일 그 저주받은 자가 포구에 닿아 육지에 올라야 한다면, 만일 그것이 유피테르께서 정해 놓으신 운명이고 그것이 정해진 경계라면, 그렇다 하더라도 그로 하여금 전쟁에서 대담한 부족의 무구들에 시달리게 하고, 자기 영토에서 쫓겨나게 하고, 이울루스(Iulus: 아이네아스의 아들 아스카니우스의 또 다른 이름. 카이사르의 율리아 가문은 자신들의 근원을 여기서 찾는다)의 품에서 떨어져 도움을 애원하게 하고, 자기 전우들이 무자비하게 살육당하는 것을 보게 해 주소서. 그리고 그는 마지못해 불평등한 평화조약을 맺은 다음, 왕국도 바라던 햇빛도 즐기지 못하고 요절하여 묻히지도 못한 채 모래 한가운데에 누워 있게 해 주소서. 이것이 내 기도이며, 이 마지막 말을 나는 내 피와 함께 쏟아 내고 있나이다. 오오! 튀로스(Tyrus: 카르타고는 페니키아 지방의 유력도시 튀로스가 세운 신도시이다. 카르타고가 페니키아어로 '신도시'를 의미한다. 결국 튀로스인들은 바로 카르타고 사람들을 가리킨다)인들이여, 그대들은 그의 씨족들과 앞으로 태어날 그의 모든 자손을 줄곧 미워하여 나의 망령에게 기도의 응답을 보내도록 하시오. 두 민족 사이에는 사랑도 맹약도 없게 하시오. 나의 유골에서는 어떤 복수자가 일어서 다르다누스 백성들이 정착할 때마다 불과 칼로 그들을 괴롭힐지어다. 지금도 앞으로도, 우리에게 그럴 힘이 생길 때마다. 비노니 해안이 해안과 대결하고, 바다가 바다와 대결하며, 무구들이 무구들과 대결할지어다. 두 민족은 그들 자신은 물론이고 그들의 자손들도 서로 싸울지어다.

디도는 떠나는 아이네아스 일행을 멀리서 바라보면서, 슬픔을 이기지 못하고 자결을 선택했다. 이 두 사람의 이야기는 예술가들에 아이네아스의 여정.

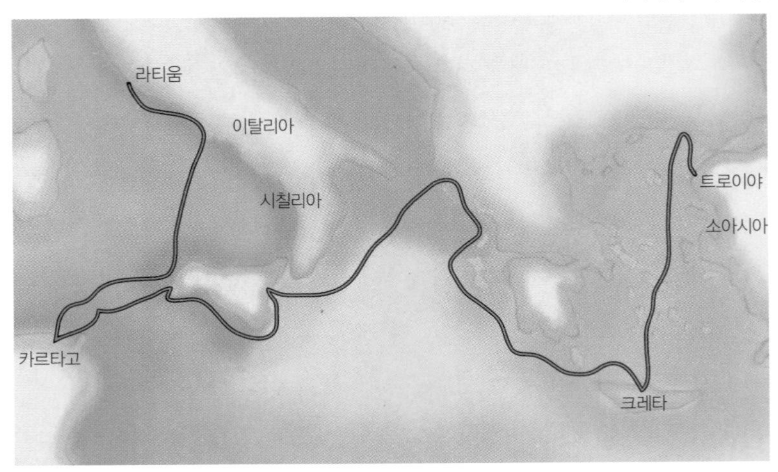

게 좋은 소재가 되었다. 많은 화가들이 이를 그림으로 그렸고 영국 바로크 시대의 작곡가 퍼셀(Henry Purcell, 대략 1659~1695)은 이를 소재로 오페라를 만들기도 했다.

디도를 두고 떠난 아이네아스는 시칠리아를 거쳐 마침내 이탈리아 반도의 중서부인 라티움(Latium) 지방에 도착한다. 라티움의 통치자인 라티누스(Latinus) 왕은 이방인들을 환대할뿐더러, 심지어 아이네아스에게 자신의 딸 라비니아(Lavinia)를 주어 사위로 삼는 파격적인 대우를 해 준다. 이방인에게 이렇게까지 한 이유는 딸이 이방인과 결혼해야 한다는 신탁을 받았기 때문이었다.

그런데 라비니아는 이미 투르누스(Turnus)라는 사람과 약혼을 한 사이였다. 당연히 자신의 약혼녀를 빼앗긴 투르누스는 아이네아스를 적대시했다. 결국 이 두 사람은 여러 차례 전투를 벌이고, 결국 아이네아스가 투르누스를 죽임으로써 문제는 해결되었다. 그 이후 유피테르의 예언대로 아이네아스는 라비니아와 결혼하여 새로운 왕국 라비니움(Lavinium)을 건설하고 3년 동안 통치하다가 세상을 떠난다. 그리고 그의 아들 아스카니우스는 그곳을 떠나서 새로운 도시인 알바 롱가(Alba Longa)를 세운다.

이탈리아에 도착하여 라비니움을 건설한 아이네아스. 다시 새로운 왕국 알바 롱가를 건설한 그의 아들 아스카니우스. 도대체 로마는 언제쯤 나올까? 아스카니우스의 아들이 로물루스가 아닐까? 그렇지 않다. 로물루스가 나타나려면 아스카니우스 이후로 300년이라는 시간이 더 흘러야 한다.

로물루스의 이야기가 상세히 기록되어 있는 중요한 사료는 플루타르쿠스의 『영웅전』이다. 그리스 출신의 플루타르쿠스는 이 책에서 그리스와 로마의 뛰어난 지도자 50인의 삶과 업적을 두 명씩 비교하는 방식으로 서술했는데, 로마의 건국자 로물루스는 고대 아테네의 전설적인 왕인 테세우스(Theseus)와 짝을 이루고 있다. 이제 플루타르쿠스의 안내를 받아 로마의 건국 과정을 따라가 보자.

아이네아스의 노래를 완성하는 로물루스

로마라는 이름을 어떤 사람이, 어떤 이유로 붙인 것인가 하는 데 대해 역사가들은 각기 다른 의견을 제시하고 있다. 많은 전설 가운데서 가장 믿음직한 것은 로물루스가 이 도시를 처음 세우고 자신의 이름을 따서 로마라고 불렀다는 이야기이다. 이에 관해서는 많은 사람들의 의견이 일치하지만 로물루스의 과거에 대해서는 또다시 의견이 엇갈린다. 그러나 가장 믿을 만한 증거를 가진 이야기는 디오클레스가 말한 것으로 그리스 사람들에게도 널리 알려져 있다. 파비우스 픽토르도 대체로 이 설을 따르고 있다. 이 설도 여러 차이가 있지만 대체로 다음과 같다.

여기서 플루타르쿠스가 언급하고 있는 디오클레스(Diocles of Peparethus)는 그리스 역사가이며, 파비우스 픽토르(Quintus Fabius Pictor, 대략 BC 254~?)는 로마 원로원 의원이자 역사가였다. 두 명 모두 기원전 3세기경 사람으로 픽토르는 최초의 연대기 서술가라고 일컬어지며 기원전 225년 갈리아(Gallia)족과의 전투와 제2차 포에니전쟁에도 참여했던 유력자였다. 디오클레스는 픽토르보다 좀 더 앞선 사람이다. 이들의 저술은 지금 우리에게 전해지지 않아 직접 확인할 수는 없으나 플루타르쿠스가 살았던 1세기경에는 가능했을 것이다. 플루타르쿠스는 이들의 저술을 참고하여 로마의 건국 이야기를 우리에게 전해 주고 있다.

아이네아스 왕으로부터 대대로 이어져 온 혈통이 누미토르와 아물리우스 형제의 대에 이르렀을 때였다. 아물리우스는 모든 재산을 둘로 똑같이 나누자고 제안하였다. 아물리우스는 트로이아에서 가져온 황금과 보물을 왕궁의 가치와 상응할 만큼 쌓아 놓고, 선택하도록 했다. 누미토르는 왕위를 선택하였다. 그러나 많은 재물을 갖게 된 아물리우스는 나중에는 누미토르보다 세력이 더 커져서 결국 누미토르 왕국을 차지했다. 그리고 누미토르의 딸이 아들을 낳으면 자신의 왕위가 위태로울 것을 염려하여 베스타 여신의 사제로 만들어 평생 독신으로 지내게 하였다.

아물리우스(Amulius)는 누미토르(Numitor)를 내쫓고 조카딸은 사제로 만들었다. 사제가 된 누미토르 딸의 이름은 일리아(Ilia) 혹은 레아 실비아(Rhea Silvia)이다. 삼촌은 조카의 결혼과 임신을 막기 위하여 사제로 만들었건만 어찌 된 일인지 조카는 임신을 했다. 당연히 삼촌의 분노는 어마어마했고, 조카를 극형에 처하려고 했다. 그러나 자신의 딸 안토(Antho)가 사촌언니를 살려 달라고 간곡히 부탁하는 바람에 그녀는 생명을 부지할 수 있었다. 그리고 마침내 아기를 낳았는데, 남자 쌍둥이였다. 짐작할 수 있듯이 이들이 바로 로마를 건설한 로물루스와 레무스이다. 아물리우스는 이 쌍둥이를 신하에게 갖다 버리라고 했다. 그런데 실비아는 어떻게 임신을 했을까? 플루타르쿠스는 몇 가지 가능성을 언급하고 있다.

> 신하는 쌍둥이 아기를 광주리에 넣어 강에 버렸고, 광주리는 강을 따라 흐르다가 어느 곳에 멈추었다. 전설에 의하면 아기들이 이곳에 누워 있을 때 늑대가 와서 젖을 먹여 주고, 또 딱따구리가 그들을 지켜 주었다고 한다. 사람들은 이런 동물들을 마르스의 심부름꾼이라고 생각했는데, 지금도 라틴 사람들은 딱따구리를 신령스러운 새로 모시고 있다고 하며 이런 것들로 미루어 두 쌍둥이의 아버지는 마르스라고 할 수 있다.
>
> 그러나 다른 설을 보면, 아물리우스가 조카딸을 사제로 만든 다음, 자신이 누구인지도 모르게 갑옷을 입고 나타나 관계하여 낳은 것이라는 이야기도 있다. 또 그것과는 달리, 이 전설의 기원이 쌍둥이의 유모 이름에서 비롯되었다고 생각하는 사람들도 있다. 라틴 사람들은 암늑대를 루피라고 하는데, 방탕한 여자도 루피라고 부른

다. 그리고 그 아이들을 기른 파우스툴루스의 아내 아카 라렌티아가 바로 그런 여자였다고 한다.

어떤 사람들은 아기를 갖다 버리라는 명을 받은 신하의 이름이 파우스툴루스였다고 하고, 또 다른 사람들은 아기를 양육한 사람이 파우스툴루스라고 한다.

이것으로 보아 플루타르쿠스 시대에도 많은 설이 있음을 알 수 있다. 아기의 아버지가 마르스이든 아물리우스이든, 그리고 아기들이 어떤 과정을 통하여 살아남았든, 중요한 사실은 쌍둥이가 살아남았다는 것이다. 또한 신하가 왕의 명을 어기고 쌍둥이를 직접 키웠든, 우연하게 강가에서 쌍둥이를 발견했든, 파우스툴루스(Faustulus)와 그의 아내 아카 라렌티아(Acca Larentia)가 아이들을 키웠다는 것은 공통된 의견이다. 파우스툴루스가 아물리우스의 목동이었음을 고려할 때, 아기를 갖다 버리라는 명령을 받았지만 직접 키웠을 가능성도 배제할 수 없다. 당시 사람들은 동물들의 젖꼭지를 루마(ruma)라고 불렀는데, 쌍둥이는 암늑대의 젖을 먹었다고 하여 로물루스(Romulus)와 레무스(Remus)라는 이름을 얻었다고 한다.

쌍둥이 형제는 씩씩하고 용감할뿐더러 성품도 좋아서 주변 사람들로부터 인정받는 사람으로 성장했다. 파우스툴루스의 양자였던 이들은 자연스럽게 아물리우스의 가축을 쳤다. 그러던 어느 날 누미토르와 아물리우스의 목동들 사이에 싸움이 벌어졌고, 이 과정에서 누미토르는 아물리우스의 목동 중 한 명을 잡아가는데, 그가 바로 레무스였다. 누미토르는 레무스와 이야기를 하던 중 그의 건

장함과 의젓한 품위에 감탄하고, 누구의 아들이며 신분이 무엇인지를 물었다. 레무스는 평소에 주워들었던 출생에 관한 이야기를 했고, 누미토르는 그가 자신의 외손자임을 깨달았다.

한편 레무스가 잡힌 것을 안 파우스툴루스는 로물루스에게 출생의 비밀을 정확히 이야기해 주었고, 로물루스는 아물리우스에게 복수하기 위하여 평소 아물리우스의 폭정으로 괴로워하던 사람들을 모았다. 그리고 외조부인 누미토르와 연합전선을 구축하여 아물리우스를 공격했다. 전쟁은 누미토르와 쌍둥이의 일방적인 승리로 끝나고, 덕분에 누미토르는 잃었던 왕위를 되찾았다.

외조부가 왕위를 되찾았으니, 외손자이자 왕위 회복의 일등 공신인 쌍둥이들은 편하게 살 수도 있었겠지만 이들은 새로운 도시를 건설하고자 했다. 그래서 외조부 곁을 떠나서 자신들이 자랐던 티베리스(테베레) 강 근처에 자리를 잡았다. 새로운 도시를 건설하는 일은 쉽지 않았지만 쌍둥이는 서로를 의지하면서 견뎌 냈다. 외부의 방해 세력은 쌍둥이의 협력을 당해 낼 수가 없었다. 그런데 적은 외부가 아닌 내부에 있었다. 쌍둥이 형제가 본격적으로 도시를 건설하려고 할 때 갈등이 불거졌다.

두 형제는 도시 건설에는 뜻을 같이했지만 장소를 정하는 일에서 서로 마음이 맞지 않았다. 의견이 일치하지 않자 그들은 새가 날아가는 것을 보고 점을 쳐서 장소를 결정하기로 하고 서로 멀리 떨어진 곳에서 날아가는 새를 보았다. 레무스는 여섯 마리를, 로물루스는 열두 마리를 보았다. 그런데 사실은 로물루스는 보지 못했으면서 본 것처럼 말한 것이었고, 이 사실을 레무스가 알고 크게 화를 냈다. 그는 로물루스가 성벽의 토대를 세우고 도랑을 파는 것을 보고 비웃으며 공사를 방해하기도 했다. 로물루스는 자신을 모욕하는 레무스를 보고 화가 난 나머지 마침내 그를 죽이고 말았다.

씩씩하고 용감한 성품에 우애까지 좋았던 쌍둥이도 이권 앞에서는 어쩔 수 없었던 것일까? 어쨌든 동생까지 죽이는 우여곡절 끝에 도시를 건설한 로물루스는 자신의 이름을 따 국가의 이름을 로마로 지었다. 이렇게까지 된 이상 좋은 통치자가 되는 것이 마땅하지만, 어찌 된 일인지 로물루스는 갈수록 거만하고 독단적인 왕으로 변해 갔다. 그를 왕으로 추대하고 새로운 도시에 터를 잡고 살게 된 사람들은 왕을 증오하기 시작했다. 그러던 어느 날 그가 민중들에게 열변을 토하고 있을 때 돌연히 해가 빛을 잃고 캄캄해지며 폭풍이 몰아쳤다. 사람들은 폭풍을 피해 사방으로 흩어져 숨었으나 왕 주위에 있던 원로원 의원들은 자리에서 움직이지 않았다. 이윽고 폭풍우가 지나가고 햇볕이 다시 났을 때 사람들이 돌아와 보니 왕의 모습이 보이지 않았다. 사람들은 자리를 지켰던 원로원 의원들에게 왕의 행방을 물었고, 그들은 왕이 신의 부름을 받아 하늘로 올라가서 신이 되었다고 대답했다. 이 말을 듣는 사람들도 있었지만, 일부는 원로원이 달려들어 왕을 죽이고 시체를 토막 낸 다음

각기 옷 속에 감추고 돌아갔다고 믿었다고 한다. 이것이 바로 로마의 건국 신화이다.

참을 수 없는 호기심에서 시작된 신화

신화를 읽다 보면 이야기의 흐름이나 내용이 어색하거나 억지스럽다고 느껴질 때가 종종 있다. 로마의 건국 신화만 해도 그렇다. 너무나 쉽게 사랑에 빠지고 너무나 쉽게 미워하고 저주한다(아이네아스와 디도). 모두에게 인정받을 만큼 성품이 좋았다가도 별일도 아닌 일에 형제를 죽이기도 한다(로물루스와 레무스). 이성을 사용하여 합리적으로 대상을 분석하고 이해하는 훈련을 받은 이들에게 신화는 난해하기 짝이 없다. 이런 측면에서 신화의 진실성과 역사성이 의심받기도 하지만, 이를 뒤집어 보면 신화의 새로운 측면이 나타난다. 그것은 신화의 목적이 객관적인 정보와 사실의 전달 그 이상이라는 것이다! 사람들의 입에서 입으로 끊임없이 전승되었다는 것이 신화의 특별함을 증명한다.

욕구의 위계
매슬로우는 인간의 여러 욕구를 피라미드 모양으로 정리했다. 피라미드 아래쪽에 있는 욕구를 먼저 충족시켜야 상위 욕구를 추구할 수 있다는 매슬로우의 생각은 여전히 인간의 많은 행동을 설명해 준다.

신화가 주는 유익과 목적으로 언급할 수 있는 첫 번째는 다름 아닌 알고자 하는 욕구를 충족시켜 준다는 것이다. 많은 심리학자들이 인간의 욕구에 대해 언급했다. 그중 대표적인 사람이 바로 인간주의 심리학자로 분류되는 매슬로우(Abraham Maslow)이다. 그는 인간에게 존재하는 기본 욕구를 위계적으로 설명했고, 이를 욕구의 위계(Hierarchy of Needs) 이론이라고 한다. 매슬로우가 처음에 제시한 인간의 기본 욕구는 모두 다섯 가지였다. 맨 아래부터 생리적 욕구, 안전의 욕구, 소속감의 욕구, 존중의 욕구, 그리고 자기실현이다.

그는 거듭된 연구를 통하여 이외에도 욕구 세 가지를 추가하여 총 여덟 단계로 제시했다. 그림에서 볼 수 있듯이 존중의 욕구와 자기실현 사이에 인지적 욕구와 미적 욕구를 추가했고, 마지막 자기실현은 자신의 잠재능력을 발휘하고자 하는 자기실현과 타인의 잠재능력을 발휘하도록 도와주는 초월로 세분했다.

귀인
사건의 원인을 찾으려는 경향성이다. 좁게는 개인에게 일어난 사소한 일에서부터 넓게는 우주와 생명에 대한 기원에 이르기까지. 우리가 "왜?"라는 질문을 던지는 이유는 바로 귀인 때문이다. 인류가 시작된 이후로 지금까지, 그리고 언어를 배우기 시작한 순간부터 지금까지 우리는 끊임없이 이유를 찾는다.

그가 제시한 인지적 욕구란 어떤 현상이나 지식에 대해서 알며 이해하고자 하는 것을 의미한다. 인지적 욕구의 좀 더 친숙한 표현은 호기심일 것이다. 즉, 매슬로우는 호기심이 누구나 충족하기를 원하는 욕구라고 보았다. "누구나 충족하기를 원한다고?" 하고 반문하는 성인들이 꽤 있을 것 같다. 호기심이란 말이 아이들에게나 어울리지 자신 같은 어른들에게는 어울리지 않는다고 생각하면서 말이다. 물론 어른보다는 아이들의 호기심이 더 왕성하긴 하지만 분명히 어른들에게도 호기심은 존재한다.

욕구의 위계 모형.

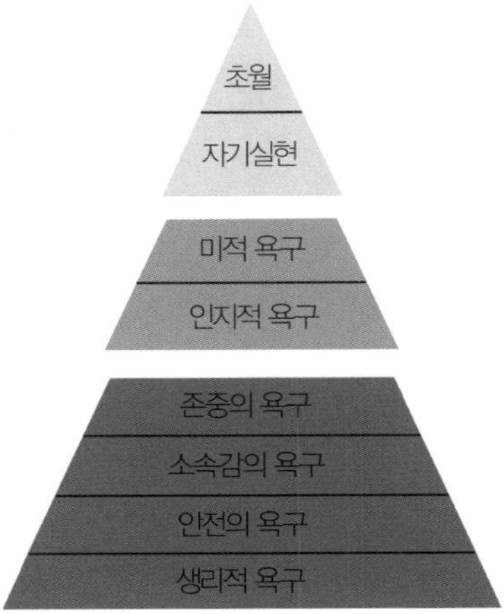

초월
자기실현
미적 욕구
인지적 욕구
존중의 욕구
소속감의 욕구
안전의 욕구
생리적 욕구

사회심리학에서 중요하게 다루는 주제 중 하나가 귀인(歸因, attribution)이다. 귀인이란 원인을 찾아가는 과정을 의미한다.

우리는 너무나 자동적으로 자신이나 타인의 행동, 사건에 대하여 "왜?"라고 물으며 나름의 답을 찾는다. 자신이 길을 가다가 넘어지거나 다른 사람이 넘어질 때도, 친한 친구가 자신에게 화를 내거나 자신이 화가 났을 때도, 투자에 실패를 하거나 많은 돈을 벌었을 때도, 음식이 짜거나 싱거울 때도, 행복감을 느끼거나 불행을 느낄 때도 우리는 끊임없이 "왜?"라는 질문을 던지고 정확하든 그렇지 않든 나름의 이유와 원인을 찾아낸다.

이 귀인 과정은 자동적으로, 그리고 너무나 빠르게 일어난다. 그래서 어떤 사람들은 자신이 귀인을 하는지조차 모를 수도 있다. 예를 들어 지하도 입구에서 손을 벌리고 엎드려 있는 걸인을 보았다고 하자. 사람들은 걸인을 보면서 다양한 생각을 하는데, 이 과정에 귀인이 숨어 있다.

'게으른 사람 같으니라고. 막노동을 해도 하루에 몇 만 원은 벌 텐데…….'

'주변 상황과 여건이 얼마나 좋지 않으면 구걸까지 할까?'

이러한 생각들은 '저 사람은 왜 걸인이 되었을까?'에 대한 나름의 추론이다. 전자는 걸인이 된 이유를 내적 요인(게으른 성격)에서 찾았고, 후자는 외적 요인(좋지 않은 상황과 여건)에서 찾았다. 이러한 추론은 걸인과 대화를 해서 얻은 것이 아니다. 즉, 정확한 정보를 수집해서 내린 결론이 아니라, 직관과 경험에 근거하여 내린 결론이다. 그러다 보니 오류와 편향이 일어나기 쉽다. 나중에 그 걸인이 행인들을 대상으로 심리학 실험을 하려고 고용한 연기자였다는 사실을 알았다고 하자. 자신의 추론이 엉터리였다는 사실을 알았다고 해서 이후로는 귀인을 하지 않을까? 그렇지 않다. 또다시 잘못된 판단을 하게 될지라도 사람들은 귀인을 멈추지 못한다. 그만큼 호기심은 강력한 욕구이다.

인간의 호기심이 개인적인 차원에서는 귀인으로 나타나지만, 인류 전체로 보았을 때는 학문으로 나타난다. 학문이란 자연에 대하여, 인간과 그들의 세상에 대하여 가지고 있는 호기심을 체계적으로 풀어내려는 시도이다. 비록 인간만이 지식과 정보를 체계적으로 정리한 학문이라는 것을 하지만, 그렇다고 해서 인간에게만 호기심이 있다고 할 수는 없다. 많은 동물들도 호기심을 가지고 있으며, 이러한 호기심의 해결은 매우 강력한 보상 역할을 하기도 한다.

미국 시카고 대학교의 버틀러(R. A. Butler)는 원숭이를 대상으로 실험을 했다. 그는 원숭이들을 두 개의 나무판자 문이 있는 우리에 집어넣었다. 원숭이 우리는 사방으로 막혀 있었고, 밖을 보기 위해서는 문을 열어야 했다. 두 개의 문 중 하나는 노란색이었고, 다른 하나는 파란색이었다. 만약 원숭이가 파란 문을 열면 30초 동안 우리 밖을 볼 수 있고, 노란 문을 열면 불투명 스크린 때문에 밖을 볼 수 없었다. 원숭이가 문을 연다고 무슨 이득(음식)이 있는 것도 아니었다. 이 상황에서 원숭이는 문을 열었을까? 아니면 그냥 편안하게 휴식을 취했을까?

놀랍게도 원숭이는 파란 문을 지속적으로 열었다. 문을 열었다는 사실 자체가 놀랍다기보다도 '지속적으로' 그 행동을 했다는 것이 놀랍다. 원숭이들이 문을 열면 겨우 30초 동안만 밖을 볼 수 있

었고, 그 후 30초 동안에는 문이 열리지 않았다. 결국 원숭이들은 1분에 한 번씩만 문을 열 수 있었는데, 어떤 원숭이는 휴식도 없이 9시간 동안 이 행동을 지속했다. 11시간 동안, 19시간 동안 이 행동을 지속한 원숭이들도 있었다! 1분에 한 번씩이면 각각 540번, 660번, 1,140번이나 문을 연 것이다.

혹시 원숭이가 특별히 선호하는 문, 왼쪽이나 오른쪽을 연 것은 아닐까? 실험자는 파란 문과 노란 문의 위치를 바꾸어 보았지만, 원숭이들은 확실히 파란 문만 열었다. 그렇다고 색깔 때문도 아니었다. 원숭이들이 문을 연 이유는 단지 밖을 보기 위해서였다. 혹시 원숭이가 문을 여는 것은 이성 원숭이라든지, 혹은 먹이같이 관심을 끌 만한 무엇이 있기 때문은 아니었을까? 그러나 이 역시 아닌 것 같다. 왜냐하면 원숭이 우리는 심리학 실험실 내부에 있었기 때문에 볼 수 있는 것이라고는 자신을 관찰하던 실험자들뿐이었다.

그러고 보면 동물원에서 사람은 원숭이를, 원숭이는 사람을 구경하는 것인지도 모르겠다.

원숭이가 엄청나게 많은 힘과 노력을 사용하면서까지 문을 계속 열었던 이유는 바로 호기심 때문이었다. 실험자는 문이 열렸을 때 먹이나 물 같은 어떠한 보상도 주지 않았다. 이처럼 외적인 보상 때문이 아니라 그 활동 자체에 대한 가치나 만족 때문에 행동을 지속하는 동기를 가리켜서 내재적 동기(intrinsic motivation)라고 한다. 즉 호기심은 바로 강력한 내재적 동기인 것이다.

호기심의 효과를 알 수 있는 장소 중 하나는 도로이다. 평소 막히지 않는 도로가 막힌다면 운전 경력이 제법 있는 사람들은 교통사고를 의심한다. 요즘은 견인차들의 출동이 워낙 빨라서, 사고 차량을 갓길로 치우는 데 시간이 오래 걸리지 않는다. 사고 차량이 갓길로 치워지고 차량 소통에 문제가 없다면, 속도가 빨리 회복되어야 할 텐데 실상은 그렇지 못하다. 왜 그럴까? 바로 사고 현장을 구경하려는 운전자들 때문이다. 사고 지점에 가면 거의 모든 운전자들이 브레이크를 밟고 서행을 하면서, 사고 현장을 쳐다본다. 그 뒤에서 막힌 길 때문에 짜증을 내던 운전자들도 정작 자신들의 차례가 되면 별반 다르지 않다.

내재적 동기
내면에서 자연스럽게 발생하는 동기로, 외재적 동기와 대립된다. 돈이나 보상처럼 외부에서 주어지는 외재적 동기는 당장에는 효과가 나타나지만 오래 지속되지 않는다. 이에 비해 호기심이나 흥미처럼 내부에서 일어나는 내재적 동기의 효과는 천천히 나타나지만 상당히 오랫동안 지속된다.

호기심은 영역을 가리지 않는다. 자연을 향한 호기심은 강렬하다. 밤하늘의 빛나는 별을 쳐다보면서, 비가 오지 않는 하늘을 쳐다보면서, 끝없이 펼쳐진 수평선을 쳐다보면서 궁금증을 가진다. 그래서 탐험하고 관찰하고 조사를 하는 것이다. 사람을 향한 호기심도 그에 못지않다. 타인의 말과 행동에도 관심을 가지지만, 너무 자주

변하는 자기 감정의 원인을 궁금해하기도 하고, 자신이 속한 공동체의 조직을 보면서 호기심을 발동시키기도 한다. 정해지지 않은 미래를 궁금해하기도 하며, 과거를 궁금해하기도 한다.

호기심을 해결하기 위하여 사람들이 사용하는 방법은 다양하다. 지금의 경우라면 관련 서적을 찾아보거나 인터넷으로 정보를 검색할 것이다. 이런 방법으로 도움을 얻을 수 없는 미래에 대한 일이라면 점을 치기도 한다. 점이 언제나 정확히 미래를 예견해 주기 때문일까? 아니다. 단지 궁금하고, 그것이 맞든 틀리든 궁금증을 해결해 주기 때문이다.

반면 과거가 궁금한 사람들은 역사를 공부할 것이다. 그런데 만약 기록도 남아 있지 않는 정말 오래된 과거라면 어떻게 할까? 바로 이때 노인의 입을 주목한다. 노인들은 그들이 어렸을 때 들었던 옛날 조상들의 이야기를 다음 세대에 전한다. 아주 오래전부터 입에서 입으로 전승되었던 이야기, 바로 신화를 통하여 자신들의 기원과 시작에 대한 호기심과 궁금증을 해소하는 것이다. 마치 귀인 과정에서 일어나는 오류와 편향에도 불구하고 귀인을 멈출 수 없는 것처럼, 내용의 사실성이나 역사성이 조금 부족하더라도 신화에 대한 구전을 멈출 수 없다. 그러나 이렇게 호기심으로 시작된 신화는 단순한 호기심 충족만으로 그 생명을 다하지 않는다. 이보다는 더 중요한 결과를 만들어 낸다. 바로 정체감이다.

우리는 도대체 누구인가

사람들은 세상과 타인뿐 아니라 자기 자신에 대해서도 궁금해한 심리사회적 발달 단계.

1. 영아기 : 근본적 신뢰감 vs. 불신감
2. 유아기 : 자율성 vs. 수치감과 의심
3. 유치원기 : 주도성 vs. 죄책감
4. 학령기 : 근면성 vs. 열등감
5. 청소년기 : 정체성(identity) vs. 역할 혼란
6. 성인 초기 : 친밀감 vs. 고립
7. 중년기 : 생산감 vs. 정체감(stagnation)
8. 노년기 : 통합 vs. 절망

다. '나는 누구인가?'라는 질문은 자못 철학적이기도 하고 그 누구도 만족할 만한 정답을 말할 수는 없다. 하지만 심리학에서는 이 질문에 대해서 사변적으로 접근하지 않는다. 사람들이 일상적으로 스스로에 대하여 어떻게 생각하고 느끼고 있는지 알기 위해 경험적으로 접근한다.

사람의 성격 발달에 관심을 가졌던 에릭슨(Erik Erikson)은 인디언 부족을 연구하면서 자아(ego)를 중심으로 발달 단계를 정리했다. 사회적 갈등을 겪으면서 성격이 발달한다고 하여 심리사회적 발달(Psychosocial Development)이라고 하며, 사람의 일생을 8단계로 구분했다. 각 단계마다 겪는 갈등을 성공적으로 마무리하면 긍정적인 특성을, 그렇지 못하면 부정적인 특성을 갖게 된다고 했다.

심리사회적 발달
인간의 성격이 사회적 과정과 경험을 통해서 발달한다는 것을 보여 주는 에릭슨의 이론이다. 프로이트가 만든 심리성적 발달 이론과 함께 성격 발달 이론의 대표 이론으로 꼽힌다. 성인의 성격을 어린 시절의 사회적 갈등에서 본다는 점이 특징이다.

위에서 볼 수 있듯이 에릭슨은 정체성에 대한 고민을 청소년기의 발달과업으로 보았다. 청소년기는 자신이 누구이며 그리고 앞으로 어떻게 살아야 하는지에 대한 구체적인 고민을 하는 시기인 것이다. 이 갈등을 잘 통과하여 자신의 정체성을 확립하기도 하지만, 반대로 정체성과 역할에 대한 혼란을 겪기도 한다. 정체성에 대한

고민은 에릭슨의 말처럼 청소년 시절 절정에 이르지만, 한편으로 우리가 평생 안고 가는 질문이기도 하다. 특히 빠르게 변화하는 사회 속에서 자신의 역할과 위치를 깨닫는 것, 더 나아가 자신을 찾는 것은 끝이 없는 숙제라고 할 수 있다. 이런 점에서 스스로에 대한 인식은 단순히 정체성의 문제라기보다는 자기가 누구인지에 대한 개념, 즉 자기개념(self-concept)의 형태로 연구될 수밖에 없다.

자기개념에 대한 연구를 위하여 심리학자들이 사용하는 방법 중 하나는 '나는 누구인가?'에 대하여 써 보라고 하는 것이다. 20개의 문장을 쓰는 방식이 일반적인데, 그 정도의 문장이 있어야 분석이 가능하기 때문이다. 단순해 보이는 이 절차를 통하여 심리학자들은 사람들의 자기개념을 몇 가지로 분류할 수 있음을 알아냈다. 우선 문장들은 개인적(예: 나는 심리학을 공부했다), 사회적(예: 나는 한 집안의 가장이다), 신체적(예: 나는 남자이다) 내용으로 구분할 수 있다. 이 중에서 개인적, 사회적 내용을 분석하면 자신을 독립적으로 보는지, 상호의존적으로 보는지 알 수 있다. 서양인들은 자신의 성격(예: 나는 근면하다)이나 행동(예: 나는 여행을 좋아한다)에 대한 언급이 더 많고, 동양인들은 타인과의 관계(예: 나는 친구들과 어울리는 것을 좋아한다)에 대한 언급이 더 많은 경향이 있다고 한다.

자, 이제 펜을 들고 빈 종이에다가 당신이 누구인지에 대하여 생각한 뒤 20가지 문장을 써 보라. 어떤 내용이 있는가? 혹시 그중에 '나는 대한민국 사람이다'가 있는가? 아마도 로마인들에게 이 검사를 받게 하면 그들은 분명히 '나는 로마 시민권자이다'가 있을 것이다. 왜냐하면 우리는 스스로를 자신이 속한 집단의 일원으로 인식하기도 하기 때문이다. 이런 측면에서 당시 최고의 시민권이라 할 수 있는 로마 시민권을 가졌던 사람들은 당연히 자신이 로마 시민임을 떠올렸을 것이다. 로마 시민들은 억울한 일을 당했을 때 재판을 받을 수 있는 권리가 보장되어 있었다. 지금 생각하면 그리 큰 특권이 아닐지 몰라도 당시는 개인의 인권이나 정당한 권리가 보장되지 않던 시대였다.

성경 속 인물인 바울(Paul, 대략 BC 5~AD 67)의 예를 들어 보자. 바울의 이야기를 이해하기 위해서는 약간의 배경지식이 필요하다. 2,000년 전 팔레스틴 지역에 예수라는 이름의 한 남자가 나타났다. 하나님의 아들이자 그리스도(구약성경에 약속된 구원자, 즉 메시아)라고 주장하는 이 남자를 따르는 무리가 적지 않았다. 많은 사람들이 예수의 기이한 행적과 말을 통해 그가 그리스도임이 확실하다고 믿었다. 하지만 유대의 지도자들은 그가 거룩하신 하나님을 모독한다고 생각했다. 이들은 예수를 로마의 총독인 본디오 빌라도(Pontius Pilate)에게 민중반란죄로 고소했고, 결국 예수는 십자가형을 받았다. 이로써 유대의 지도자들은 문제가 해결되었다고 생각했지만, 오히려 그 반대였다. 예수가 죽은 지 3일 후 제자들은 부활을 증언했고, 그 결과 예수가 살아 있을 때보다 더 많은 사람들이 믿음을 갖게 되었다.

과격파 유대인들은 예수의 제자들을 잡아서 처형하려고 했는데, 바울은 이 일에 앞장섰던 사람이었다. 그러던 중 신비한 체험으로 예수를 믿게 되었고, 급기야 예수의 제자들보다 더 적극적인 사도가 되었다. 과격파 유대인들은 동료가 배반하자 그를 제일의 표적으로 삼았고, 드디어 바울을 성전에서 붙잡았다. 사람들이 많은 곳이었기 때문에 한바탕 소란이 일어났다. 로마군이 출동했고 사건의 진상을 알기 위하여 바울을 체포했다. 천부장은 백부장에게 말하여 바울을 채찍질하면서 심문하라고 명령했다.

그들이 채찍질을 하려고 바울을 눕혔을 때, 바울은 거기에 서 있는 백부장에게 "로마 시민을 유죄판결도 내리지 않고 매질하는 법이 어디에 있소?" 라고 말하였다. 백부장이 이 말을 듣고, 천부장에게로 가서 "어떻게 하시렵니까? 이 사람은 로마 시민입니다." 하고 알렸다. 그러자 천부장이 바울에게로 와서 "내게 말하시오. 당신이 로마 시민이오?" 라고 물었다. 바울이 그렇다고 대답하니, 천부장은 "나는 돈을 많이 들여서 이 시민권을 얻었소." 라고 말하였다. 바울은 "나는 나면서부터입니다." 라고 말하였다.

당시의 지중해 주변 세계는 로마가 최고 전성기로 진입할 즈음이었기 때문에, 로마의 영향력이 막강했고 당연히 로마 시민권자라는 것은 대단한 자랑거리이자 권력이었다. 사람들은 로마 시민권을 얻기 위하여 천부장처럼 많은 돈을 들이기도 하고, 오랜 기간 군에서 복무하기도 했다. 그만큼 로마 시민권은 부러움의 대상이었다. 로마 시민권을 가진 사람들의 특권 중 하나는 누구나 로마 황제에게 재판을 받을 수 있다는 것이었고, 바울도 황제에게 상소했다.

"나는 지금 황제의 법정에 서 있습니다. 나는 여기에서 재판을 받아야 합니다. 각하께서도 잘 아시는 대로, 나는 유대 사람에게 조금도 잘못한 것이 없습니다. 만일 내가 나쁜 짓을 저질러서 사형을 받을 만한 무슨 일을 하였으면, 죽는 것을 마다하지 않겠습니다. 그러나 나를 고발하는 이 사람들의 고발 내용에 아무런 근거가 없으면, 어느 누구도 나를 그들에게 넘겨줄 수 없습니다. 나는 황제에게 상소합니다."

당시 로마제국의 영토 안에 있었던 사람들은 크게 두 부류로 나뉜다. 로마 시민권자라고 으스대던 사람들과 이들을 부러움의 눈빛으로 바라보던 사람들. 자기개념은 개인적 정체성뿐만 아니라, 사회적 정체성과도 연관된다. 다시 말해 자신이 속한 국가와 민족의 위상에 따라서도 자기개념이 달라진다고 할 수 있다.

영국의 사회심리학자인 타즈펠(Henri Tajfel)과 터너(John C. Turner)는 자신이 속한 집단이 자기개념에 큰 영향을 미친다는 사회 정체성 이론(Social Identity Theory)을 발표했다. 사람들이 타인과 관계를 맺을 때는 상대방을 독립적인 한 사람으로 보기보다는, 그가 속한 집단의 일원으로 보는 경향이 있다고 한다. 소위 잘나가는 회사에 다니는 사람은 본인도 자부심을 느낄뿐더러, 주변 사람들도 그를 부러워한다. 그 사람의 개인적인 특성이 아니라 그가 속해 있는 집단의 후광을 받는 것이다. 이런 점에서 사람들은 모두가 부러워하는 회사나 직업, 학교의 일원이 되려고 많은 애를 쓰고 있다.

사회정체성 이론은 집단 간에 일어나는 편견과 차별을 잘 설명해준다. 우월감을 과시하고 싶은 사람들은 개인의 실력을 갈고닦기도 하지만, 한편으로는 자신이 속한 집단의 후광을 이용한다. 그래서 우리 집단의 우월성을 강조하면서 다른 집단의 열등성에 주목한다. 이것이 도를 넘으면 편견과 차별, 박해와 핍박으로 이어지는 것이다.

그렇다면 우월한 집단에 속하지 못한 사람들은 계속 열등감을 느낄 수밖에 없을까? 그렇지 않다. 지금은 비록 연약하기 짝이 없지만 예전에는 우월했던 집단이었고, 반드시 그때의 영화가 회복될 것이라고 되뇌는 방법도 있다. 오랜 기간 전 세계를 떠돌던 유대인들은 스스로를 여호와에게 선택된 민족이라고 생각했다. 이러한 선민사상은 많은 부작용을 낳기도 했으나, 이 덕분에 유대인들은 나라를 잃은 지 2,000년 만에 국가를 다시 세우고 지금도 전 세계의 정치와 경제, 학문과 문화 영역에서 중요한 역할을 하고 있다.

건국 신화도 이런 맥락에서 이해할 수 있다. 각 나라의 건국 신화를 보라. 그 어느 것도 초라하지 않다. 건국의 주인공은 신의 자녀이거나 매우 신비로운 탄생 배경을 가지고 있으며, 엄청난 능력이나 고귀한 성품의 소유자이다. 좋은 수식어는 모두 사용될 수 있다. 자신들의 나라를 세운 선조가 신의 아들이니 자신들 역시 넓은 의미에서 신의 자녀들이고, 이 나라는 신의 보호를 받고 있다고 믿을 수 있다.

로마의 건국 신화도 그렇다. 건국의 두 시조가 모두 신의 아들이다. 아이네아스는 미와 사랑의 신 베누스의 아들이고, 로물루스는 전쟁의 신 마르스의 아들이다. 마르스는 그리스신화에서 아레스라는 이름을 가진다. 다른 것은 이름만이 아니다. 그리스인들과 로마인들은 이 신을 다르게 인식했고 다른 대접을 해 주었다. 그리스인들은 아레스를 버릇없고 거칠고 잔인하고 광적이라고 생각했고, 다른 신들도 아레스를 경멸했다고 한다. 그리스인들은 로마 사람들이 로물루스의 아버지가 아레스(마르스)라고 했을 때 이상하게 여겼을 것이다. 그러나 로마인들에게 마르스는 전혀 다른 이미지였다. 신들의 아버지이자 최고의 신으로 인정받는 유피테르 다음 서열로서, 한때는 유피테르의 위치를 넘볼 정도로 로마인들에게 중요한 신이었다. 그리스에서는 문화와 예술과 학문이 중요했지만, 로마에서는 전쟁이 중요했다. 끊임없는 전쟁을 치러야 했던 로마인들에게 전쟁은 하늘의 뜻이었고, 전쟁의 승리는 자신들의 차지여야 했다. 그렇기 때문에 전쟁의 신 마르스의 아들이 로마를 세웠다는 사회적 정체성은 무엇보다 중요했을 것이다.

위대한 제국의 위대한 건국 신화?

그러나 로마의 건국 신화를 이렇게만 이해하는 것은 어딘지 부족함이 느껴진다. 이상의 설명들은 로마뿐만 아니라 다른 여러 건국 신화에도 적용되는 것들이다. 그러나 로마의 건국 신화에는 분명히 구별되는 점이 있다. 시조를 굳이 두 명으로 설정했다는 점도 그렇고, 로물루스 말년의 치세를 봐도 그렇다. 사회적 정체성을 위한 이야기나 신화는 간단명료할수록 그리고 조상이나 시조가 훌륭하고 고귀할수록 좋다. 그런데 이런 경향이 로마 건국 신화에서는 잘 드러나지 않는다. 무슨 이유가 있는 것일까?

이 세상에 존재하는 상당수 건국 신화의 특징이 있다. 바로 영웅을 중심으로 한 나라가 어떻게 건국되었는지를 다루는 영웅신화라는 것이다. 분석심리학(Analytic Psychology)의 창시자인 융(Carl Gustav Jung)에 따르면 영웅신화는 세부적으로 상당한 차이를 보이고 있는 듯하나 자세히 검토하면 구조적으로 매우 흡사하다고 한다. 그러면서 문화적 접촉이 전혀 없는 집단(가령 아프리카 부족, 북아

분석심리학
융이 창시한 인간 마음에 관한 이론으로, 개인마다 다를 수밖에 없는 개인무의식 이외에 인류가 공유하는 집단무의식을 주장한다. 고대로부터 현대에 이르기까지 인류는 문화와 시대를 막론하고 비슷한 이미지를 사용하고 있는데, 그 이유가 바로 집단무의식 때문이라고 한다. 분석심리학은 예술작품과 신화, 풍습 등 인류학적 유산을 중요 분석 대상으로 삼는다.

메리카 인디언, 페루의 잉카족 등) 또는 개인에 의해 만들어진 경우라 해도 대개 공통된 형태를 따른다고 했다.

미국의 유명한 신화학자인 조셉 캠벨(Joseph John Campbell) 역시 『천의 얼굴을 가진 영웅』에서 전 세계의 영웅신화에는 유사성이 있다고 말한다. 그는 여러 신화를 연구하면서 영웅의 원형적인 모험 과정을 밝혀냈다. 우선 영웅은 우연처럼 발생하는 사건을 통해 모험에 나선다. 처음에는 모험을 거부하기도 하지만, 결국에는 미지의 세계로 발길을 옮긴다. 그러나 곧바로 심각한 곤경에 휘말리고 어려움을 겪는다. 이 과정에서 영웅은 과거의 모습을 버리고 새로운 모습으로 태어난다. 그 후 거대한 적과 대면하여 싸우면서 지하세계를 떠돌아다닌다. 여신들과 신성한 결합을 하고 승리를 쟁취하면서 마침내 보상을 받는다. 물론 그 후에도 영웅은 줄곧 반대 세력과 마주치거나 장애물을 만나 주춤하기도 하지만, 결국 줄기차게 나아가면서 자신의 목표를 달성하고 일상생활로 돌아간다.

이러한 일반적 영웅신화와 비교했을 때 로마의 건국 신화는 어떠한가? 분명히 대부분의 영웅신화와 비슷한 부분이 존재한다. 아이네아스와 로물루스 모두 신비로운 출생 배경을 가지고 있으며, 어려움을 겪었다는 점, 그리고 마침내는 반대 세력과 싸워서 승리했다는 점이 그렇다. 그렇지만 그냥 지나치기에는 뚜렷한 차이도 있다. 무엇보다 로마 건국 신화의 주인공(영웅)은 한 명이 아니다. 많은 경우 건국 신화의 주인공은 한 명이다. 물론 다른 사람들도 등장하지만 나라를 세우는 데 주로 공헌을 하는 한 명의 영웅이 존재한다고 할 수 있다. 로마는 건국 시조로 두 사람을 꼽을 수밖에 없다. 아이네아스와 로물루스가 차지하는 로마의 건국 과정은 어느 한쪽의 손을 들 수 없을 정도로 그 비중이 비슷하기 때문이다. 마치 로마의 건국 과정을 상권과 하권으로 구분해도 좋을 정도이다.

어떤 사람들은 로물루스의 건국 신화가 너무 초라하기 때문에 그리스 문화를 동경하는 일부 지식인들, 대표적으로 베르길리우스를 중심으로 아이네아스 이야기와의 접점을 만들었다고 보기도 한다. 시오노 나나미는 『로마인 이야기』 1권에서 이렇게 말한다.

> 로물루스와 그의 부하들이 폭력까지 동원하여 다른 민족으로부터 여자를 보충하지 않으면 안 되는 남자들의 집단이었다면, 그들의 정체에도 의심을 갖지 않을 수 없다. 어쩌면 로물루스와 그의 부하들은 각자의 부족에서 밀려난 자들이 아니었을까. 부족 단위의 이주라면 처자를 동반하는 것이 보통이기 때문이다. 그러나 이래서는 위대한 로마의 건국담으로는 아무래도 허술하고, 무엇보다 자손들의 체면이 말이 아니게 된다. 그래서 미와 사랑의 여신 아프로디테의 아들이며 트로이의 영웅인 아이네이아스의 편력담이 고안되고, 그것과 로물루스가 결부된 게 아닐까. 신화와 전설의 가치는 그것의 사실 여부보다 얼마나 많은 사람이 얼마나 오랫동안 그것을 믿어 왔는가에 달려 있다. 로마인들은 줄곧 자기네가 트로이 영웅의 후예라고 믿었고, 그리스인조차도 그렇게 생각했다.

로물루스가 나라를 세우려고 했을 때 함께한 사람들은 갈 곳 없는 부랑자 같은 이들이 많았다. 이들의 결혼 문제를 해결하기 위하여 로물루스는 인근 부족인 사비니족을 축제에 초대해 놓고서는 여인들을 강탈하여 아내로 삼을 정도였다.

그렇다면 여전히 남는 의문점이 있다. 로물루스가 원래 별 볼일 없는 조상이어서 자손들의 체면이 구겨진다면, 구태여 아이네아스의 이야기를 끌어오지 않고서도 로물루스를 얼마든지 미화할 수 있지 않았을까? 물론 당시에 로마인들은 그리스 문명에 열광했고, 그래서 그리스와의 연결점을 만들고 싶었을 수도 있다. 그렇다고 해도 굳이 아이네아스의 이야기를 흥미진진하게 만들 필요는 없지 않았을까? 사실 로물루스의 모험은 아이네아스의 것보다 흥미롭지 않고, 로물루스의 위대함은 아이네아스에 미치지 못하는 것처럼 보인다. 로마인들이 의도적으로 '로물루스 죽이기'를 하려는 것처럼 보이기도 한다.

이러한 경향은 로마를 건국하는 과정에서도 드러난다. 일반적으로 영웅이라고 하면 많은 갈등과 어려움을 극복하고 아주 대단한 적을 상대해야 할 것 같다. 로물루스의 경우 왕족으로 태어나 어린 시절에 버림을 받기는 했지만, 좋은 양부모를 만나서 잘 성장했다. 그리고 그가 물리친 적도 그리 엄청나게 위력적인 대상은 아니었다. 혼자 싸워서 이겼다고 하면 그나마 대단하다고 하겠으나, 그에게는 동생과 선왕이었던 외조부가 있었다. 더욱이 싸우는 과정을 자세히 읽어 보면 아물리우스는 제대로 힘도 써 보지 못하고 맥없이 무너지는 것으로 묘사된다. 시시한 적을 여러 사람이 가볍게 무찌른 꼴이다. 이래서는 영웅의 품위가 서지 않는다.

그뿐만이 아니다. 새로운 도시를 건설하는 과정에서도 동생을 속이는 것은 물론 죽이기까지 한다! 도대체 영웅이라고 하기에는 한참 부족하다. 끝이라도 로마라는 새로운 도시를 세우고 시민들을 위한 통치를 했다는 식으로 맺었으면 좋으련만, 그것도 모자라 거만하고 독단적으로 변해서 결국에는 원로원 의원들에게 살해당한 왕이 되고 말았다. 원로원 의원들이 로물루스가 하늘의 신이 되었다고 했을 때, 백성들은 원로원 의원들이 거짓말을 한다고 의심만 하지 않았는가! 결코 왕을 죽인 의원들을 향해서 돌을 던지거나 왕을 돌려 달라는 시위가 일어나지 않았다. 아마도 로마 시민들은 자신들도 하고 싶었지만 할 수 없었던 일을 원로원이 해결해 주어서 내심 고마운 마음이 아니었을까.

위대한 제국으로 발전했던 로마의 건국 신화치고는 좀 그렇다. 로물루스는 결코 영웅답지 못하다. 그러고 보면 아이네아스도 크게 다르지 않다. 트로이아 전쟁에서 패한 후 도망쳐서 이탈리아에 도착할 때까지 상당한 어려움을 겪긴 했지만, 그것은 그가 싸웠던 엄청난 적이 아니라 아이네아스를 미워하던 유노가 주는 어려움이었다. 그리고 이탈리아에 도착해서 물리쳤던 대상도 그리 대단한 적은 아니었다. 더 중요한 것은 베누스와 유피테르의 도움이 없었다면 그가 과연 이 모든 모험을 성공적으로 마쳤을지 의심이 든다는 것이다. 아이네아스의 이야기가 로물루스보다 흥미진진하기는 하지만, 그 역시 전형적인 영웅상과는 거리가 있어 보인다.

로마의 건국 신화에 숨어 있는 로마인들의 의도와 심리를 찾기 위해 좀 더 깊이 들어가 보자. 먼저 심리학자들은 신화를 어떻게 이해하고 있을까?

매우 가깝거나 혹은 매우 멀거나

심리학자들의 신화 이해를 살펴보기 전에 심리학에 대한 작은 오해를 짚고 넘어가자. 어떤 사람들은 심리학이라고 하면 사람의 마음에 대한 것을 다루기 때문에 신화나 꿈, 최면이나 무의식, 독심술 등도 다룰 것이라고 생각한다. 많은 사람들은 심리학과 상담 및 심리치료를 같은 분야라고 생각하여, 심리학자라고 하면 모두가 상담가인 줄 알기도 한다. 그러나 대학에서 배우는 심리학 과목은 이러한 기대와 상당한 거리가 있다. 심리학 개론 수업에서 가장 많이 듣는 말은 바로 "심리학은 과학!"일 것이다. 또한 신화나 꿈, 최면이나 무의식, 독심술 같은 주제들은 과학적으로 연구할 수 없기 때문에 심리학의 영역이 아니라고 규정한다.

대학에서 배우는 심리학은 실험적으로 증명이 가능한 내용들을 주로 다룬다. 인간의 뇌 구조와 기능에 대해서 연구하고, 동물과 인간을 실험 대상으로 삼기도 한다. 물론 성격이론이나 상담이론에서 프로이트(Sigmund Freud)의 무의식이라는 개념을 만날 수도 있지만, 분량과 중요성 면에서 턱없이 떨어진다. 그뿐만 아니라 심리학에서 통계는 필수과목이다. 실험 결과를 통계적으로 정리하여 주장을 증명해야 하기 때문이다.

분명 현대 심리학은 과학을 지향하고 있다. 이러한 지향 자체가 나쁘다고는 할 수 없지만, 주객이 전도되었다는 느낌을 지울 수 없다. 왜냐하면 과학의 방법론을 적용할 수 있는 것만 심리학이고 그렇지 않은 것은 심리학이 아니라고 판단하기 때문이다. 사람의 마음이란 것은 눈에 보이지 않기 때문에 과학을 잣대로 모든 것을 판단하기에는 무리가 있다. 사람의 마음을 자연과학과 같은 수준에서 연구하기에는 분명 어려움이 존재한다.

그런데도 심리학자들이 과학이라는 잣대를 내려놓지 못하는 이유 중 하나는 심리학의 정체성과 뿌리가 근대 과학과 밀접하게 연관되어 있기 때문이다. 사람의 마음에 대해서 관심을 갖되 철학자들처럼 사변적으로 관심을 갖는 것이 아니라, 과학적(실험적)으로 접근하려 했던 것이 바로 현대 심리학의 시작이었다. 심리학의 창시자 분트(Wilhelm Wundt)는 독일 라이프치히 대학교에 1879년 심리학 실험실을 설립했다. 심리학자들은 이 해를 심리학의 원년으로 잡는다. 분트는 이전의 철학자들과 달리 사람의 마음에 대하여 실험법을 적용하여 과학적으로 연구하려고 했다.

이런 점 때문에 대부분의 심리학자들은 신화에 대해서 침묵하고 있다. 과학으로서의 심리학을 염두에 두기 때문일 것이다. 과학의 기준으로 보았을 때, 측정할 수 없는 무의식을 주제로 하는 프로이트의 정신분석학(Psychoanalysis)이나 융의 분석심리학은 심리학의 영역에 들어올 수 없는 것이다. 그러나 과학이라는 기준 자체가 '근대 과학'이라는 점에서 현대 심리학자들의 과학 중심주의는 여러모로 재고할 필요가 있다. 융은 마음이 에너지임을 증명하기 위하여 1920년대 양자물리학으로 노벨상을 수상한 오스트리아의 물리학자 파울리(Wolfgang Pauli)와 공동 연구를 한 적이 있다. 현대 심리학자들이 외면하는 융의 이론과 현대 과학인 양자물리학의 공동 연구 가능성도 있는 상황에서, 이제 심리학자들이 과학이라는 일방적인 잣대를 내려놓을 때가 되지 않았을까.

정신분석학
무의식으로 대표되는 프로이트의 이론이다. 프로이트는 당시의 주요 정신장애였던 히스테리아를 치료하는 과정에서 사람들의 마음속에 자신들도 모르는 마음의 영역이 있다는 사실을 발견했다. 이 무의식은 논리적이고 합리적인 성질이 아니어서 현대 과학자들에게는 비판의 대상이지만, 인간 삶에 중요한 통찰을 제공해 준다는 점에서 여전히 많은 이들에게 사랑받고 있다.

이러한 주장이 더 힘을 얻을 수 있는 이유는 심리학의 창시자인 분트가 철저하게 실험법만 사용한 사람은 아니었다는 것이다. 많은 심리학자들은 그의 실험법에만 집중하지만, 그는 실험법의 한계를 알았다. 그래서 사람의 마음을 이해하기 위하여 다양한 방법을 받아들였고 여러 분야에 관심을 가졌다. 실제로 1912년 출간한 〈민족심리학〉에서 분트는 언어와 예술, 종교와 관습, 그리고 신화를 다루고 있다. 물론 내용 면에서 대단한 것은 없지만, 심리학의 창시자인 분트가 사람을 이해하기 위하여 신화에 관심을 가졌다는 것은 꽤 의미 있는 일이다.

심리학을 과학으로 국한시켰을 때는 신화와의 거리가 매우 멀지만, 과학이라는 틀을 잠시 치워 본다면 상당히 가까워질 수 있다. 프로이트와 융 같은 이들은 사람의 마음을 이해하기 위하여 신화에 관심을 가지기도 했다. 프로이트는 유명한 『꿈의 해석』을 저술하면서 신화와의 연관성 안에서 꿈을 해석했고, 소포클레스(Sophocles, 대략 BC 496~406)의 비극 〈외디푸스 왕〉에서 아이디어를 얻어 '외디푸스 콤플렉스'라는 개념을 만들기도 했다. 프로이트가 신화를 통하여 개인의 무의식을 이해하려고 했다면, 융은 개인의 경험과는 상관없는 집단무의식을 파악하려고 했다.

융의 생각을 알기 위하여 먼저 집단무의식이라는 개념을 살펴볼 필요가 있다. 융은 무의식이라는 개념 때문에 초기에는 프로이트와 의기투합했다. 그러나 프로이트가 모든 것을 개인무의식 차원과 성적인 측면으로 해석하려고 하자 거리감을 느끼지 않을 수 없었다. 그는 인간에게 정말 중요한 것은 개인의 경험에서 만들어진 개인무의식보다는 인류가 공유하는 집단무의식이라고 보았다. 그런데 정말 인류가 공유하고 있는 무의식이 존재하는 것일까? 소위 과학적인 사고를 한다고 자부하는 사람들은 프로이트의 개인무의식은 물론 융의 집단무의식도 받아들이지 않는다. 융은 『인간과 상징』에서 집단무의식에 대한 논리를 이렇게 설명한다.

> 인류를 한 개인으로 보자. 개인은 무의식의 힘에 따라 움직인다. 마찬가지로 인류도 거대한 무의식의 흐름에 따라 움직인다는 결론이 나온다. 결국 인류 역시 자신의 문제를 분리된 서랍에 넣어 두고 싶어 하는 경향을 보이는 것이다.

왜 융은 집단무의식을 주장하는 것일까? 그에 따르면 인류의 다양한 문화권, 심지어 교류가 전혀 없었던 서로 다른 문화권들의 신화와 민담, 전설과 민화 속에 공통적으로 나타나는 상징이 있다고 한다. 융은 만약 집단무의식을 가정하지 않는다면 이러한 현상을 설명할 수 없다고 말한다. 그는 더 나아가 집단무의식이 인류의 문명과 문화, 철학과 종교, 과학이나 예술 등과 같이 인간 삶에 중요한 가치들을 잉태시켜 준 모체가 된다고 보았다. 이 말은 이런 영역들에 대한 연구를 하면 집단무의식에 대하여 알 수 있다는 말이기도 하다. 같은 책에서 융은 또 이렇게 말한다.

> 영웅신화는 세계 도처에서 가장 널리 알려져 있고, 그래서 가장 흔하게 볼 수 있는 신화 체계이다. 영웅신화는 그리스나 로마의 고전적인 신화에서는 물론이고 중세신화, 극동의 신화, 심지어는 현대의 미개사회 부족의 신화에서도 볼 수 있다. 이 영웅신화는 우리들의 꿈속에서도 그 모습을 나타낸다. 명료하고 극적이고 매력적인 모습으로 나타나는 경우도 있고, 다소 명료하지 못하게 나타나는 수도 있지만 어떤 경우든 대단히 중요한 심리학적 의미를 지니는 것은 분명하다.

이처럼 분석심리학에서는 신화를 집단무의식을 담는 그릇으로 본다. 보편적인 신화를 통해서는 인류의 보편적인 무의식을 알 수 있고, 어떤 민족의 신화를 통해서는 그 민족의 무의식을 알 수 있다. 신화에는 민족과 대중들의 마음이 투영되기 때문이다. 뛰어난 한 사람이나 한 무리의 지성인들이 어떤 의도를 갖고 고의적으로 신화를 만들어 내지 않으며, 만들 수도 없다. 신화는 모두의 것이고 입에서 입으로 전해져 내려왔다. 그리고 이 과정에서 각색되기도 하고, 과장되기도 하며, 다양한 이야기들로 분화되어 내려온다. 따라서 신화를 잘 분석하면 그 민족과 집단의 마음 깊숙한 곳에 도달할 수 있다. 그렇다면 로마의 건국 신화에 숨겨져 있는, 로마인들이 공유하는 무의식의 내용은 무엇일까? 그 증거를 그들의 역사에서도 찾을 수 있을까?

로마는 한 사람의 영웅을 원하지 않았다

로마의 건국 신화에 로마인들만의 집단무의식이 투영되어 있다고 한다면 그 의미는 분명하다. 로마는 한 사람의 영웅을 원하지 않는 것이다! 그렇기 때문에 자신들의 뿌리가 되는 신화에서조차 건국 시조를 한 명이 아닌 두 명, 혼자가 아닌 쌍둥이, 동생에게 인정받는 형이 아니라 동생을 죽인 형, 시민들에게 칭송받는 왕이 아니라 누군가에게 암살을 당해도 더 이상 찾지 않는 왕으로 묘사하고 있는 것이 아니겠는가!

사회적 정체성을 위해서 많은 민족들은 자신들의 신화를 지나치게 미화하는 경향이 있으나, 로마는 이마저도 거부한다. 자신들의 성공은 뛰어난 한 사람의 영웅 때문이 아님을 천명한다. 이런 측면에서 로마는 다른 제국들과 구별된다. 많은 제국들이 한 명의 영웅과 함께 출현했다가 사라졌지만, 로마는 조직을 중심으로 움직였기 때문에 천 년 동안 지속될 수 있었고, 그 유산이 지금도 남아 있는 것이다.

물론 로마도 왕정으로 시작했지만 신화는 왕정의 폐해를 지적하고 있다. 제아무리 건국 시조라고 해도 권력을 휘두르며 갈수록 거만하고 독단적으로 변해 갔음을 고발한다. 나라의 시조도 이러한데, 다른 사람들이야 두말할 필요도 없지 않겠는가. 오죽했으면 왕이 없어져도, 혹은 원로원 의원들이 왕을 죽였어도 백성들이 왕을 찾으려고 하지 않았을까. 로마인들은 마음 깊숙한 곳에서부터 영웅보다는 조직과 집단의 힘을 신뢰하고 있고, 이것이 바로 건국 신화에 투영되어 있다고 볼 수 있다.

개인이 아닌 집단의 힘을 믿는 것이 로마가 성공적인 제국으로 발전할 수 있었던 이유였다. 단지 한 영웅의 업적이 아닌 모두 협력해서 이루어 낸 성공! 사실 이런 측면에서 카이사르를 기점으로 로마가 공화정을 탈피하여 제정으로 나아가게 된 것은 굉장한 변화였다. 물론 카이사르처럼 시대상황상 공화정이란 제도는 더 이상 로마에 어울리지 않는다고 생각한 사람들도 있었으나, 이에 저항하는 세력도 만만치 않았다. 얼마나 심했으면 카이사르의 충실한 부하였던 브루투스(Decimus Junius Brutus Albinus, ?~BC 43)를 비롯하여 원로원 의원들이 그를 칼로 찔러 죽였을까?

아직까지도 브루투스가 왜 카이사르를 죽였는지에 대한 명쾌한 설명은 나오지 않고 있다. 브루투스는 카이사르를 위해 목숨을 걸고 싸웠던 부관이었으며, 카이사르 역시 자신의 유언장에 브루투스를 옥타비아누스(Gaius Julius Caesar Octavianus, BC 63~AD 14) 다음인 제2의 상속자이자 유언의 집행인으로 써 놓았을 정도로 총애하고 있었다. 상식과 논리로는 브루투스의 행동을 쉽게 이해할 수 없지만 집단무의식으로는 가능하다. 집단무의식이 의식의 영역과는 구별되어 있으면서 중요한 순간에 결정적인 선택을 하도록 작용하기 때문이다. 브루투스 역시 영웅을 근본적으로 거부하는 로마인들 중의 한 명이지 않았을까. 그래서 중요한 순간에 집단무의식의 명령에 복종한 것은 아닐지.

흥미로운 사실은 카이사르의 죽음이 로물루스와 매우 비슷하다

는 것이다. 두 사람은 원로원 의원들에게 둘러싸여 칼로 죽임을 당했다. 게다가 로물루스를 죽인 원로원 의원들은 백성들에게 그가 신이 되었다고 답했는데, 카이사르 역시 이후에 로마인들에 의해 신이 되었다. 카이사르를 반대했던 사람들은 공화정 신봉주의자였다. 공화정 시대의 로마인들은 '영웅 알레르기'라는 표현이 과장이 아닐 정도로 뛰어난 일인자를 용납하지 않았다. 전쟁에서 많은 공을 세워 대중들로부터 인기가 올라가기 시작하면, 머지않아 그 사람의 정치적 생명은 끝나는 일이 끊임없이 일어났다.

공화정의 초대 집정관이었던 타르퀴니우스 콜라티누스(Lucius Tarquinius Collatinus)는 왕이 되려 할지 모른다는 사람들의 의혹을 받아 스스로 망명길에 올랐으며, 그의 후임 집정관으로 선출되어서 공화정의 뿌리를 내렸다고 평가받는 푸블리우스 발레리우스(Publius Valerius, 대략 BC 560~503)는 왕이 되지 않겠다는 결심을 보여 주기 위해서 으리으리한 저택을 하룻밤에 부수기도 했다.

제2차 포에니전쟁에서 한니발(Hannibal, BC 248~182)을 무찌르고 로마를 구했던 스키피오 아프리카누스(Publius Cornelius Scipio Africanus, BC 235~183)도 그의 정적들로부터 공격을 받아 말년을 쓸쓸하게 보내야 했고, 공화정 말기의 혼란을 해소하기 위해서 개혁을 추진했던 티베리우스(Tiberius Sempronius Gracchus, BC 163~132)를 제거하기 위하여 원로원 의원들이 퍼뜨렸던 소문도 그가 왕이 되려 한다는 것이었다. 로마인들은 제아무리 뛰어난 사람이라도 자신들의 왕이 될 수는 없다고 생각했고, 그 누구도 영웅으로 만들지 않았다. 아이러니하게도 로마에서 영웅이 될 수 있는 사람은 스스로 영웅이기를 포기하고 평범함으로 돌아간 사람들뿐이었다.

로마인들의 이러한 마음은 그들의 신화에 투영되었을 뿐만 아니라, 정치제도에도 그대로 반영되었다. 왕정으로 시작한 로마가 본격적인 궤도에 오르게 된 것은 공화정이라는 체제를 발족시키면서부터라고 많은 사학자들은 말한다. 마키아벨리 역시 로마의 위대함을 공화정에 두고 있다. 그는 『로마사 이야기』에서 이렇게 말한다.

> 우리 인간의 행동은 모두가 자연의 모방에 지나지 않는다. 빈약한 줄기가 잘 자란 가지를 지탱하지 못하듯 작은 공화국은 자기 나라보다 강대한 도시를 정복하여 지배할 수 없다. 가령 운 좋게 손에 넣더라도 줄기보다 가지 쪽이 더 커져서 어지간한 노력으로는 그것을 지탱하지 못하며, 작은 바람에도 쓰러지는 나무와 똑같은 운명을 맞이하게 된다. 스파르타가 그리스 전체 도시를 지배권 아래 두었으면서도, 테베가 그 멍에를 벗어나자 단번에 모든 도시가 반기를 들었던 사태가 이를 충분히 입증하고 있다. 그리하여 그 나무는 줄기만 오도카니 남고 가지는 모조리 잘린 셈이 되었다. 그러나 로마는 단 한 번도 이런 비운을 만난 적이 없다. 그들의 줄기는 아주 튼튼했으므로 더할 나위 없이 번창한 잔가지들을 가볍게 지탱하고 있었다.

다음 장에서는 로마라는 줄기를 튼튼하게 만들어서 수많은 가지를 잘 지탱하도록 했던 공화정 제도를 살펴보자.

읽을거리 마음거리 – 관점의 심리학

관심을 보이는 사람이 많으면 관점도 많은 법이다. 로마사에 대한 관점 역시 매우 다양하다. 거시적 관점과 미시적 관점, 군사적 관점, 법률적 관점, 종교적 관점 등 어떠한 관점을 가지고 로마사에 접근하느냐에 따라 역사로부터 얻을 수 있는 교훈은 다양하다. 그래서 역사서를 볼 때는 역사가나 작가의 관점을 이해하는 것이 필수이다. 로마사에 대한 다양한 관점 중에서 에드워드 기번과 시오노 나나미의 것을 살펴보기로 하자.

이 두 사람은 정통 사학자가 아닌데도 로마사에 대한 명작을 남겼다는 공통점이 있지만, 바라보는 관점에 있어서는 명백한 차이가 존재한다. 『로마제국 쇠망사』라는 제목에서도 알 수 있듯이, 기번의 관심은 '로마제국은 왜 쇠락의 길을 걷고 결국엔 망하게 되었는가' 였다. 그래서 로마제국이 노쇠의 조짐이 나타나기 시작한다고 볼 수 있는 트라야누스부터 로마사를 기술하고 있다. 반면 시오노 나나미는 『로마인 이야기』 15권에서 자신은 기번의 관점에 대한 의문에서 출발했다고 쓰고 있다.

> 왜 로마사를, 그것도 열다섯 권씩이나 썼느냐고 묻는다면, 그 질문에 대한 대답은 아주 간단하다. '역사를 쓰는 법' 이나 '현세에 대한 문제의식' 과는 전혀 관계없이, '소박한 의문' 이라고 말할 수밖에 없는 것이 발단이었기 때문이다. 로마사라고 말하면 '쇠망' 이라는

말이 돌아온다. 그것이 지금까지 일반적인 경향이었다. 에드워드 기번의 『로마제국 쇠망사』의 영향이 아닐까 싶지만, 내 첫 번째 의문은 여기에서 출발한다. 쇠망했다면 그 전에 우선 융성했어야 할 텐데, 왜 융성기에는 관심을 갖지 않고 쇠퇴기만 문제 삼는가 하는 의문이었으니까.

시오노 나나미의 이런 태도가 단지 기번의 관점에 대한 반발심만은 아닐 것이다. 관점은 시대 배경이나 경험과 무관하지 않다. 우선 기번은 계몽주의 시대를 살았던 사람이다. 계몽주의는 인간의 이성을 바탕으로 문화와 문명이 발달할 수 있으며 어떤 문제도 해결될 수 있기에 역사도 점차 진보한다고 본다. 인류의 역사가 미개사회에서 문명사회를 향하여 전진하고 있다고 보는 관점을 계몽사관이라고 한다. 진보의 원동력은 이성에 근거한 지식의 누적과 과학의 발전이다. 이처럼 진보와 발전을 당연히 여기는 계몽주의 시대를 살았던 기번에게 닥친 의문은 '어떻게 로마는 그처럼 위대한 제국이 될 수 있었는가?'가 아니라, '영원할 것 같았던 로마제국은 어떻게 망하게 되었는가?'였다. 다른 제국들과 달리 로마는 인간이 이성적으로 사고하고 판단하고 결정할 수 있는 환경이었다. 그러므로 계몽주의자들에게는 로마의 성공과 번영이 당연했다.

그러나 인간의 무한한 발전 가능성을 믿었던 계몽주의 신화는 20세기에 일어났던 두 차례의 세계대전, 특히 제2차 세계대전으로 산산조각이 났다. 인간의 발전에 도움을 준다고만 생각했던 과학기술이 인간의 생명을 위협하는 것을 목도했기 때문이다. 아시아에서는 제2차 세계대전의 시작일을 1937년 7월 7일로 보는데, 이날은 바로 시오노 나나미의 생일이기도 하다. 그녀는 유년기에 전쟁을 경험했고, 아동기와 청소년기에 자기 나라에 떨어진 원자폭탄의 위력과 전쟁의 처참한 폐해를 보면서 자랐다. 그녀 역시 『로마인에게 묻는 20가지 질문』에서 자신의 관점이 시대와 무관하지 않음을 인정한다.

> 기번이 인간의 이성을 전폭적으로 신뢰할 수 있었던 18세기의 자식이라면, 나는 20세기 말이라는 시대의 자식이기 때문입니다. 사회주의 혁명이나 세계대전의 결과 때문인지, 인간의 이성을 믿기 어려워진 것이 이 시대의 특징 가운데 하나입니다.

인간의 이성과 무한한 진보를 더 이상 믿을 수 없는 시대를 살았던 그녀는 로마가 어떻게 해서 그토록 뛰어나고 찬란한 제국이 되었는지 궁금해했다. 기번과 다른 시대를 살았기 때문에 다른 질문을 던진 것이다.

관점의 중요성은 역사에 국한되지 않는다. 하나의 사건에 대한 관점은 다양하고, 이 다양한 관점들은 때로 토론과 논쟁, 갈등으로 발전한다. 분명히 사건과 상황은 하나인데 다른 관점으로 인해 실제로 다른 사건처럼 인식된다. 운전자라면 한 번쯤은 경험해 보았을 만한 접촉사고, 학교에서 끊임없이 벌어지는 학생들 사이의 장난과 이로 인한 다툼, 신문과 뉴스에서 빠지지 않는 정치인들의 막말은 물론, 심지어 사랑하는 연인들이나 부부 사이에서도 고성이 오가는 이유는 바로 관점의 차이 때문이다.

인지발달 이론으로 유명한 발달심리학자 삐아제(Jean Piaget)는 삐아제의 세 산 모형 실험.

세 산 모형 실험을 통하여 아이들의 관점, 즉 시각 조망을 연구했다. 아이들에게 세 개의 산으로 이루어진 모형을 보여 주고, 반대편에 있는 인형은 산 모형을 어떻게 보겠느냐고 물으면서 네 방향에서 본 산 모형의 사진을 보여 준다. 학령기 이전의 아이들은 자신이 보는 위치의 사진을 고른다. 인형도 자신처럼 볼 것이라고 생각하는 것이다. 이 시기의 아이들은 자신의 '관점'이 유일하다고 생각하는 오류를 범하는데, 삐아제는 이를 자기중심성(egocentrism)이라고 했다.

시간이 지남에 따라서 아이는 자기중심성을 벗어난다. 자기중심성을 벗어날 수 있는 이유는 '경험' 때문이다. 다른 위치에서 산을 보게 되면서, 자신이 보았던 모습과는 다르게 보임을 깨닫는 것이다. 그래서 초등학교에 입학한 아이들을 대상으로 했을 때는 올바른 답이 나온다.

삐아제의 인지발달 이론에 있어서 경험의 중요성은 절대적이다. 그는 아이들이 다양한 경험을 통하여 자신의 지식체계인 도식(schema)을 발달시켜 나간다고 주장하는데, 이를 동화(assimilation)와 조절(accommodation)로 설명한다. 자신의 도식에 맞는 경험은 받아들이고(동화), 전혀 새로운 경험을 하면 자신의 도식을 변경한다(조절). 세 산 모형에 대한 도식에서는 다른 위치에서 본 경험으로 조절을 거쳐 자기중심성을 벗어난다.

한편 도식의 발달은 또 다른 자기중심성을 가져다준다. 경험을 통해서 세상이 어떤 곳인지, 나는 누구이고 타인은 누구인지에 대한 지식이 생기면, 자신의 도식에 맞추어서 생각하고 판단하려 하기 때문이다. 어떤 때는 경험을 통하여 새로운 정보가 들어와도 더 이상 조절이라는 과정이 일어나지 않는다. 아이들은 스펀지처럼 자신의 경험을 있는 그대로 흡수하지만, 나이가 들수록 자신의 입맛에 맞는 경험만을 받아들인다.

그래서 물리적 자기중심성을 연구한 삐아제 이후의 학자들은 심리적 자기중심성에 초점을 맞추면서 나이가 들어도 자기중심성은 벗어나기 어렵다고 지적했다. 초등학생과 청소년은 물론 나이가 들면 들수록 자신의 관점과 해석, 판단은 정확하고 자신과 '다른' 타인의 것은 '틀리다'고 주장하는 사람들이 얼마나 많은가. 이런 측면에서 경험이 관점을 만들기도 하지만 관점이 경험을 거르기도 하고, 경험이 자기중심성을 벗어나게도 하지만 자기중심성이 경험을 선택하게도 한다고 볼 수 있다.

자신의 관점만이 정확하다거나 자신의 생각이 곧 사실이라고 믿는 사람들의 특징은 생각의 변화를 인정하지도 시도하지도 않는다는 것이다. 사실이 변하지 않는 이상 자신의 생각도 변함이 없다는 논리로 무장한 채 시간이 지날수록 외골수나 독단적이고 고리타분한 사람이 될 수밖에 없다. 살아 있는 생명체라기보다는 화석과 같은 사람이다.

흥미롭게도 삐아제의 인지발달 이론은 살아 움직이는 생명체, 즉 유기체를 관찰하면서 얻은 아이디어에서 시작되었다. 사실 그는 동물학에서 박사학위를 받았던 사람으로, 특히 연체동물이 새로운 환경에 어떻게 적응하는지 관심을 가지고 있었다. 그러던 중 생명체의 발달과 성장의 원리는 유전자의 단순한 발현인 성숙보다는, 새로운 환경에 대한 적응임을 알았다. 박사학위 취득 후 동물에서 인간의 정신세계로 관심이 옮겨 왔고, 지능검사의 선구자인 비네(Alfred Binet)와 함께 일을 하게 된다. 어린아이들을 가르치고 그들의 행동을 관찰하고 함께 이야기할 기회를 많이 가지면서, 그는 인간의 정신세계가 발달하고 성장하는 원리 역시 동물학에서의 발달 원리와 동일하다는 결론에 도달한다. 다시 말해 도식의 발달 역시 외부 환경에 대한 적응이라는 것이다. 이런 측면에서 삐아제는 살아 있는 사람이라면 그 정신세계 역시 끊임없이 변화한다고 믿지 않았을까. 변화를 두려워하지 않는 유연성이야 말로 정신이 살아 있다는 증거가 아닐까.

역사를 비롯하여 어떠한 지식을 마주할 때, 그리고 사람과 세상을 대할 때 필수적으로 준비해야 할 것이 있다. 자신의 관점과 타인의 관점이 다를 수 있으며 필요하다면 자신의 관점을 바꿀 수도 있다는 열린 마음가짐이다. 살아 있는 정신은 변화를 두려워하지 않는다는 원리는 이제 본격적으로 살펴볼 로마가 최고의 보편제국이 될 수 있었던 이유이기도 하다.

2장

로마를 번영으로 이끈 공화정의 모든 것

고독한 왕과 번영하는 도시국가

로마인들은 건국의 영광을 온전히 로물루스에게 돌리고 있지 않다. 절반은 아이네아스에게, 나머지인 절반의 절반은 레무스에게 돌리고 있다. 더 나아가 로물루스는 동생을 속이고 죽이기까지 했으며, 왕이 되어서는 악정을 펼치다가 원로원 의원들에게 죽임을 당한 사람으로 묘사되고 있다. 시조, 그것도 로마제국의 시조로는 너무나 볼품없는 모습이 아닐 수 없다. 그러나 어떤 이들은 로물루스가 대단한 업적을 남기거나 공을 세우지는 못했을지라도, 로마 공화정의 기틀을 마련했다는 점에서 충분히 칭송받을 만한 가치가 있다고 주장한다. 공화정이 로물루스가 만든 왕정의 변형이라는 점에서 로물루스의 혜안이 드러난다는 것이다. 이 주장이 맞는지 따져 보기 위하여 공화정의 탄생 배경을 살펴보자.

로물루스는 전형적인 시조처럼 신적 권위를 등에 업고 백성의 추대를 받아 왕위에 오르는 행운은 누리지 못했다. 아니 신적인 권위까지는 없다손 치더라도 왕이 되려면 적어도 자신을 따르는 무리 혹은 백성은 있어야 하지 않는가. 물론 새로운 도시국가의 건설에 참여하기 위해 뜻을 같이한 사람들도 어느 정도는 있었다. 그러나 이들은 나라를 세우기에는 턱없이 부족한 수였다. 결국 로물루스는 궁여지책을 세웠다. 자신의 도시에 들어오는 사람은 '누구든지' 받아들이기로 한 것이다. 새로운 도시는 이웃 부족과 도시에서 자리를 잡지 못한 사람들, 즉 범죄자나 도망자, 마땅한 거처가 없었던 남자들로 채워지기 시작했다.

이렇게 시작된 로마는 자연스레 두 가지 문제에 부딪혔다. 하나는 왕권 확립이고, 또 다른 하나는 결혼이었다. 로물루스가 나라를 세우고자 했던 동기가 위대한 제국이나 정의사회의 구현일 수도 있었겠지만, 단지 이러한 이유였다면 외조부를 도와 알바 롱가를 더욱 좋은 나라로 만드는 데 일조할 수도 있었을 것이다. 그보다는 권력욕이나 명예욕이 좀 더 큰 부분이었을지도 모르겠다. 그러나 그를 따르는 무리들 중에는 기존의 권위와 제도에 순응하지 못했던 드센 남자들이 많았다. 당연히 자신들의 지도자에게 고분고분할 리가 없었다.

이때 로물루스는 이상보다는 현실, 최고보다는 최선의 방법을 택했다. 모든 명예와 권력을 자신이 독점하는 것이 아니라, 백성들에게 나누어 주면서 자신의 몫도 챙기는 방식이었다. 가문의 어른들 100명으로 원로원을 구성하고 왕에게 자문하는 역할을 맡김으로써 명예를 부여했고, 시민으로 민회를 구성하고 왕의 선출이나 국가의 주요 정책을 승인하는 역할을 맡김으로써 권력을 분배했다. 물론 두 기관의 중심에 서 있는 것은 왕 자신이었다. 명예와 권력을 나누어 주는 형태를 취하긴 했지만, 모든 것을 왕이 좌지우지할 수도 있는 아주 교묘한 제도였다. 이처럼 공화정의 토대가 된 원로원과 민회는 로마의 미래를 정확히 볼 수 있었던 로물루스의 선견지명 때문이라기보다는, 현실에서 최선을 다한 노력의 결과였다.

한편 결혼 적령기에 도달한 남성들의 결혼도 큰일이었다. 이 문제 해결을 위해 로물루스와 그 일당은 자신들의 축제에 인근에 살고 있던 사비니(Sabini)족을 초대했다. 축제 분위기가 한껏 고조되었을 때 로마인들은 사비니족 처녀들을 한 명씩 둘러업고 자신들의 집으로 내달리기 시작했다. 이 사건은 이후 예술가들에게 좋은 소재가 되었지만, 눈앞에서 딸과 여동생들을 강제로 빼앗겼던 사비니족 남자들에게는 충격이었고 치욕이었다. 딸과 여동생들을 되찾기 위하여 사비니족 남자들은 죽음을 불사하고 전쟁을 선포했고, 로마인들도 절대로 물러서려고 하지 않았다.

두 부족 간의 싸움은 쉽사리 결말이 나지 않았고, 그러는 동안 시간이 흘러 사비니 여인들은 로마에 정착했다. 아이도 낳고 남편과도 정이 들었던 것이다. 결국 이들이 아버지와 남편, 오빠와 남편 사이에서 중재 역할을 맡았다. 여인들의 중재로 전쟁이 끝나자 두 부족은 원수가 아닌 가족이 되었다. 로물루스는 더 나아가 사비니족에게 로마 이주를 권하면서 동등한 대우와 권리를 약속했다. 사비니족의 왕 타티우스(Titus Tatius)에게는 함께 나라를 다스리자고 했다. 당시에 국력은 군사력이었고 군사력은 백성 수와 동일했기 때문에 로물루스의 제안을 굳이 거부할 이유가 없었다. 이렇게 두 부족은 하나가 되었다.

사비니족과 합친 후 얼마 안 가 타티우스는 전쟁에서 전사했고, 이후 로물루스가 혼자 통치했다. 그러다가 로물루스마저 갑작스럽게 죽으면서 후계자 문제가 불거졌다. 사비니계 로마인들은 당연히

「사비니 여인들의 중재」, 다비드(Jacques-Louis David, 1748~1825).

자신들의 부족에서 왕이 나와야 한다고 주장했다. 두 부족이 합친 후에 대부분의 기간을 로물루스가 혼자 통치했기 때문에 사비니계 입장에서는 당연한 주장이었다. 이 주장에 대하여 본래 로마인들이었던 라틴계 로마인들도 굳이 반대할 이유가 없었다. 결국 사비니계 사람들이 왕으로 추천했던 타티우스의 사위 누마 폼필리우스(Numa Pompilius, 재위 BC 715~673)가 2대 왕이 되었다. 이 과정에서도 알 수 있듯이 로마는 여전히 라틴계와 사비니계로 분열되어 있었다. 게다가 정치적으로 혼란스럽고 경제적으로도 궁핍했던 군락촌에 불과했다. 왕이 된 누마는 두 부족 간의 갈등을 씻어 내고 나라를 발전시키기 위해 여러 정책을 펼치고 종교의식과 제도를 확립했다.

3대 왕은 라틴계인 툴루스 호스틸리우스(Tullus Hostilius, 재위

BC 673~641)였다. 2대 왕 누마가 사비니계였기 때문에 다시 라틴계에서 왕을 뽑은 것이다. 누마의 관심이 로마 내부였다면 툴루스의 관심은 외부였다. 누마의 노력과 정책들이 성공적이어서 로마인들은 더욱 단결하고, 그 결과 계속되는 전쟁에서도 승리했다. 이때 로마인들은 자신들의 모국이라고 할 수 있는 알바 롱가와 전쟁을 벌인다. 두 나라 농민들의 사소한 갈등이 전쟁으로 발전한 것으로, 지금 시대에는 이해하기 어렵고 전쟁의 이유치고는 쑥스럽기 짝이 없다. 그러나 이때는 기원전 7세기 무렵이다. 전쟁이라고 해도 칼과 창, 방패나 화살보다는 돌멩이와 곡괭이 같은 농기구가 무기로 쓰였다. 요즘 사람들이 보았다면 규모가 조금 큰 패싸움 정도로 보이지 않을까. 로마의 전쟁이라고 해서 할리우드 영화에서 전형적으로 볼 수 있는 제정시대의 로마 군인들과 전투를 생각하면 오산이다.

농민들의 갈등 때문에 시작된 전쟁에서 알바 롱가의 왕 메티우스(Mettius)는 로마에 한 가지 제안을 했다. 불필요한 인명과 재산 피해를 막기 위해서 양국에서 대표 병사를 뽑아서 결투를 치르고, 그 결과로 전쟁의 승패를 가리자고 말이다. 로마인들도 이 제안을 긍정적으로 생각했다. 자신들과 무관하지 않은 알바 롱가와 전쟁을 벌인다는 것도 그렇고, 전쟁에서 승리한다고 해도 크게 얻을 것이 없다는 생각 때문이었을 것이다.

메티우스의 제안을 받아들인 툴루스는 싸움을 잘하기로 소문난 병사를 대표로 뽑았다. 알바 롱가의 대표 역시 만만치 않은 상대였다. 막상막하의 실력으로 쉽게 우열을 가리긴 힘들었지만 결과는 로마 측의 승리였다. 툴루스는 메티우스에게 약속을 지키고 결과에 승복하라고 했으나 메티우스는 이 요구를 거절한다. 로마인들은 약속을 지키지 않은 알바 롱가로 쳐들어가서 메티우스를 능지처참하고 도시를 철저히 파괴했다. 로마인들은 약속과 명예, 신의를 중요시하는 사람들이었기 때문에 메티우스의 태도는 도저히 용납할 수 없는 것이었다. 그러나 분노의 대상은 왕과 그 도시였지, 알바 롱가의 주민들은 아니었다. 툴루스는 주민들을 로마로 강제 이주시켰다. 대신 노예가 아닌 시민의 신분이었고, 더 나아가 유력 가문의 어른들은 원로원으로 받아들였다. 로마는 더 큰 도시국가로 탈바꿈하고 있었다.

툴루스가 죽은 후 왕위에 오른 사람은 2대 왕 누마의 외손자인 앙쿠스 마르키우스(Ancus Marcius, 재위 BC 641~616)였다. 툴루스가 라틴계였으니 다시 사비니계에서 왕이 나온 것이다. 그러나 두 부족이 합친 지 시간도 많이 흘렀고, 여러 전쟁을 통해 주변 세력을 흡수하면서 더 이상 라틴계와 사비니계의 구분은 의미가 없어졌다. 4대 앙쿠스 때도 로마는 계속되는 전쟁을 통하여 세력을 확장했다. 그러면서도 외조부처럼 로마의 종교를 더 정교하게 다듬었다. 전쟁과 종교는 다양한 색깔의 사람들을 하나로 뭉치게 할 수 있는 중요한 수단이었다.

로물루스 이후 왕위에 오른 이들은 하나같이 로마를 굳건하게 다져 갔다. 내부적으로는 기초가 서고 외부적으로는 도시국가의 규모가 점차 확대되었다. 이는 로마의 구성원 수가 많아지고 출신이 다양해졌다는 것과 왕위를 차지하기 위한 권력 다툼이 치열해질 수 있음을 의미한다.

왕정의 한계를 극복하는 공화정

앙쿠스 다음으로 5대 왕위에 오른 사람은 라틴계나 사비니계가 아니라 혼혈 에트루리아(Etruria)계 타르퀴니우스 프리스쿠스(Tarquinius Priscus, 재위 BC 616~579)였다. 이탈리아 반도 북부에 거주했던 에트루리아족은 발전된 문명과 문화를 가지고 있었으며, 무엇보다 토목기술이 뛰어났다고 한다. 기원전 6세기경에는 이탈리아에서 가장 큰 영향력을 미쳤기에 자연스럽게 로마와의 접촉이 잦았고, 일부 에트루리아 사람들이 로마로 이주하기도 했다. 바로 5대 왕 타르퀴니우스가 그렇게 로마로 편입된 에트루리아계였다.

로마는 개방적이었다. 누구든지 원하기만 하면 로마의 시민이 될 수 있었다. 심지어 전쟁에서 승리한 후에도 패전국의 백성들을 노예가 아닌 시민으로 받아들였을 정도였다. 계속되는 전쟁의 승리로 로마로 유입되는 백성의 수가 증가했고, 로마 주변의 도시와 부족들이 로마로 편입되는 사례도 늘었다. 5대 왕 타르퀴니우스는 새로 합류한 유력 가문의 인사들을 원로원으로 받아들였고, 원로원 의원의 수를 100명에서 200명으로 늘렸다.

시민들의 수가 많아지면서 전쟁에 동원할 수 있는 인력도 많아졌다. 전쟁에서 이길수록 로마는 더 많은 사람들의 뇌리에 각인되었다. 로물루스가 도시국가를 세웠던 카피톨리노 언덕이 좁아지자 사람들은 다른 언덕에도 거주하기 시작했다. 그러나 성벽도 없이 언덕에 집단으로 거주하는 모습은 보기에도 안 좋을뿐더러, 외부의 침략에 무방비 상태로 노출될 수 있었다. 타르퀴니우스는 에트루리아의 뛰어난 기술자들을 불러 토목공사를 실시하면서 국력에 걸맞은 외형을 갖추도록 했다. 그리고 일곱 언덕을 둘러싸는 성벽을 만들도록 했다.

일련의 사업으로 타르퀴니우스는 원로원과 시민들 모두에게 인기가 높았다. 인기가 높아질수록 왕을 시기하는 사람이 있었는데 바로 선왕 앙쿠스의 두 아들이었다. 이들은 왕위를 얻고자 아버지를 죽였지만, 원로원과 시민들의 반발로 뜻을 이루지 못했다. 로마에서는 왕위 세습에 대한 합의가 없었기 때문이다. 그러나 무슨 일인지 6대 왕은 타르퀴니우스의 사위 세르비우스 툴리우스(Servius Tullius, 재위 BC 579~535)에게 돌아갔다.

세르비우스는 장인의 사업을 마무리 짓는 일에 착수했는데, 그 중의 하나는 성벽을 완성하는 것이었다. 현재 세르비우스 성벽으로 일컬어지는 이 구조물은 그 일부가 로마에 유적으로 남아 있을 만큼 견고했다. 이외에도 세르비우스는 병법을 확립하고 군제를 개혁하는 중요한 업적을 남겼다. 특히 시민들 중 어느 정도 재산이 있어서 전쟁에 참여할 수 있는 사람들을 5등급으로 구분했다. 로마 시민들은 자신이 편성된 부대에서 맡은 보직에 따라 무기와 장비를 스스로 준비해야 했기 때문에 재산에 따라 계급을 나누었던 것이다. 조직화된 군대는 계속되는 전쟁에서 그 효과를 증명했다.

세르비우스는 선왕처럼 훌륭한 치세를 펼쳐서 원로원과 시민들에게 사랑과 인정을 받았지만, 역시 선왕처럼 피살을 당한다. 이번에는 아들이 아니라 자신의 딸과 사위였다. 또다시 로마는 혼란에 빠졌다. 이 틈을 타 장인을 죽인 사위 타르퀴니우스 수페르부스(Tarquinius Superbus, 재위 BC 535~509)는 원로원과 시민들을 설득하여 7대 왕위에 오른다.

왕위를 채택했던 대부분의 나라는 세습제이다. 로마처럼 세습제를 채택하지 않을 경우 최고 권력자인 왕의 갑작스러운 죽음 앞에서 후계자를 두고 논란과 분쟁에 휩싸일 수 있다. 왕정의 아이러니는 최고 권력자인 왕을 임명할 권력자가 없다는 것이다. 물론 로마에서는 민회가 왕을 선출하고 추대하는 역할을 하기도 했지만, 의견이 모아지지 않으면 이마저도 어렵다. 민회의 의견이 모아질 때까지 왕위를 오래도록 비워 둘 수도 없지 않은가. 언제 어디서 적들이 쳐들어와 전쟁이 일어날지도 모르는데 전쟁을 지휘할 왕이 없다면 국가의 안전이 위협받는 사태가 벌어진다. 이런 측면에서 자연스럽게 세습제의 필요성이 대두된다. 그래서 5대 왕 타르퀴니우스가 죽은 후에 그 사위 세르비우스가 왕위에 앉은 것이나 세르비우스가 죽은 후에도 같은 일이 일어난 것은 이러한 맥락이다. 다른 묘안을 찾기는 힘들었을 것이다.

그러나 자신들의 왕이 선왕의 살인자였다는 점, 이에 더하여 그가 5대 왕 타르퀴니우스의 아들(혹은 손자)이었다는 점은 원로원 의원과 시민들 사이에서 세습에 대한 논란을 증폭시켰다. 그리고 일부 원로원 의원과 시민들은 왕을 인정하지 않겠다고 했다. 타르퀴니우스는 이에 맞서서 공포정치를 실시했고, 동시에 왕의 권위와 로마의 국력을 위한다는 명목으로 무리한 토목사업을 진행했다. 시민들은 끊임없는 노역에 동원되었고, 자신들의 왕을 '거만한 타르퀴니우스'라고 불렀다. 비록 그가 전쟁과 외교에서 뛰어난 실력을 발휘하여 로마는 더 강해졌을지언정 민심은 정반대였다. 그러나 공포정치 때문에 원로원과 시민들은 왕의 횡포를 그냥 두고 볼 수밖에 없었다.

「루크레티아의 능욕」, 베첼리오(Tiziano Vecellio, 대략 1488~1576).

그러던 중 사건이 하나 터졌다. 타르퀴니우스의 아들인 섹스투스(Sextus)가 친구 타르퀴니우스 콜라티누스(Lucius Tarquinius Collatinus)의 아내 루크레티아(Lucretia)를 능욕한 것이다. 이를 계기로 로마인들의 분노는 폭발했고, 루키우스 유니우스 브루투스

(Lucius Iunius Brutus, 대략 BC 545~509)의 주도로 민회는 왕의 일가를 추방하기로 결의하였다. 전쟁에 나갔던 왕은 갑작스러운 변고에 로마로 내달려 왔지만, 성벽은 굳게 닫혀 있었다. 이후 '거만한 타르퀴니우스'는 에트루리아를 비롯한 다른 도시와 민족을 상대로 로마와의 전쟁을 부추기면서 왕위를 되찾을 방법을 모색했다. 그러나 로마는 거만한 자에게 패하지 않았다. 로물루스가 건국한 기원전 753년부터 509년까지 244년 동안 지속된 로마의 왕정은 이렇게 막을 내리고 본격적인 공화정 시대가 열린다. 영국의 사학자인 톰 홀랜드(Tom Holland)는 『공화국의 몰락』에서 이렇게 묘사하고 있다.

> 그가 축출되면서 군주제 자체가 전복되었으며 자유 공화국이 들어섰다. 이후 '왕' 이라는 호칭은 로마인들에게 거의 병적일 정도의 혐오감을 주었다. 타르퀴니우스에게 저항했던 쿠데타의 슬로건은 자유였고, 주인이 없는 도시의 자유가 이제 모든 시민의 출생 권리이자 표준이 되었다. 미래에 나타날지도 모를 독재자의 야심으로부터 그 자유를 지키기 위해 공화국의 설립자들은 주목할 만한 원칙에 합의했다.

시민들의 지지를 등에 업고 주도적으로 왕정의 막을 내리게 했던 브루투스는 왕정의 폐해를 간파했다. 절대권력은 부패할 수밖에 없다는 것이다. 반드시 견제와 균형 장치가 필요하다고 생각했다. 비록 왕정에 원로원과 민회가 있었지만, 원로원은 자문기관일 뿐이고 의결기관인 민회는 왕의 제안을 추인하는 역할밖에 하지 못하여 빛 좋은 개살구에 불과했다.

브루투스는 왕정을 뜯어 고치기 시작했다. 기존 원로원과 민회는 그대로 유지시키되, 집정관(콘술, consul)이라는 직책을 만들어서 왕을 대신하도록 했다. 집정관은 로마 시민의 대표이자 전쟁의 총사령관이라는 점에서는 왕과 비슷하지만 분명 다른 점이 있었다. 임기가 1년밖에 안 된다는 점, 매해 2명씩 선출하여 함께 활동하도록 한다는 점이 그것이다. 다분히 독재 방지를 염두에 둔 것이었다. 사실 콘술은 '함께 쟁기를 끄는 이'라는 뜻으로, 두 명의 집정관이 1년 동안 멍에를 메고 쟁기를 끄는 두 마리 황소처럼 사이좋게 열심히 일하라고 붙여 준 이름이다.

그러나 최고 지도자가 2명이고, 임기도 1년밖에 안 된다면 국가 정책의 일관성과 추진력이 떨어질 수도 있다. 브루투스 역시 이러한 문제점을 잘 알고 있었기에 보완책으로 원로원 강화를 택했다. 원로원의 의석수를 200명에서 300명으로 늘렸다. 이는 원로원을 실제적 권력기관으로 격상하는 의미도 있고, 로마로 새롭게 편입된 유력 가문들을 받아들여서 로마 시민의 일치와 단결을 꾀하려는 목적도 있었다.

그러나 늘어난 것은 유력 가문만이 아니었다. 시민들의 숫자도 늘어났고 더 이상 한곳에 모여서 함께 토론하고 무엇을 의결한다는 자체가 현실적으로 불가능했다. 이때 브루투스는 로마 시민이라면 누구나 병역의 의무가 있다는 점, 그리고 모든 병사는 백인대(켄투리아, centuria)에 속해 있다는 점에 착안하여 각 백인대별로 투표를 실시하게 하는 백인회 민회(코미티아 켄투리아타, comitia centuriata)를 활용했다. 시민들의 의견이 더욱 효율적으로 국정에 반영될 수 있도록 한 것이다. 이러한 일련의 개혁으로 그는 로마 공화정의 창시자라고 불린다.

로마를 건국한 로물루스나 공화정 제도로 이행하는 데 중요한 영향을 미친 브루투스를 비롯하여 대다수 로마인들은 최고의 이상보다는 현실의 최선을 택했다. 현실과 타협한다는 평가를 받을 수도 있는 이 방법은 로마인의 강점이었다. 이것이 로마를 위대한 제국으로 만든 로마인들의 기본적인 특성이기도 하다. 로물루스는 현실적으로 수용 가능한 형태의 왕정을, 브루투스는 기존의 왕정을 수정 보완하는 차원에서 공화정을 창시했다. 공화정은 기원전 1세기까지 끊임없이 수정 보완을 거듭하며 로마를 위대한 제국으로 발전시켜 놓는데, 그 중심에는 바로 원로원과 시민이 존재하고 있었다.

로마를 떠받친 거대한 상징, 원로원과 시민

민회는 초대 집정관으로 브루투스와, 루크레티아의 남편인 타르퀴니우스 콜라티누스를 선출했다. 그러나 콜라티누스는 이름에서 알 수 있듯이 타르퀴니우스 가문 출신으로 선왕 '거만한 타르퀴니우스'와 친분이 두터웠다. 따라서 시민들은 그가 왕이 되려는 것이 아니냐면서 곱지 않은 시선으로 바라보았다. 이 일로 콜라티누스는 망명길에 올랐다. 자신의 결백함을 증명하고 싶어서였는지, 아니면 내심 바라고 있던 바가 탄로가 나서 그랬는지는 모르겠다. 또 다른 집정관인 브루투스는 시민들로부터 칭찬이 자자했지만, 거만한 타르퀴니우스가 이끌고 온 에트루리아군과 싸우다가 전사했다. 이렇게 새로운 로마의 첫 주인공 2명은 임기를 채우지 못한 채 자리에서 물러났다.

콜라티누스가 망명길에 오른 후 후임으로 선출된 발레리우스는 계속되는 전쟁에서 로마를 승리로 이끌면서 인기가 차츰 높아졌다. 그러나 그럴수록 사람들은 왕정 복고에 대한 두려움도 함께 가졌다. 그도 그럴 것이 유력 가문 출신이었던 발레리우스의 저택은 궁궐 못지않게 으리으리했고 개선식이 너무 화려하여 시민들에게 왕을 연상시켰기 때문이다. 민심의 변화를 알아차린 발레리우스는 자신의 저택을 기둥 하나 남기지 않고 무너뜨렸으며, 집정관의 권한을 제한하고 시민들의 권리를 존중해 주는 새로운 법안들을 만들었다. 그가 취한 일련의 조치들로 왕정 복고에 대한 염려는 사라졌으며, 사람들은 그를 '시민들의 친구'라는 뜻의 포플리콜라(Poplicola) 혹은 푸블리콜라(Publicola)라고 불렀다. 결국 그는 로마 공화정의 뿌리를 내린 사람으로 평가받았다.

이렇게 외부로는 전쟁에서의 연승과 내부로는 공화정의 안착으로 로마는 안정되어 갔지만, 한편으로는 전에 없었던 새로운 문제가 야기되었다. 그것은 바로 귀족과 평민의 대결이었다. 귀족과 평민은 모두 로마 시민이다. 시민 중에서 원로원에 속하는 유력 가문 출신 사람들은 귀족이라고 했다. 유력 가문인 만큼 보통은 재산도 많은 편이었다. 반면 평민들은 농업으로 생계를 유지하는 대부분의 시민들이라고 할 수 있다.

귀족과 평민의 대립은 끊임없는 전쟁과 무관하지 않다. 로마 시민은 병역의 의무가 있었기에 전쟁에 나가 있는 동안 생업은 뒷전일 수밖에 없었다. 이때 로마 시민들 중 평민은 대체로 농업에 종사했다. 농업은 그 특성상 잠깐만 방치해도 수개월 내지 일 년의 노력과 수고가 모두 허사로 돌아간다. 계절의 영향을 많이 받기 때문에 다시 시작하려면 일 년을 기다려야 했다. 결국 전쟁에 나간 남편과 아버지를 대신해 아내와 자녀들이 나섰지만, 어디까지나 임시방편이었다. 결국 평민들은 먹고살기 위하여 귀족들에게 빚을 질 수밖에 없었다.

물론 귀족이라고 해서 병역의 의무가 없는 것이 아니었고, 오히려 재산이 많기 때문에 주어지는 임무와 책임도 무거웠다. 그러나 귀족들은 정치지도자가 아닌 이상 직접 출전하기보다는 그에 상응하는 병력을 제공할 수 있었다. 또한 자신이 출전을 하더라도 가정을 돌볼 수 있는 인력이 많은 편이었기 때문에 전쟁으로 인한 경제적 손실이 크지 않았다. 이렇게 귀족과 평민 간의 빈부격차가 심해지면서 갈등은 점차 깊어졌고, 이것이 급기야는 로마 공화정의 종말을 가져오는 원인이 되었다.

로마 사회가 이렇게 양분된 또 다른 원인은 공화정 제도에 있었다. 폴리비우스는 로마의 공화정이 지상 최고의 정부 형태라고 칭송하고 있다. 로마의 공화정을 아리스토텔레스(Aristoteles, BC 384~322)의 『정치학』에 나오는 정치체계로 분석하면 이상적으로 가장 좋다고 하는 1인의 왕정(집정관), 소수의 귀족정(원로원), 다수의 민주정(민회)이 균형을 이루면서 서로를 견제하기 때문에 지상 최고의 정부라는 것이다. 그러나 이론과 실제는 다른 법이다. 집정관은 1년의 임기 이후에 원로원에 들어갔다. 그뿐만 아니라 집정관에 출마할 정도의 사람들은 원로원 가문 출신들이었기 때문에, 현실적으로 집정관이 원로원과 다른 의견을 개진할 수는 없었다. 당연히 집정관은 원로원에 가까워질 수밖에 없고 민회는 소외받았다.

그러나 민회 역시 원로원의 의견으로부터 자유롭지 못했다. 평민들이 민회에서 자신들의 주장을 내세우기에는 보유한 투표권이 너무나 적었다. 당시 로마는 재산에 따라 병역의 의무도 달랐지만, 투표권에도 차등이 있었다. 6대왕 세르비우스의 군제 개편으로 전쟁에 참가할 정도의 재산이 있는 로마 시민들은 5등급으로 구분되었는데, 가장 돈이 많은 귀족(1등급)과 부유한 평민인 기사계급(2등급)이 보유한 투표권은 과반이 넘었다. 게다가 가이우스(Gaius Gracchus, BC 154~121)의 투표제도 개혁 전까지 로마는 돈 많은 이들부터 투표를 하다가 과반수가 넘으면 더 이상 투표를 진행하지 않았기 때문에 평민들이 느끼던 소외감은 이루 말할 수 없었을 것이다.

시오노 나나미는 『로마인 이야기』 1권에서 로마 공화정을 집정관과 원로원, 민회라는 삼각다리로 만들어진 탁자로 비유했다. 다리가 세 개인 탁자는 안정감 있게 서 있을 수 있지만, 집정관과 원로원이라는 두 다리가 가까워져서 결국 합쳐졌다면서, 다리가 두 개인 탁자는 서 있을 수 없다고 했다. 그러나 민회 역시 부유한 사람들의 의중대로 움직였다면 탁자의 다리는 하나나 다름없다. 다리가 하나인 탁자는 당연히 서 있을 수 없는 법.

이러한 상황을 평민들은 어떻게 타개했을까? 앞서 언급했듯이 로마 시민들은 누구나 병사였기 때문에, 사실 로마의 발전과 존립에 있어서 이들의 영향력은 막강했다. 그러나 한두 사람의 힘으로는 구조적인 문제를 해결할 수 없었기에, 그들은 성산(聖山)이라는 뜻의 몬스 사케르(Mons Sarcer) 혹은 몬테 사크로(Monte Sacro)에서 파업으로 맞섰다. 전쟁이 끊이지 않았던 때 병사들의 파업은 곧 공멸이었다. 로마의 귀족들은 이들의 요구를 무시할 수 없었고, 평민들의 권익 수호를 위해 기원전 494년 호민관(트리부누스 플레비스, tribunus plebis)이라는 직책을 만들었다.

호민관을 선출한 후 기원전 471년에는 평민들만 참석할 수 있는 평민회(콘킬리움 플레비스, concilium plebis)가 만들어졌다. 평민의 이익을 대변하는 호민관은 집정관의 결정에 거부권을 행사할 수도 있으며, 신변 보호를 위하여 면책특권까지 누렸다. 집정관처럼 처음에는 2명으로 시작되었으나 이후에 10명까지 늘어났다. 그러나 호민관은 전시에는 거부권을 행사할 수 없었다. 그런데 현실적으로 로마에 전쟁이 없는 날이 별로 없었기 때문에 호민관이라는 직책 역시 허울 좋은 허수아비에 불과할 때가 많았다. 평민들의 불만은 좀

처럼 수그러들지 않았다.

호민관은 새로운 정책에 있어서 평민들의 이익을 대변할 수 있지만 당장에는 큰 도움이 되지 못했다. 끊임없는 전쟁으로 인한 경제적 어려움과 파산, 공유지의 공정하지 못한 분배는 여전히 해결되지 않았기 때문이다. 특히 평민들은 귀족들에게 빌린 돈을 갚을 길이 없어서 나중에는 농노 신세로 전락하는 경우가 허다했다. 충분히 정상참작할 여지가 있는 상황이었지만 법적인 판단은 언제나 귀족에게 유리한 쪽으로 내려졌다. 로마는 상황에 따라서 필요할 경우 법을 만들었고, 상황이 바뀌면 새로운 법을 제정했다. 이전의 법을 수정하는 것이 아니라 새로운 법이 과거의 법을 대체하는 식이었기 때문에, 법에 특별한 관심이 없는 사람이라면 어떤 법이 적용될 수 있는지 알 수 없었다. 평민들은 모두가 법을 알 수 있도록 성문화해야 한다고 주장했다.

이리하여 세 명의 원로원 의원이 성문법의 선진국인 아테네로 견학을 갔고, 이 경험을 토대로 로마 실정에 맞는 성문법을 만들기 위한 10인 위원회(데켐비리, decemviri)가 구성되었다. 그리고 기원전 449년 '12표법'이 공표되었다. 그러나 이 최초의 성문법은 전혀 성공적이지 못했다. 기존에 있던 법을 단지 글자로 옮겨 놓은 것일 뿐, 평민들의 현실적인 어려움을 해결하기 위한 법은 전혀 없었기 때문이다.

이후 로마는 문제의 근본적 해결을 위해 평민들과 귀족의 차이를 없애는 여러 법을 만든다. 12표법이 공표된 지 4년 만인 기원전 445년 카눌레이우스 법(Lex Canuleiae)으로 귀족과 평민의 결혼을 인정했고, 기원전 367년 리키니우스-섹스티우스법(Lex Liciniae-

Sextiae)으로 모든 공직에 평민이 출마할 수 있게 했다. 그리고 기원전 287년 호르텐시우스법(Lex Hortensia)으로 평민회의 결의만으로도 입법이 가능하도록 했다. 이러한 일련의 조치로 로마에서는 더 이상 평민과 귀족이라는 차이가 유명무실해졌다.

그렇다면 로마는 더 이상 갈등이 없는 사회가 되었을까? 그렇지 않다. 평민과 귀족 대신 가진 자와 못 가진 자 간의 갈등이 점점 커져 갔고, 이는 결국 공화정의 한계와 제정의 필요성으로 발전한다. 어느 사회든 대립하는 두 집단은 존재한다. 사람들은 이러한 갈등의 원인을 신분이나 경제 등 사회적 조건에서 찾지만, 표면적인 이유가 개선되어도 갈등은 사라지지 않는다. 왜일까? 그 이유 중 하나는 우리에게 있는 심리적인 속성 때문이다. 왕정에서 공화정으로 이행한 로마에서 왜 갈등이 멈추지 않고 사회 전체로 퍼져 나갈 수밖에 없었는지 심리학에서 이유를 찾아보자.

균형이론
누가 시키지 않아도 사람들은 균형을 맞추려고 한다. 개인 내적으로도, 대인관계에서도 그렇다. 특별히 균형이론은 인간관계 중에서 가장 어렵다는 삼각관계에서의 균형을 다룬다. 이 이론은 삼각관계가 우리의 마음을 힘들게 하는 이유와 함께 삼각관계를 잘 해결하는 방법도 알려 준다.

균형이론으로 본 로마의 삼각구도

오스트리아 출신의 심리학자 하이더(Fritz Heider)는 삼자구도에서 균형을 잡으려는 속성에 대한 균형이론을 제안했다. 균형이론(Balance Theory)은 일반적으로 한 사람(P)이 다른 사람(O)과 사람이 아닌 대상(X)에 대한 태도에서 균형을 잡으려는 동기에 대한 것으로, P-O-X 이론이라고도 한다. 그러나 삼자구도를 이루는 것이 반드시 두 사람과 한 대상이 아니어도 된다. 세 사람 간의 관계에서도 적용 가능하고, 현실적으로는 개인이 아닌 기관이나 제도에도 적용 가능하다. 하이더의 이론을 더 살펴보자.

균형이론은 삼자구도를 가정하기 때문에 삼각형으로 표현하면 쉽게 이해할 수 있다. 각 꼭지점에서는 삼자구도를 이루는 주체들이 위치하며, 각 변은 이들의 관계를 표시한다. 현대 심리학에서는 이 관계를 태도(attitude)라고 하지만, 사실 하이더는 감정(sentiments)이라고 했다. 무어라고 이름 붙이든지 좋음(+)과 싫음(-)으로 구분할 수 있다. 태도와 관계를 둘로 구분한다고 하니 지나치게 단순화한 감이 없지 않지만, 실제로 우리는 좋아서 가까이하고 싶은 사람과 싫어서 멀리하고 싶은 사람으로 주변 사람들을 구분하는 경향이 있다. 예를 들어 철수와 영희는 서로 사랑하는 사이(+)이고, 철수는 축구를 매우 좋아한다(+)고 해 보자. 만약 이때 영희가 축구를 싫어한다(-)면 다음과 같은 삼각형이 된다.

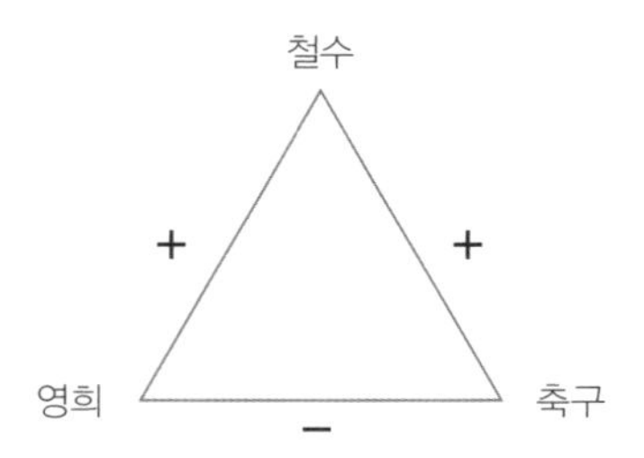

하이더는 세 변의 곱이 (+)가 되면 균형, (-)가 되면 불균형 상태라고 했다. 위의 경우에는 (+)×(+)×(-)=(-)이므로 불균형 상태라고 할 수 있다. 날씨가 화창한 공휴일에 영희는 철수와 함께 교외로 나들이 가기를 원하는데, 철수는 축구를 보러 가자고 하면 당연히 갈등이 일어날 것이다. 이는 단지 관계의 불균형이 아니라, 철수나 영희의 입장에서는 심리적 갈등이 된다. 사람에게는 일관성을 추구하고자 하는 경향이 있기 때문에, 자기가 좋아하는 사람이 자기가 좋아하는 것을 싫어하거나 자기가 싫어하는 것을 좋아하면 불편함을 느낀다.

이러한 불균형 혹은 일관되지 않은 상황을 벗어나기 위한 방법은 관계를 재정립하여 세 변의 곱을 (+)로 만드는 것이다. 구체적으로는 철수가 축구를 포기하거나(-), 영희와 헤어지면(-) 된다. 아니면 영희가 축구를 좋아하는(+) 것도 한 방법이다. 결국 관계가 안정적이기 위해서는 모든 관계가 좋아야 하거나, 둘이 서로 좋은 관계를 유지하는 상황에서 하나를 미워하면 된다. 다음처럼 표현할 수 있다.

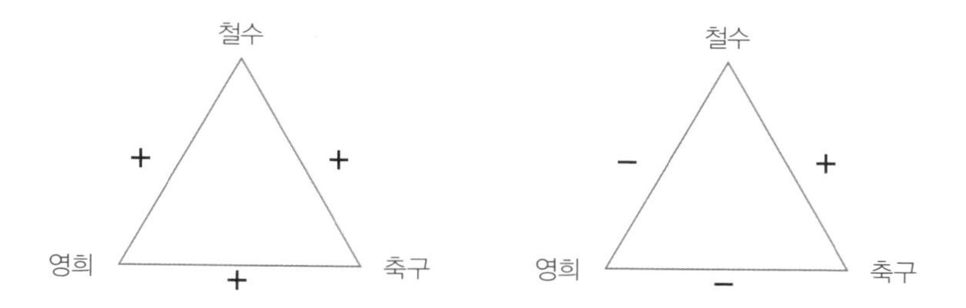

이것을 로마 공화정에 적용해 보자. 왕정체제 하에서 왕과 원로원, 민회의 관계는 서로 적절한 균형을 이루면서 좋은 관계를 유지

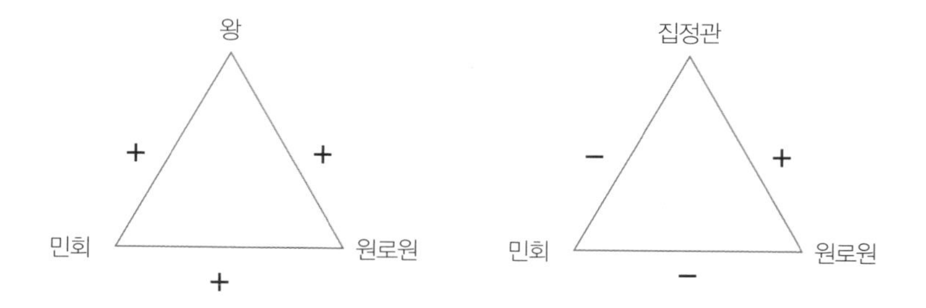

하고 있었다. 그러나 공화정은 집정관과 원로원이 가까워지고 민회가 소외될 수밖에 없는 구조이다.

사실 삼자구도에서는 모두가 잘 지내는 것이 이상적이지만, 현실적으로는 한 대상을 두 개체가 배척하는 것이 더 흔하다. 어쩌면 전자보다는 후자가 더 안정적으로 느껴지기도 한다. 사람은 본래 생존이라는 주제에 민감하고 이는 너무나 쉽게 경쟁상황과 갈등으로 이어진다. 그러니 모두가 잘 지내는 상황[3개의 (+)]보다는 갈등이 하나[2개의 (+)와 1개의 (-)]라도 발생하기 쉽고, 이러한 불평형(갈등)은 갈등의 해결[(-)→(+)]보다는 또 다른 갈등의 유발[2개의 (-)와 1개의 (+)]로 번지기 쉽다.

그래서일까. 사람들은 여행이나 자취를 할 때 3명이 함께하지 말라고 충고한다. 3명이 잘 지내는 것이 어렵다면, 아예 4명은 어떨까? 실제로 로마인들은 호민관 제도를 도입함으로써 삼자구도의 문제를 사자구도로 해결하려고 했다. 그러나 삼자구도를 사자구도로 바꾸어 버리면 2:2의 대결구도가 되어서 이도 저도 아닌 상황이 되기 쉽다. 로마에서도 원로원을 배경으로 한 집정관과, 평민회를 배경으로 한 호민관의 갈등으로 나라가 어려움에 처하는 일이 종종 발생했다. 여행이야 각자 다니면 되고, 자취도 따로 나와서 할 수 있지만, 국가는 가를 수가 없다. 결국 로마가 택한 방법은 모든 관직을 평민에게 개방하여, 삼자나 사자구도가 아닌 다자구도로의 변화를 꾀한 것이다. 다자구도로의 변환은 이후 로마에 일시적인 안정감을 가져다주었지만, 시간이 흐름에 따라 새로운 문제가 야기되었다. 그 이유 역시 하이더의 균형이론과 연관시켜 생각해 볼 수 있다.

하이더의 균형이론은 이후 여러 학자들에 의해 다양하게 응용되

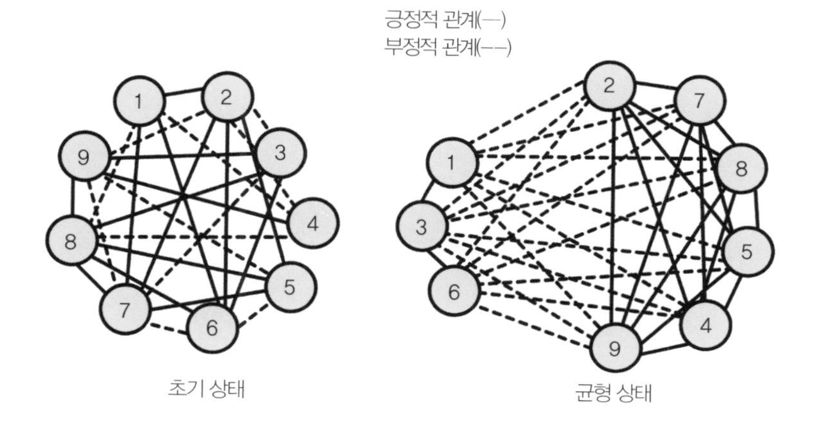

었는데, 그중 하나가 바로 사회적 균형이론(Social Balance Theory)이다. 이 이론은 하이더의 균형이론을 더 큰 사회적 네트워크에 적용하는 일련의 시도라고 볼 수 있다. 여러 학자들이 이 연구를 했지만, 대표적으로 미국 칼레톤 대학교의 왕(Zhigang Wang)과 손게이트(Warren Thorngate)를 들 수 있다. 이들은 균형이론이 더 복잡한 사회적 상황에 적용될 수 있도록 컴퓨터 프로그램을 고안했고, 이를 가상 네트워크에 적용해 보았다. 가상 네트워크에서 모든 개체들이 하이더의 이론에 따라서 반응하도록 한 다음(초기 상태), 전체적으로 균형 상태에 도달했을 때 어떤 일이 일어나는지(균형 상태)를 보기 위함이었다. 결과는 놀라웠다. 거대한 하나의 집단이 서로 적대적인 두 하위 집단으로 나뉘어 있었다!

두 심리학자는 결과를 증명하기 위해 복잡한 프로그램을 고안해야 했지만, 사실 우리 대부분은 경험적으로 한 집단이 반목하는 두 집단으로 나누어진다는 것을 이미 알고 있다. 두 심리학자가 자신들의 논문에 사용했던 그림을 보면 하이더의 균형이론에서처럼

2:1의 비율로 집단이 나뉘어져 있다는 점이 재미있다. 아랍 속담에는 '내 적의 적은 내 친구'라는 말이 있다. 하이더는 자신의 책에서 이 말을 자신의 이론에 맞게 확장시켰다.

> 내 친구의 친구는 나의 친구,
>
> 내 친구의 적은 나의 적,
>
> 내 적의 친구는 나의 적,
>
> 내 적의 적은 나의 친구.

여러 집단이나 사회, 국가는 모두 사람들로 구성되어 있고 사람들은 대인관계에서도 일관성과 균형을 원한다. 그렇기에 어떠한 제도적 장치를 보완한다고 하더라도 두 집단으로 나뉘어서 갈등과 반목을 하는 상황이 계속되는 것은 당연한 일일지도 모르겠다. 현대 민주주의도 그렇고, 오래전의 로마도 예외가 아니다. 호민관 창설을 비롯하여 평민과 귀족의 차이를 없애려고 했던 수많은 시도들이 있었지만 두 집단 간의 갈등은 공화정 말기에서 볼 수 있듯이 극단적인 대립으로 발전한다.

그런데도 로마는 문제를 해결하기 위하여 끊임없이 과감한 변화를 시도했다. 인류 역사상 어디에서도 찾아볼 수 없을 정도이다. 이러한 유연성과 개방성이 비록 내부의 문제(귀족과 평민의 갈등)를 완전히 해결하지는 못했지만, 외부의 문제(전쟁)에 있어서는 효과적으로 작용했다. 공화정의 저력이 발휘되었던 포에니전쟁을 살펴보자.

포에니전쟁의 진정한 승자는?

포에니전쟁은 로마가 지중해의 강대국 카르타고와 대략 200년 동안 3차에 걸쳐서 치렀던 전쟁이다. 카르타고는 페니키아 문명의 영향으로 세워진 도시이기 때문에 로마인들은 카르타고인을 페니키아인이라는 의미의 포에니(Punics)라고 불렀다.

기원전 3세기에 시칠리아 섬의 서쪽은 카르타고, 동쪽은 메시나(Messina)와 시라쿠사(Siracusa)라는 작은 도시국가들이 지배하고 있었다. 그런데 시라쿠사의 공격을 받은 메시나가 로마에 구원을 요청했다. 이때 로마는 우방이나 동맹 관계가 아니었던 메시나의 요청을 쉽게 받아들이지도 그렇다고 쉽게 뿌리칠 수도 없었다. 만약 로마가 거부하면 메시나는 카르타고에 구원을 요청할 태세였기 때문이다. 그러면 이탈리아 반도와 불과 16킬로미터밖에 떨어져 있지 않은 시칠리아를 카르타고가 장악할 수도 있고, 이는 분명 로마와 주변 동맹시들의 안전을 위협할 것이 뻔했다. 이런 이유로 시

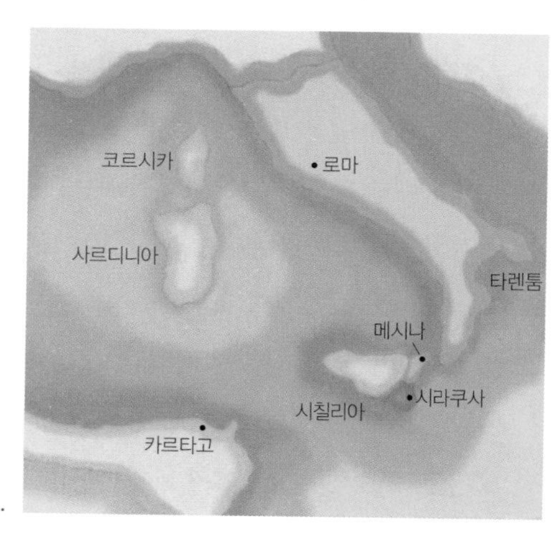

제1차 포에니전쟁의 배경.

작된 제1차 포에니전쟁은 기원전 264년부터 241년까지 무려 23년 동안이나 지속되었다. 예상치 못한 장기간의 전쟁에 많은 사상자도 발생했지만 로마는 승전의 기쁨과 함께 시칠리아 섬을 비롯한 지중해 동부를 얻었다.

한편 제1차 포에니전쟁의 막바지에 참전했던 하밀카르(Hamilcar Barcas, 대략 BC 275~228)라는 카르타고의 젊은 장수는 패장으로서 로마와 강화를 맺어야 했지만, 속으로는 설욕을 다짐했다. 이후 히스파니아로 건너가서 카르타고의 세력권을 넓히며 대규모 농업으로 경제적 기반을 다져 나갔다. 전승에 따르면 하밀카르는 히스파니아로 떠나기 전 아들 한니발에게 로마에 대한 복수를 맹세하게 했다고 한다. 그로부터 20년 후 한니발은 보병 9만 명과 기병 1만 2,000명, 코끼리 37마리를 이끌고 알프스 산맥을 넘어 이탈리아로 쳐들어가는 모험을 감행한다.

한니발 전쟁이라고도 하는 제2차 포에니전쟁은 기원전 218년에 시작되어 201년까지, 18년 동안 지속되었다. 비록 1차 전쟁 때보다는 기간이 5년 정도 짧았지만 로마가 입은 피해와 정신적 충격은 훨씬 심각했다. 우선 한니발이 알프스를 넘어서 로마로 쳐들어오고 있다는 사실에 로마인들은 경악했다. 한니발은 알렉산더 대왕과 비견될 정도로 지략이 뛰어난 용사였고, 그 휘하에는 한니발을 위하여 당장이라도 목숨을 내놓을 수 있는 용병들이 정예부대를 이루고 있었다. 반면 로마에는 뛰어난 전쟁용사도 없었고 병사들 역시 시민(농민)이 전부였다. 초반에는 로마의 연전연패가 이어졌다. 그러나 로마가 이러한 모든 상황을 역전시키고 마침내 승리할 수 있었던 이유 중 하나는 바로 원로원 덕분이었다. 한니발은 전쟁터에 직

한니발의 이동 경로.

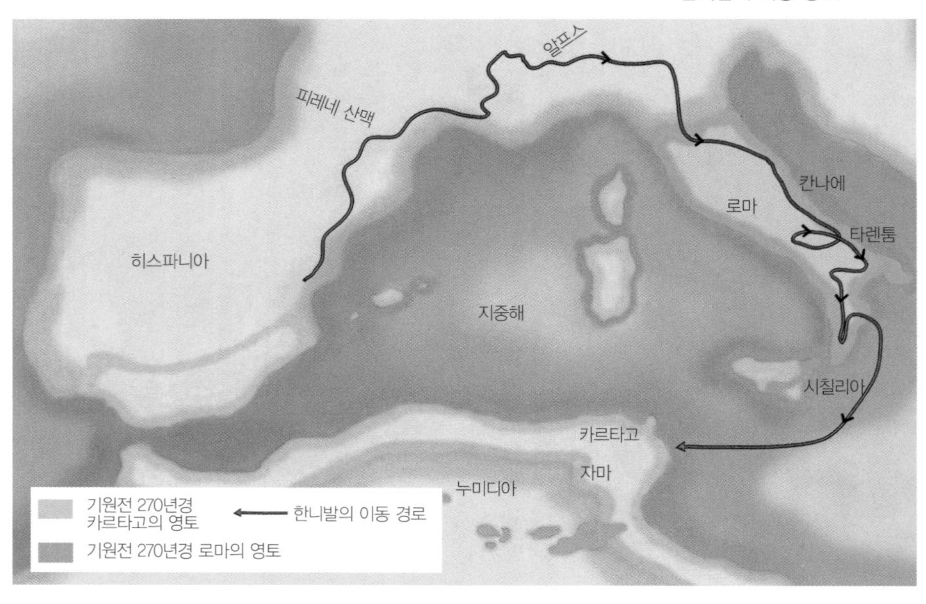

접 등장하지 않는 적과 싸워야만 했다.

원로원은 로마 시민들을 하나로 뭉치게 한 것은 물론, 중요한 순간마다 필요한 결정을 내렸다. 물론 전쟁에 승리하기 위해서는 목숨을 걸고 적진을 향해 달려 나갈 수많은 병사들과 이들을 통솔할 지휘관들이 필요하다. 그러나 전쟁의 승패를 결정짓는 핵심은 지휘본부이다. 단기전이 아닌 장기전일 경우에는 더욱 그러하다. 왕정이 아닌 공화정에서 원로원은 지휘본부의 역할을 맡아서 필요한 재원과 자원을 적재적소에 배치했다. 직접 전쟁터에 나가지는 않았지만 후방에서 끊임없는 지원을 한 덕분에 전쟁을 승리로 이끌 수 있었다는 점에서 원로원을 승리의 일등 공신으로 꼽을 수 있다.

한니발의 침략을 맞아 원로원은 파비우스 막시무스(Quintus Fabius Maximus, 대략 BC 275~203)를 독재관(딕타토르, dictator)으로 임명했다. 평상시 로마는 1년 임기의 집정관 두 명으로 움직이지만, 비상시에는 효율성을 위하여 6개월 동안 전권을 쥐는 독재관을 옹립하곤 했다. 로마인들은 한니발의 위협을 그만큼 심각하게 받아들인 것이다. 막시무스는 과거 두 번이나 집정관에 선출되어 전투에서도 뛰어난 활약을 보여 주었기 때문에 사람들이 그에게 거는 기대가 적지 않았다. 그러나 그는 한니발의 전략과 전술을 보면서 직접 싸워서 이기는 것은 거의 불가능하다고 판단했다. 그래서 싸우지 않고 시간을 끌면서 적진의 힘을 소진시키는 작전을 사용하기로 한다.

뛰어난 지략가인 한니발은 막시무스의 의도를 간파하고 로마 주변의 동맹시들에 대한 약탈과 방화를 서슴지 않았다. 동맹시 출신의 로마 병사들은 자신들의 고향이 약탈당하는 것을 쳐다봐야만 했으므로 지휘관을 원망하기 시작했다. 로마의 시민들도 전쟁이 오래 지속되는 것을 원하지 않았기 때문에 이듬해에는 두 명의 집정관을 전선으로 파견했다. 한 명은 귀족 출신으로 파비우스의 전략에 동의하는 루키우스 아이밀리우스 파울루스(Lucius Aemilius Paullus)였고, 다른 한 명은 속전속결을 주장하는 평민 출신의 테렌티우스 바로(Terentius Varro)였다.

기원전 216년 두 집정관은 전보다 많은 병력을 이끌고 이탈리아 중부 칸나이(Cannae) 평원에서 한니발과 대치했다. 로마군은 보병 8만 명에 기병 7,200명이었고, 한니발에게는 보병 4만 명과 기병 1만 명이 있었다. 기병은 한니발이 우세했지만 전체적으로는 로마의 전력이 앞섰다. 그러나 전쟁은 병사의 수로만 판가름할 수 없다. 지휘관의 전략이 무엇보다 중요하다. 이 부분에서 로마는 절대적으로 불리했다. 로마의 두 집정관 중 파울루스는 제2차 포에니전쟁 직전에 집정관으로 전투에 참가하여 이긴 경험이 있었지만 상대가 한니발처럼 뛰어난 전략가는 아니었고, 평민 출신 바로는 그동안 일개 병사로서 전투에 참여한 경험밖에 없었다. 바로가 집정관에 당선된 이유는 단지 속전속결을 강력하게 주장했기 때문이었다.

지휘관의 경험 부족과 허술한 전술의 결과는 로마 역사상 최악의 패전을 불러왔다. 지휘관의 명령을 받지 못해서 진지에서 대기하던 1만 명은 포로가 되었고, 대부분의 병사들은 완전히 포위되어 비참한 죽음을 맞이했다. 그리고 극소수의 병사들만 도망쳐서 살아남았다. 전쟁이라기보다는 일방적인 살육에 가까웠던 칸나이 전투는 지금도 각국 사관학교에서 포위섬멸작전의 대표적인 예로 언급된다고 한다. 칸나이의 패배에는 속전속결을 주장한 사람들의 책임이 크다고 할 수 있다. 그러나 원로원의 어느 누구도 이들을 비난하지 않았다. 이보다는 앞으로 어떻게 하는 것이 좋을지 더 많이 고민하고 토론했다.

한니발은 칸나이 전투에서 잡은 포로들 중에서 로마연합(Roman commonwealth)에 속해 있던 병사들은 아무런 조건 없이 보내 주었다. 이는 다분히 로마연합을 해체하려는 의도였다. 로마연합은 로마가 이탈리아의 동맹시들과 맺었던 정치·경제적 연합체이다. 로마는 그 세력을 확장하면서 주변 도시국가들과의 전쟁이 불가피했는데, 전쟁에서 이길 때마다 상대를 짓밟거나 파괴하지 않고 동맹관계로 발전시켜 나갔다. 동맹시의 의무는 로마가 전쟁을 일으킬 때 병력을 제공하는 것이었다. 한니발은 로마연합이 존재하는 한 로마를 직접 공격하는 것은 무모한 일이라 판단했고, 이탈리아 반도에 들어

와서도 로마연합을 해체하기 위하여 노력했던 것이다.

칸나이 전투의 승리로 기세가 등등해진 한니발은 포로 중에서 대표 10명을 뽑아 로마로 보내 8,000명의 몸값을 요구했으며, 제1차 포에니전쟁에서 빼앗긴 시칠리아와 이탈리아 남부를 넘기는 조건으로 로마에 강화를 제의했다. 이는 엄밀히 말해 강화가 아니라 협박이었고, 패전을 인정하라는 강요였다. 원로원은 오랜 토론 끝에 강화 제의를 거절하고 전쟁을 지속하기로 했다. 한니발은 조금도 지체하지 않고 포로로 잡혀 있던 로마 시민 8,000여 명을 그리스에 노예로 팔아서 전쟁자금을 마련했다. 이 소식을 듣고 원로원 의원들은 물론 일반 시민들도 슬픔을 감추지 못했다. 그러나 그 누구도 원로원의 결정을 원망하지 않았고 오히려 더 일치단결했다. 원로원이 전쟁 속행을 천명한 후 의원들은 자신들의 재산을 전쟁비용으로 헌납했고, 자연스레 시민들도 이에 동참했다.

칸나이 전투에서 로마는 많은 것을 잃었지만, 딱 하나 얻은 것이 있다. 제2차 포에니전쟁을 종전시킨 스키피오 아프리카누스(Scipio Africanus)이다. 참고로 이 이름은 한니발을 물리치고 아프리카를 평정했다고 하여 붙여진 이름이며, 이후 제3차 포에니전쟁에서 카르타고를 완전히 파괴했던 자신의 양손자 스키피오 아이밀리아누스(Scipio Aemilianus, BC 185~129)와 구분하기 위하여 대(大)스키피오라고도 한다. 19세에 칸나이 전투에 참전했다가 한니발에게 쫓겨서 도망쳤던 그의 마음속에는 한니발의 위대함을 뛰어넘으려는 용맹심이 자라났다.

칸나이 전투가 있은 지 3년 후 22세가 된 스키피오는 평민회에서 안찰관(아이딜리스, Aedilis)에 당선되었다. 안찰관은 본래 호민관을 돕는 역할로 시작되었지만 이후에 공공건물의 관리와 식량 확보 등 다양한 임무를 수행하게 된 로마의 최하위 관직이다. 원래 로마의 모든 공직은 30세가 되어야 맡을 수 있었다. 따라서 임기가 시작되는 다음 해에도 23세밖에 안 되는 스키피오는 원칙상 안찰관이 될 수 없었다. 그러나 그는 평민들의 절대적인 지지를 이끌어 내었고, 원로원은 이 결정을 받아들였다.

1년의 임기를 마치고 24세가 된 스키피오는 히스파니아에서 전사한 아버지의 뒤를 이어 총사령관으로 파견해 줄 것을 원로원 의원들에게 요청했다. 스키피오의 아버지는 카르타고 세력을 막기 위해 노력했던 푸블리우스 코르넬리우스 스키피오(Publius Cornelius Scipio)였다. 로마군단을 지휘할 수 있는 사령관은 집정관이나 법무관(프라이토르, Praetor), 혹은 전직 집정관이나 전직 법무관만 가능했다. 이 관직의 연령 제한은 최하 40세였다. 스키피오가 이듬해부터 사령관이 된다고 해도 무려 15세나 차이가 났다. 안찰관이야 로마의 최하위 관직이고 하한 연령보다 7년밖에 어리지 않아서 눈감아 주었다고 하지만, 사령관은 로마의 최고위 관직인 데다가 연령의 차이도 눈감아 주기에는 너무나 컸다.

이때 원로원은 다시 열띤 토론을 했고, 그에게 '전직 법무관'이라는 직책과 2개 군단을 주어서 보내기로 결의했다. 그리고 비상시에는 스키피오를 대신할 수 있는 감찰관을 함께 보냈다. 법무관 경험도 없는 그에게 전직 법무관이라는 직책을 준 원로원의 배려에 화답이라도 하듯이 스키피오는 카르타고 일당을 모조리 소탕했다.

29세가 된 스키피오는 임무를 마치고 로마로 돌아와 다시 원로원에 서서 이번에는 집정관에 출마하게 해 달라고 요청했다. 이듬해부터 집정관이 된다고 해도 연령 제한에서 10세나 모자랐다. 물론 원로원 의원들은 무리한 요구에 난색을 표했지만, 스키피오의 전과(戰果)를 알게 된 시민들은 그를 집정관으로 선출했다. 이러한 분위기 속에서 원로원 의원들은 다시금 토론을 거쳐 또 한 번의 예외를 결의하였다. 그를 집정관으로 인정한 것이다.

그러나 스키피오의 요구는 여기서 끝나지 않았다. 이번에는 자신의 임지를 북아프리카로 해 달라고 했다. 이 요구만큼은 파비우스를 중심으로 대부분의 원로원 의원들이 반대하고 나섰다. 왜냐하면 집정관의 임지를 국외로 한 적이 없었고, 여전히 이탈리아에 건재한 한니발을 그냥 두고 카르타고로 쳐들어간다는 것은 너무 위험한 모험이었기 때문이다. 이때 스키피오는 카르타고 본토 침공의 필요성을 차분하게 설득했다. 카르타고를 공격하는 것이 한니발을 로마에서 떠나게 하는 최선의 선택이라는 것이다. 스키피오의 이야기를 들은 후 상당수 의원들은 마음이 움직였다. 원로원은 새로운 의견을 도출했다. 바로 스키피오를 군단 없이 시칠리아로 보내는 것이었다. 이것은 집정관의 임기를 국외로 하지 않는 로마의 전통을 유지하면서도 스키피오의 요구를 어느 정도 받아들인 절묘한 결정이었다.

스키피오가 정말 원한다면 시칠리아에서 병사를 모아 카르타고로 쳐들어갈 수 있다. 그리고 전쟁에서 패한다고 해도 어디까지나 개인의 행동이기 때문에 원로원은 이 일에 대한 책임을 지지 않아도 된다. 반면 전쟁에서 승리한다면 이보다 더 좋을 수는 없는 것이다. 원로원은 결과가 어떻게 되든 손해 볼 것이 없는 장사를 하는 셈이다.

스키피오 역시 원로원의 이 같은 결정을 충분히 이해했다. 아니 끊임없는 예외를 허락해 준 원로원에 고마워했을지도 모를 일이다. 그는 기원전 205년 집정관의 신분으로 시칠리아에서 병력을 모으고 1년 동안 훈련을 시키면서 상황을 예의주시했다. 그리고 이듬해에 전직 집정관 자격으로 군단을 이끌고 아프리카로 건너가서 카르타고를 공격한다. 당연히 무방비 상태에 있던 카르타고는 열세에 몰렸다.

결국 카르타고는 로마에 강화를 제의했다. 스키피오는 강화를 맺는 조건 중 하나로 한니발의 철수를 제안했다. 카르타고가 스키피오의 요구를 받아들여 한니발을 본토로 불러들였고, 이로 인해 제2차 포에니전쟁이 끝나는 듯했다. 그러나 카르타고는 한니발이 도착하자마자 강화 제안을 철회하고 전쟁을 준비했다. 기원전 202년 카르타고 남서 지방에 있는 자마(Zama)에서 세기의 전투가 벌어졌다. 스키피오의 전략은 알프스 산맥을 넘어왔던 한니발의 전략을 뛰어넘는 것이었다. 이로써 그 유명한 한니발 전쟁은 끝이 난다. 그러나 진정한 승자는 스키피오 개인이 아닌 원로원이었다.

완벽한 집단 의사결정 과정이 빚어낸 승리

왕정에서의 원로원은 왕에게 자문과 권고를 하는 기관으로, 실제 권력이 없었다. 하지만 공화정에서의 원로원은 실질적으로 로마를 통치하는 최고 권력기관이었다. 원로원에 들어갈 집정관이 원로원과 뜻을 달리할 수 없고, 가장 많은 투표권을 가지고 있었기 때문에 민회 역시 원로원의 뜻대로 움직였다. 그런데 한두 명도 아니고, 일이십 명도 아니고, 수백 명의 사람들이 모여서 토론으로 의사결정을 하는 원로원이 어떻게 포에니전쟁에서 로마를 승리하게 만든 일등공신이 될 수 있었을까?

어떤 이들은 '백짓장도 맞들면 낫다'는 속담을 떠올리며, 소수보다는 다수의 의사결정이 더욱 합리적이고 효율적이라고 할지 모르겠다. 그러나 정말 그럴까? 인류 역사 속에서 왕정이 더욱 일반적이었다는 점과 로마 역시 공화정에서 제정으로 이행했다는 점을 보면 집단지도 체제가 반드시 유리하다고 할 수는 없을 것 같다. 특히 평시가 아니라 전시일 경우에는 토론을 거쳐야 하는 집단 체제가 더 불리하다. 게다가 합리적이고 이성적인 개인이 모였더라도 때로는 비이성적이고 비합리적인 집단이 될 수 있음은 여의도만 보아도 쉽게 알 수 있다. 무조건 집단의 결정이 개인보다 낫다고는 할 수 없다.

집단이 개인보다 훌륭한 결정을 하기 위해서는 몇 가지 조건이 필요하다. 원로원을 중심으로 한 로마가 포에니전쟁에서 승리를 거둘 수 있었던 것도 바로 이러한 조건이 충족되었기 때문이다. 심리학자들은 집단 의사결정의 기능적 이론(Functional Theory of Group Decision Making)이라는 이름으로, 집단의 의사결정 과정을 단계별로 구분했다. 각 단계를 살펴보면 집단 의사결정을 성공으로 이끄는 조건을 확인할 수 있다.

집단 의사결정의 기능적 이론
집단의 의사결정이 어떠한 절차를 통하여 형성되는지를 정리한 이론이다. 각 단계를 따라 집단 의사결정의 과정을 분석하면 좀 더 효율적인 의사결정을 할 수 있다.

집단 의사결정의 첫 단계는 오리엔테이션이다. 집단이 해결해야 할 문제를 정의하고, 앞으로 이 문제를 어떻게 해결할지 절차와 과정을 계획한다. 이때 집단 구성원은 자신들의 과제와 목표, 절차 등 집단 의사결정의 모형도.

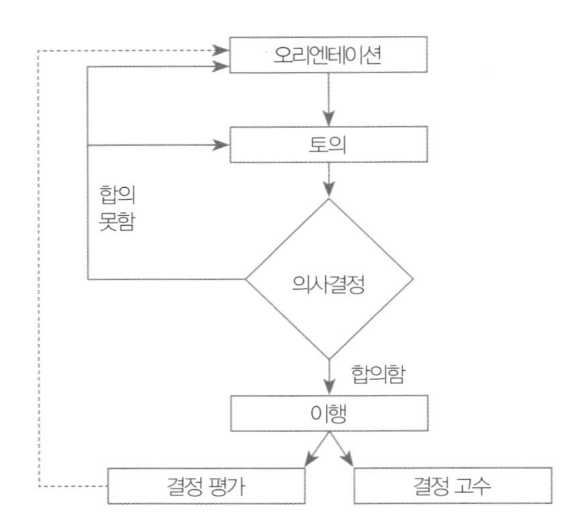

을 공유한다. 해결해야 할 문제는 무엇이고, 어떻게 토론을 전개할 것이며, 결론을 도출하기 위하여 어떤 방식을 사용할 것인지를 구체적으로 합의해서 정해야 한다. 그러나 많은 경우 이 단계를 너무 당연시하거나 쉽게 여겨서 제대로 밟지 않는다. 여러 연구를 통해 오리엔테이션 단계를 충분히 거친 집단이 그렇지 않은 집단에 비하여 성공적으로 문제를 해결한다는 것이 밝혀졌다.

오리엔테이션을 통하여 문제를 확인하고 문제 해결을 위한 방식과 규칙을 공유하면, 그 다음은 문제 해결을 위한 토의 단계에 들어간다. 미국 플로리다국제대학교의 코워트(P. A. Kowert)는 정보가 의사결정의 혈액이라면, 토의는 의사결정 과정의 심장이라고 했다. 심장이 없이는 혈액이 활동할 수 없는 것처럼, 토의가 없이는 많은 정보도 무용지물이 된다. 토의 단계에서는 문제 해결을 위하여 다양한 정보를 수집하고, 수집한 정보를 다양한 측면에서 검증하는 일을 한다. 집단 의사결정의 성패 여부는 대체로 이 단계에 달려 있다고 해도 과언이 아닐 것이다. 다시 말해 토의가 제대로 된다면 집단 의사결정이 개인보다 낫지만, 토의에서 다양한 정보가 제시되지 않거나 검증되지 않으면 개인보다 훨씬 못하게 된다.

토의 단계를 거치면 다음은 결정을 내리는 단계이다. 민주주의 사회에서는 초등학교의 학급회의에서부터 대통령 선거에 이르기까지 대부분의 집단 의사결정에서 다수결을 사용하지만, 그 밖에도 여러 가지가 있다. 집단의 대표나 혹은 소집단에게 결정하게 하는 '위임', 개개인의 결정을 더하거나 평균을 내서 결정하는 '통계적 방식', 모두가 합의하도록 하는 '만장일치', 그리고 논리를 배제한 채 동전 던지기와 같은 우연에 맡기는 '무선 선택' 등이다. 우리는 다수의 의견을 따르는 다수결이 최고의 방법이라고 생각하기 쉽지만, 정작 역사에서 중요한 순간은 다수보다는 소수의 선택이 옳을 때가 많았다. 따라서 어느 한 가지 방식만을 고집하는 것은 좋지 못하다. 각 방법은 장단점이 있으며, 사용해야 할 때와 사용하지 말아야 할 때가 있기 때문이다.

토의를 통하여 도출된 결정을 누군가가 인정하지 않으면 이전 과정으로 다시 돌아가야 한다. 물론 그 이유가 단지 감정이 상했기 때문이라면 그렇게 할 필요가 없겠지만, 다른 이유가 있다면 문제가 발생한 지점으로 돌아가야 한다. 집단 의사결정의 어려움은 바로 모든 사람들이 인정하는 방식으로 결정해야 한다는 것이다. 이 말은 만장일치를 의미하는 것이 아니다. 누구라도 집단의 결정을 받아들일 수밖에 없도록 합리적이고 논리적으로 진행되어야 한다는 것이다. 그래야만 이행과 실천으로 넘어갈 수 있다.

이행 단계에 왔다고 끝난 것이 아니다. 이행에 문제가 없다면 결정을 고수하면 되지만, 문제가 발견되면 결정을 다시 평가해야 한다. 필요하다면 다시 처음부터 의사결정 단계를 밟아야 한다. 한번 결정했다고 무조건 지켜야 한다고 강요하는 것은 도움이 되지 않는다.

브레인스토밍
자신의 머릿속에 떠오르는 모든 아이디어를 말하도록 하는 브레인스토밍은 창의적 사고와 전략이 필요한 집단에서 가장 빈번하게 사용하는 방법이다. 하지만 이 방법이 효율적이려면 함께 모여서 하기보다는 개인적으로 해야 한다. 특별히 위계가 중요한 집단주의 문화인 우리나라에서는 더욱 그렇다.

포에니전쟁을 성공으로 이끌었던 원로원의 집단 의사결정 과정을 위 단계별로 확인해 보자. 우선 원로원은 로마의 건국과 함께 시작되었고, 공화정 출범 후 집단 의사결정 체제로 자리를 잡기 시작했다. 로마가 공화정으로 바꾼 것이 기원전 509년이고, 제1차 포에니전쟁이 시작된 것이 기원전 264년이므로 원로원은 대략 250년 동안 로마의 최고 의결기관으로 기능하며 토론이나 의사결정 방식 등이 정착되었을 것이다. 이런 상황에서 전쟁이 터졌으니 전쟁 승리라는 명확한 목표도 존재한다. 다시 말해 오리엔테이션 단계에서 원로원은 완벽에 가까웠다.

그 다음은 토의 단계이다. 집단 의사결정의 심장이라고 하는 토의가 성공적이기 위해서는 다양한 의견과 정보들이 거론될 수 있어야 한다. 여러 사람이 모여서 토의를 하니 다양한 의견과 정보가 거론되는 것은 당연한 일이 아니냐고 반문할지도 모른다. 그러나 그렇지 않은 경우도 많다.

집단 구성원이 문제 해결을 위하여 다양하고 창의적인 생각들을 쏟아 내는 것을 브레인스토밍(brainstroming)이라고 한다. 초기 연구에서는 집단의 브레인스토밍이 개인의 수행보다 더 좋다는 것이 입증되기도 했다. 그러나 이후 연구에서는 반대의 결과가 나오기도 했다. 한 연구에서 어떤 참가자들은 4인으로 구성된 집단에서 함께

브레인스토밍을 했고, 다른 4명의 참가자들은 자신만의 독립된 공간에서 브레인스토밍을 했다. 과연 함께 모여서 하는 것이 각자 한 것을 합치는 것보다 더 나을까? 결과는 예상 밖이었다. 4인 집단의 경우에는 평균 28개의 아이디어가 나왔으나, 독립적인 4명의 아이디어를 합쳤을 경우에는 평균 74.5개였다.

왜 이런 일이 생기는 것일까? 심리학자들은 몇 가지 이유를 제시한다. 우선 여러 사람과 브레인스토밍을 하면 타인의 말을 들어야 하기에 온전히 브레인스토밍을 할 수 없으며, 자신이 말할 차례를 기다리면서 망각하기도 한다는 것이다. 그러나 이러한 이유보다 더 눈여겨보아야 할 것은 평가불안이다. 자신의 아이디어가 다른 사람의 것보다 못하다는 생각 때문에, 혹은 다른 사람들이 자신의 아이디어를 비웃거나 부정적으로 판단할지 모른다는 생각 때문에 집단 앞에서 말하기를 꺼린다.

사람들은 기본적으로 인정과 존중을 받고 싶어 하고, 가능하면 다른 사람들과 사이좋게 지내려고 한다. 이 때문에 경쟁보다는 조화를, 다른 사람의 의견에 대한 반대보다는 찬성을 선택한다. 이 맥락에서 보면 평가불안은 집단 구성원과 좋은 관계를 유지하려 하고 다른 사람의 생각과 의중을 어느 정도 파악하고 있을 때 나타난다.

다시 원로원으로 돌아가 보자. 원로원의 토의 과정은 매우 훌륭해서 포에니전쟁을 승리로 이끌었다. 문제 해결을 위한 다양한 의견들이 쏟아져 나왔고, 그 의견들에 대하여 하나씩 검토를 해 나갔을 것이다. 이것이 가능했던 이유는 원로원의 구성과 분위기가 개방적이어서 평가불안이 없었기 때문이다. 원로원의 역사가 길기 때문에 얼핏 생각하면 고루하고 보수적인 폐쇄집단일 것 같지만, 내면을 보면 전혀 그렇지 않음을 알 수 있다. 로물루스가 100명으로 구성한 원로원을 5대 왕 타르퀴니우스는 200명으로, 공화정의 창시자 브루투스는 다시 300명으로 늘렸다. 새롭게 원로원으로 편입된 사람들이 있어서 연설을 할 때는 먼저 "아버지여, 신참자들이여."라고 말하는 것이 관례가 되었다.

여기까지는 로마로 편입된 유력 가문을 동화시키기 위한 정책으로서 원로원을 구성하는 사람들은 여전히 유력 가문이었다. 이래서는 시간이 지나면서 원로원도 폐쇄적이 될 수밖에 없다. 그러나 로마는 기원전 494년 호민관 제도를 만들었고, 기원전 367년 리키니우스-섹스티우스법으로 집정관을 포함한 모든 공직을 평민에게 개방했다. 호민관과 집정관은 퇴임 후 원로원에 자동으로 가입하도록 했다. 게다가 지휘관으로 참전했던 의원들이 전사하거나 병에 걸려서 일찍 죽는 경우도 많았기 때문에 원로원의 물갈이는 비교적 빠

「원로원에서 카탈리나를 탄핵하는 키케로」, 마카리(Cesare Maccari, 1840~1919).

른 편이었다. 결국 원로원의 구성원들은 원로 못지않게 신참도 많을 수밖에 없었다. 당연히 패기와 의욕이 넘치는 사람들, 다시 말해 분위기를 아직 파악하지 못했거나 굳이 다른 사람의 눈치를 볼 필요가 없는 사람들도 많았다. 평가불안이라는 말이 당시 이러한 원로원에 어울릴 리 없고, 토의 과정에서 다양하고 기발한 의견들이 제시될 수 있었을 것이다. 이것이 바로 원로원이 승리한 가장 핵심적인 이유가 아닐까.

원로원은 심도 있는 토의를 하고 마지막 결정을 할 때 한 가지 방식만을 고집하지는 않았다. 어떤 경우에는 집정관이나 민회에 결정을 위임했으며, 때로는 다수결 방식을 채택하거나 모든 원로원 의원들의 의견을 수렴하여 모두가 인정하는 결정을 하기도 했다. 이렇듯 한 가지 방식을 고수하기보다는 경우에 따라 최선의 방법을 선택한 것이다.

귀족과 평민 중 어느 한쪽의 입장과 이익에 치우치지 않는 원로원의 결정을 모든 로마 시민이 받아들이고 이행하는 것은 당연했다. 그런데 이행 과정에서도 유연성이 발휘되었다. 이행의 결과가 좋을 때는 지속했지만 그렇지 않을 때는 언제든지 평가를 거쳐서 수정했다.

다양한 의견을 꺼내 놓고 충분히 토론하고 결정을 내렸으며, 필요에 따라서는 재토론 과정을 거쳐서 새로운 결정을 내렸다. 이를 단적으로 보여 주는 예가 바로 스키피오 건이다. 스키피오가 원로원에 요청했던 것은 모두 기존의 법과 규칙, 결정을 뒤집는 것이었다. 이때 원로원은 완고하게 고집을 피워서 기존의 결정을 고수하지 않았다. 끊임없는 토의를 거치면서 모두가 만족할 수 있는 최선의 결정을 찾아냈다. 이 과정 속에서 민회에 위임하기도 하고 스키피오 개인 의견도 충분히 수렴하면서 적절한 절충점을 찾아냈다. 스키피오가 안찰관과 전직 법무관, 그리고 집정관을 거쳐서 아프리카로 전쟁터를 옮기는 과정을 보면 왜 포에니전쟁의 승리 요인을 원로원에 돌리는지 알 수 있다. 이 시기의 원로원은 집단 의사결정의 정수를 보여 주었다.

달라진 원로원, 폐쇄집단이 되어 가다

제2차 포에니전쟁의 승리로 로마는 지중해의 유일한 강대국으로 성장한다. 로마 역사상 가장 힘겨웠던 전쟁을 마친 원로원과 시민들은 당분간만이라도 전쟁이 없기를 바랐을 것이다. 그래야 생업을 뒤로하고 전쟁터에 나가 죽음의 위협에 시달리지 않을 수 있기 때문이다. 그러나 얼마 지나지 않아 아테네를 중심으로 한 그리스 도시국가의 대표들이 찾아왔다. 2차 전쟁의 승리를 축하하면서 마케도니아의 군사행동을 저지해 달라는 부탁을 하기 위해서였다.

마케도니아는 알렉산더 대왕의 사후에 세워진 헬레니즘 왕국 가운데 하나로, 그리스 북부에 위치하고 있었다. 제2차 포에니전쟁 때 한니발과 손을 잡으려고도 했으나 그리스 도시국가들이 마케도니아를 봉쇄하는 바람에 그 뜻을 이루지 못했었다. 만약 그리스 도시국가들이 아니었다면 전세는 어떻게 되었을지 모르는 일이다. 로마는 이들에게 빚을 진 셈이었고, 이번에는 이들이 도움을 요청하고 있는 것이다. 로마는 처음에 전쟁이 아닌 외교력으로 문제를 해결하려고 했으나 실패로 돌아갔고, 군대를 파견하여 기원전 197년 마케도니아에 승리를 거두었다. 그 뒤 마케도니아 왕 필리포스 5세(Philippos V, BC 238~179)가 휴전을 제의했고 로마가 이를 받아들여서 강화가 성립되었다.

몇 년 후 또 다른 헬레니즘 왕국인 시리아가 마케도니아와의 전쟁을 위하여 병력을 그리스 쪽으로 움직였다. 로마는 그리스의 도시국가를 보호하기 위하여 병력을 파견했고, 더 나아가 시리아 본토로 병력을 보냈다. 문제의 싹을 없애려는 의도였다. 이때 로마는 처음으로 아시아에 진출했다. 그리고 기원전 190년 시리아와의 전쟁에서도 승리함으로써 로마의 세력은 지중해 동부뿐만 아니라 서부까지 확장되었다.

필리포스 5세가 죽고 그 아들 페르수스(Perseus)가 왕위에 오르면서 마케도니아는 로마에 다시 반기를 들었다. 로마는 또 한 번 외교로 문제를 해결하려고 했으나 뜻대로 되지 않자 군사 개입을 결정했다. 그러나 로마의 군사 개입이 당초 예상보다 늦어지자 페르수스는 이 틈을 타서 그리스 도시국가들을 대상으로 민족애를 강조하면서 로마에 대항하여 연합전선을 펴자고 설득했다. 이때 많은 도시국가들이 로마를 배반하고 마케도니아 편에 섰다. 로마인들의 입장에서 보자면 그리스인들이 자신들의 호의와 배려를 배반으로 갚은 것이나 다름없었다. 자유를 보장해 주었더니 결국 뒤통수를 친다고 격노했을 것이다. 그러나 그리스인들 입장에서 보자면 이야기가 다르다. 로마의 조세 정책은 감당하기 힘들었고 사사건건 내정에 간섭하는 일이 많았기 때문이다. 로마인들이 주겠다는 자유는 그리스인들에게 전혀 와 닿지 않았다. 이러한 상황에서 그리스인들은 페르수스의 제안을 물리치기 힘들었다.

그리스 도시국가들이 은혜를 저버리고 돌아섰다는 소식을 들은 로마인들은 결사항전을 주장했고, 군단을 파견하여 기원전 168년 마케도니아와 그에 동조했던 그리스 도시국가들과의 전쟁에서 승리를 거두었다. 로마는 끊임없이 문제를 일으켰던 마케도니아 왕조를 아예 멸망시켰고 왕국을 분할하여 현지 주민들이 자치를 하도록 했다. 그리고 마케도니아 편에 섰던 그리스 도시들의 일부를 파괴하고 주민들을 노예로 삼았는데, 이때 그리스 역사가 폴리비우스가 노예 신분으로 로마에 왔다. 그러나 나머지 그리스 국가들은 여전히 자치와 자유를 보장해 주었다. 이는 로마인들이 그리스에서 들어오는 학식 있는 노예들을 가정교사로 삼을 정도로, 그리스의 문화와 예술을 동경했기 때문이다.

시간이 흘러 기원전 148년에는 페르수스의 아들이라고 자처하는 자가 나타나서 반란을 일으켰다. 로마는 즉각적인 군사행동으로 오래지 않아 반란군을 진압했다. 원로원은 더 이상의 관용은 베풀지 않고 마케도니아를 로마의 속주(프로빈키아, provincia)로 삼기로 했다.

속주는 로마의 영토이기 때문에 군대가 주둔하며 원로원에서 파견한 총독이 다스리게 된다. 이로써 마케도니아는 역사에서 사라진다.

이 무렵 원로원을 더욱 과격하게 만든 사건이 발생했다. 아테네, 스파르타와 함께 그리스 3대 도시국가였던 코린트(Corinth)에서 원로원 의원이 시민들로부터 무례한 대우를 받은 정황이 드러났다. 로마인들은 더 이상 참지 않기로 했다. 자치와 자유를 박탈하고 코린트를 완전히 파괴하기로 결정한다. 결국 기원전 146년 코린트는 지도에서 사라졌다. 같은 해에 카르타고 역시 동일한 운명을 겪어야 했다.

카르타고는 제2차 포에니전쟁의 결과 로마의 허락 없이 군대를 조직할 수 없었다. 그런데 이웃 국가인 누미디아(Numidia)가 세력을 확장하면서 카르타고의 영토를 침범하자 이에 대응하기 위해 6만여 명의 용병을 조직했다. 원로원은 조사단을 파견하여 누미디아와 카르타고를 중재하려고 했으나 카르타고는 이를 무시하고 누미디아로 쳐들어갔다. 이는 로마의 허락 없이는 전쟁할 수 없다는 2차 전쟁 협정의 위반이었다. 원로원에서는 협정을 위반한 카르타고를 완전히 궤멸시켜야 한다는 주장이 더욱 설득력을 얻었다.

이 분위기를 파악한 카르타고는 로마 원로원에 사람을 보내서 무조건 항복하겠다고 했다. 이때 원로원은 수도 카르타고를 파괴하고 해안에서 10로마마일(15킬로미터 정도) 떨어진 내륙 지방으로 이주할 것을 요구했다. 이 극단적인 처방에 이번에는 카르타고 민중이 분노했다. 결국 카르타고는 결사항전을 다짐했고, 마침내 제3차 포에니전쟁이 벌어졌다. 전투라기보다는 일방적인 공성전으로 진행되었던 3차 전쟁으로 카르타고는 완전히 파괴되어 로마의 속주가 되었고, 주민들은 모두 노예로 팔려 나갔다. 이때 로마의 지휘관은 대

BC 2세기 중반의 지중해.

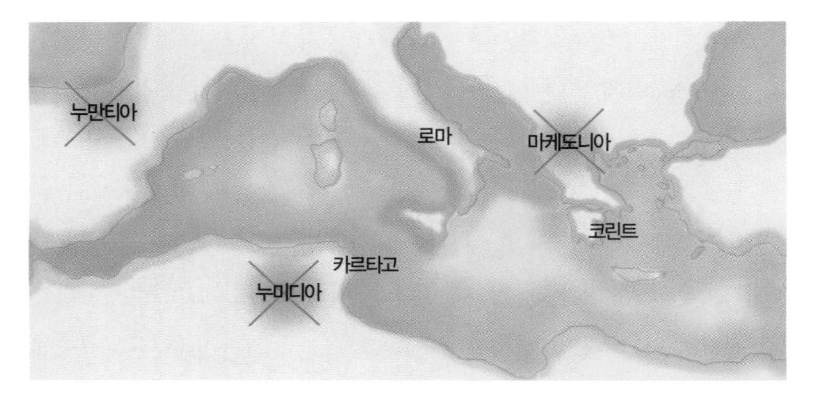

스키피오의 양손자인 소(小)스키피오였는데, 스키피오와 함께 카르타고의 멸망을 목격했던 두 사람을 주목할 필요가 있다. 한 사람은 스키피오의 가정교사이자 그리스 역사가로 고대 로마에 대한 기록을 남겼던 폴리비우스이고, 또 한 사람은 로마의 개혁을 주도했던 티베리우스였다.

카르타고가 멸망한 지 13년이 지난 후에는 히스파니아 원주민들의 거점인 누만티아(Numantia)도 완전히 망하여 없어졌다. 원주민들의 반란이 끊이지 않았던 것이 로마의 심기를 불편하게 만들었기 때문이다. 이를 두고 후대의 역사가들은 제2차 포에니전쟁에서 승리한 이후 로마가 온건한 제국주의에서 강경한 제국주의로 변했다고 주장한다. 온건한 제국주의란 패권은 로마가 가지면서 상대 국가의 군사력을 제한하되 자치권과 경제권은 인정해 주는 방식이다. 물론 전쟁을 치렀기에 배상금을 요구했으나, 이는 전쟁으로 인한 손실을 만회하기 위해서지 경제적 착취가 목적은 아니었다. 그러나 마케도니아와 그리스에서 일어난 일련의 사건들, 즉 관용을 베풀었지만 돌아오는 것은 배반과 조롱뿐이었던 사건들을 계기로 정책이 바뀌었다는 것이다. 마케도니아를 비롯하여 코린트와 카르타고의 파괴, 그리고 누만티아의 멸망은 모두 이렇게 설명된다.

그러나 이런 변화를 단지 정책 변화라고만 볼 수 있을까. 온건한 제국주의에서 강경한 제국주의로 바뀌었다고 해도 굳이 그 방법이 극단적일 필요는 없지 않은가. 군대를 주둔시키면서 자치권을 인정하지 않고, 혹독한 세금으로 이득을 취했어도 충분할 것이다. 그런데 왜 그렇게 철저히 파괴할 수밖에 없었을까? 후대의 역사가들은 이 세 도시의 파괴가 로마의 만행이었다고 혹평한다.

이러한 원로원의 태도 변화를 단지 온건파의 주장보다 강경파의 주장이 더 우세했다는 것으로 설명할 수 있을까? 그렇지는 않을 것이다. 포에니전쟁에서 원로원이 보여 주었던 의사결정 과정에서도 언제나 우세한 의견은 존재하고 있었지만, 끊임없는 토의와 고민을 통하여 가장 좋은 해결책이 도출되었다. 결국 원로원의 의사결정 과정에 문제가 생겼다고밖에 볼 수 없다. 왜냐하면 결정 이후에 발생할 수 있는 여러 측면들을 전혀 고려하지 않은 것처럼 보이기 때문이다.

로마는 마케도니아를 멸망시킴으로써 갈리아와 트라키야(Thracia)의 세력에 부딪혔고, 카르타고를 파괴함으로써 누미디아 세력에 직면했다. 그동안은 마케도니아와 카르타고가 완충 역할을 하고 있었는데, 로마는 이들을 완전히 멸망시킴으로써 일종의 방파제를 스스로 파괴한 것이다. 원로원에는 전쟁 경험이 있는 지휘관 출신들이 많았기 때문에 이 사태를 예상하지 못했다고 보기는 어렵다.

그렇다면 도대체 왜 원로원은 이렇게 과격한 결정을 했을까? 한 가지 가능성은 원로원의 분위기가 전과 같지 않았다는 것이다. 원로원은 더 이상 활발한 의견과 다양한 생각들을 교환하고 심도 있게 토론할 수 있는 곳이 아니었을 것이다. 실제로 원로원은 제2차 포에니전쟁 이후 변화를 겪었다. 시오노 나나미는 『로마인 이야기』 3권에서 변화의 원인을 이렇게 지적하고 있다.

> 그런데 제2차 포에니전쟁이 끝난 뒤인 기원전 200년을 경계로 하여 그것이 달라졌다. 우선 로마군은 연전연승을 자랑했다. 총사령관 중에는 전사자가 한 명도 없었다. 그것은 그것대로 좋은 일이지만, 매사는 좋은 면과 나쁜 면을 함께 갖게 된다. 집정관을 배출한 가문의 자손은 귀족으로 인정하여 원로원 계급의 폐쇄화를 막으려 했지만, 이것만으로 충분치 않았다. 10년 간격을 두고 집정관에 재선된 경우는 생각지 말고 1년에 두 명씩으로 단순히 계산하면 기원전 200년부터 카르타고가 멸망한 해인 기원전 146년까지 54년 동안의 집정관 수는 108명이 된다. 이들 가운데 과거에 집정관을 배출한 적이 없는 가문의 출신자, 즉 로마인들이 신참자(호모 노부스)라고 부른 사람의 수는 8명에 불과하다. 그리고 나머지 100명은 코르넬리우스와 발레리우스와 셈프로니우스 등 28개 일족에 집중되었다. 귀족과 평민의 차이도 서로 다투는 계급으로서는 없어졌다. 귀족과 평민 간의 혼인도 일상다반사가 된 지 오래다. 그러나 같은 로마 시민이라도 원로원 계급에 속하는 사람과 그렇지 않은 사람의 차이는 점점 고정되어 가고 있었다.

흐르는 물은 스스로 정화작용을 일으켜서 깨끗함을 유지하지만 고인 물은 썩을 수밖에 없다. 원로원은 점차 정체하고 있었던 것이다.

지나친 자만이 부른 어이없는 패배

토의 중에 다양한 의견들을 제시하지 못하는 분위기는 결국 집단 의사결정에 부정적 영향을 미치는데, 대표적인 예가 집단극화(Group Polarization)와 집단사고(Groupthink)이다. 집단극화란 비슷한 의견을 가진 사람들끼리 모여서 토론을 하면 매우 극단적인 결정을 하는 현상이고, 집단사고란 의견의 일치가 매우 지배적이어서 현실적인 대안이나 정보를 무시한 채로 엉터리없는 결정을 하는 현상이다. 『심리학으로 보는 조선왕조실록』에서 집단극화와 집단사고의 예로 인조 시대에 일어났던 병자호란을 들었다. 당시 조정은 친명배금 성향이 있는 서인들의 세상이었기 때문에 이러한 사람들이 모여 토론을 하고 만들어 낸 결정은 지나치게 극단적인 것, 즉 전쟁이었다. 이러한 집단극화는 종종 집단사고로 연결되는데, 그 이유는 극단적 결정을 수습하기 위한 선택도 합리적이고 타당할 리 없기 때문이다. 청 태종은 12만 대군을 이끌고 압록강을 넘어서 16일 만에 남한산성에 도착했다. 강화도로 가는 길을 차단당한 인조는 병사 1만여 명과 함께 남한산성으로 겨우 피신했다. 조정이 전쟁 능력도 없는 상태에서 스스로 고립을 초래한 덕에 청 태종은 전투 한 번 안 하고 병자호란을 승리로 장식했다.

집단극화
비슷한 사람들이 모여서 집단으로 상호 작용하면, 개인이 선택을 했을 때보다 더욱 극단적인 선택을 하는 경향성을 가리킨다. 따라서 중요한 의사결정일수록 자신과 성향이 다른 사람들의 의견을 들어 보는 것이 매우 중요하다.

집단사고
최고의 전문가들로 구성된 집단이 평범한 개인보다 더 엉터리 같은 결정을 할 수도 있다. 사람들은 일반적으로 집단이 개인보다 더 뛰어나고 훌륭한 결정을 내릴 것이라고 생각하지만 그 반대일 수도 있다.

기원전 200년 이후 원로원의 결정 역시 집단극화와 집단사고로 설명할 수 있다. 자칭 선왕의 아들이라는 자가 일으킨 반란은 로마를 위협할 만큼 조직적이라고 보기는 어려웠다. 그러나 반복되는 마케도니아의 반란과 태도 변화로 원로원 의원들은 마케도니아를 부정적으로 인식했고, 이것이 토론 과정을 거치면서 집단극화로 발전하여 코린트와 마케도니아, 누만티아 파괴라는 극단적인 결정을 낳은 것이다.

로마의 군사력은 세계 최강이었기 때문에 적절한 선에서 따끔한 맛만 보여 주고 멸망시키지 않을 수도 있었고, 그렇게 했어야 한다. 로마는 마음에 들지 않는다고 방파제를 부순 꼴이었다. 결국 로마 외부의 이민족들이 끊임없이 직접적으로 로마를 위협했고, 더 넓어진 국경을 지키느라 로마의 군사적 부담감은 커져만 갔다. 게다가 반란군을 강압적으로 진압한다고 반란이 사라지지 않는다. 오히려 산발적인 형태로 더욱 심해질 뿐이다. 이런 측면에서 원로원의 결정은 집단사고였다. 이것은 이후 공화정의 몰락과 더 나아가 로마제국 몰락까지 초래하는 씨앗이 된다고 볼 수 있다.

집단극화와 집단사고의 원인은 다름 아닌 원로원의 폐쇄화였다. 폐쇄화가 된다는 것은 어떤 의미일까? 단지 폐쇄적인 집단이 되었다고 해서 불과 50년 전과 이렇게 다른 결정을 내릴 수 있는 것일까. 심리학자 제니스(Irving Janis)가 집단사고를 연구했던 것은 1961년 미국 케네디 대통령과 그의 참모들이 결정한 어처구니없는 작전 때문이었다. 미국은 미국 내의 쿠바 망명자 1,300명을 모집하여 CIA 훈련을 받게 한 뒤 쿠바의 피그만(Bay of Pigs)으로 침투시켰는데, 전원이 사살되거나 포로로 잡히고 말았다. 쿠바 정권을 무너뜨리려던 미국은 오히려 포로들을 살려 내기 위하여 막대한 자금과 군수물자를 쿠바에 넘겨야 했다.

당시의 정황을 재조사한 역사가들은 도저히 성공할 수 없는 계획이었다면서, 어떻게 세계 최고의 군사력과 정보력을 자랑하는 미국 정부의 수뇌부가 이런 결정을 했는지 이해할 수 없다고 했다. 더욱 놀라운 사실은 이 계획을 결정한 자문위원들이 바로 미국 내 최고의 두뇌집단이었다는 것이다. 1972년 심리학자 제니스는 이 의사결정 과정을 심리학적으로 분석했고, 그 결과 응집력 있는 집단이 만장일치가 요구되는 상황에서는 종종 이해할 수 없는 결정을 내리기도 한다면서 이를 집단사고라고 했다. 참고로 집단사고는 조지 오웰(George Orwell, 1903~1950)의 소설 『1984년』에서 처음으로 사용된 용어로, 제니스가 차용한 것이다. 피그만 침공 사건은 종종 미국의 역사에서 가장 수치스러운 일로 꼽히는데, 2006년에는 루이스빌 대학교의 리더십 연구 기관인 맥코널 센터(McConnell Center)가 '대통령의 순간들'이라는 역사 학술대회에서 발표한 역대 대통령의 오판 10가지 중 7위에 기록되었다.

제니스는 집단사고가 나타나는 원인으로 세 가지를 꼽았다. 바로 응집력과 집단의 구조적 결함, 불리한 상황적 요인들이다. 응집력이 높은 집단에서는 다른 사람과의 좋은 관계 유지를 위하여 언쟁을 피하려고 하고, 집단의 결정에 대하여 다른 의견을 제시하지 않으려고 한다. 내부에서 다양한 의견이나 비판이 나오기 힘들다면 외부에서 누군가가 그 역할을 해 주어야 한다. 그러나 집단이 외부로부터 차단된 구조라면 이마저도 어려울 것이다. 마지막으로 불리한 상황적 요인들도 결정을 내리는 데 영향을 미친다.

제2차 포에니전쟁 때의 원로원과 이후의 원로원은 바로 이 세 가지 측면에서 차이가 있었다. 구성원이 바뀌지 않아서 폐쇄적이 되었으며 최고의 권력기관으로서 누구의 간섭과 감독도 받지 않았다. 본래 영웅을 거부하는 제도인 공화정은 특별한 일이 없으면 제도와 정책을 바꾸지 않기 때문에, 원로원은 그야말로 치명적인 구조적 결함을 가질 수밖에 없는 상황이었다. 구성원이 고정되기 시작하면 자연스럽게 불필요한 친밀감만 발생하게 된다. 서로 얼굴을 붉히지 않기 위하여 서로의 의견에 동조해 주는 것이다. 누가 새로운 의견이나 다수와 다른 의견을 내기만 하면 곧바로 공격의 대상이 되곤 했다.

이 두 원인은 확실히 원로원의 불합리한 의사결정을 적절히 설명해 준다. 그러나 마지막 원인인 불리한 상황적 요인들은 어찌 보면 잘 설명이 되지 않는다. 불리한 상황적 요인은 오히려 제2차 포에니 전쟁 때가 더욱 심각했다. 안방까지 들어온 한니발은 여기저기 들쑤시고 다니면서 로마연합을 깨뜨리려고 했고, 한니발에 비하여 보잘것없는 로마의 병력과 전술로 반복되는 전투를 치르면서 많은 사상자가 발생했다. 특히 포로 8,000명의 대표가 원로원을 방문했을 때의 상황은 최악이었다. 반면 마케도니아를 시작으로 누만티아를 멸망시킬 때는 상황이 전혀 시급하지 않았다. 로마는 군사력에 자신감을 갖고 있었기 때문에 느긋할 수도 있었다. 결국 집단의 폐쇄적인 구조와 지나친 응집화는 유리한 상황에서도 잘못된 결정을 내리게 할 만큼 파괴적인 것이고, 집단의 분위기가 개방적이어서 다양한 의견을 수용할 수 있다면 아무리 불리하고 시급한 상황에서도 집단극화와 집단사고는 일어나지 않을 수 있는 것이다.

아이러니하게도 원로원의 집단극화와 집단사고에는 로마군의 연전연승이 한몫하고 있었다. 지나친 군사적 자신감이 아니었다면 로마는 더욱 합리적인 선택을 할 수 있었을지도 모른다. 다음 장에서는 로마를 강국으로 만든 군사적 자신감, 즉 전쟁을 살펴보자.

읽을거리 마음거리 – 그리스와 로마의 개인주의 문화

서구사회에 미친 로마의 상당한 영향을 순수하게 로마의 것으로만 돌리기 어렵다. 로마인들은 그리스 문화를 동경했으며 이를 적극적으로 흡수했기 때문이다. 군사적으로 그리스를 정복했는데도 그들의 문화를 존중했고, 그리스의 학문과 기술, 정치제도와 법체계는 물론 신화까지도 받아들였다. 대표적 서양 신화가 그리스-로마신화라는 것만 보아도 알 수 있다. 물론 로마가 그리스의 것을 받아들여서 자신들의 색을 입히고 그 모양을 변형시키기도 했지만 본질적인 부분은 달라지지 않았다. 결국 로마는 그리스의 문화를 계승 발전시켜서 자신들이 지배한 전 지역에 전파한 심부름꾼이었을 뿐, 서양문화의 뿌리는 그리스에 있다고 해도 과언이 아니다.

이러한 서양의 문화는 우리의 것과 사뭇 다르다. 분명히 국가 간의 문화 교류가 활발해지고 인터넷이 발달하고 있지만 서양과 동양의 문화는 엄연히 다른 부분이 존재한다. 예를 들어 우리나라 사람들은 결혼하기 전까지는 부모님과 함께 사는 것이 당연시되지만, 서구사회에서는 이를 매우 낯설게 본다. 결혼에 있어서도 우리는 부모님과 가족의 허락을 매우 중요하게 생각하지만, 서구사회에서는 개인의 선택이 가장 우선시된다.

사실 문화에 대한 심리학자들의 관심은 그리 오래되지 않았다. 인간의 마음과 행동, 즉 사고 과정을 연구하는 심리학자들은 보편주의

자인 경우가 많았기 때문이다. 보편주의란 문화에 상관없이 사람들의 마음과 생각은 동일하다고 믿는 것이다. 물론 보편주의자들도 문화에 따라 사람들의 마음과 행동양식이 다를 수 있음을 인정하지만, 그것은 본질적인 사고 과정이 아니라 문화와 교육으로 만들어진 사고 내용의 차이라고 생각한다. 과학을 추구하는 심리학이 보편성을 주장하는 것은 매우 당연해 보인다. 그래야 과학자들처럼 어느 곳에나 적용될 수 있는 보편적인 진리를 발견할 수 있지 않겠는가.

심리학을 비롯한 현대의 학문들은 대체로 서양에서 시작되었다. 그래서 서양의 논리와 사고 과정이 유일한 진리이며 우월하다고 믿는 이들이 많다. 이는 한편으로 자신의 의견을 논리적으로 개진하기 어려워하는 동양인들을 무언가 모자라는 사람으로 취급받게 하는 원인이 되었다. 그러나 학계에서 동양인들의 약진이 계속되고 학문의 세계화와 다문화적 측면이 강조될수록 보편주의에 대한 믿음은 흔들리기 시작했다. 그리고 문화 차이에 대한 연구들이 본격적으로 진행되면서 심리학에서는 문화심리학(cultural psychology)이 부상했다. 문화심리학은 보편주의를 추구하는 전통심리학에 도전하는 패러다임이라고 할 수 있다[참고로 비교문화심리학(cross-cultural psychology)은 사고 과정의 보편성을 검증하는 한 방법으로 문화를 사용하기 때문에 전통적 입장이다].

동양과 서양의 문화를 구분하여 지칭하는 방법들이 여럿 있지만, 가장 많이 사용하는 것이 개인주의와 집단주의이다. 이 구분은 네덜란드의 심리학자인 호프스테데(Geert Hofstede)가 문화를 평가하는 데 사용하기 위하여 제안한 기준 중 하나로, 서양은 개인주의로 동양은 집단주의로 보고 있다.

서양의 개인주의 문화는 집단보다는 개인이 우선권을 가지는 것으로 결혼과 직업, 취미 등의 선택을 가족보다는 개인의 책임으로 인식한다. 반면 동양의 집단주의 문화는 개인보다는 일차집단(가족, 친척, 지역공동체 등)을 우선시하고, 그 결과 자신의 욕구보다는 적절한 규범을 따르려는 경향이 존재한다. 결국 타인의 시선에 얼마나 영향을 받느냐가 관건이다(물론 다양한 측면이 있는 문화를 이분법적으로만 이해하는 것은 불가능할뿐더러 유용하지도 못하지만, 단순화할수록 선명해지는 측면이 있어서 여기서는 이분법을 사용하고자 한다).

실생활의 예를 들어 보자. 우리나라 사람들은 나들이를 가거나 친구를 만나러 갈 때, 그리고 심지어 시장에 장을 보러 갈 때도 제대로 차려입으려고 한다. 대학생들의 경우 평상시 수업은 물론 시험기간에도 무척이나 외양에 신경을 쓴다. 이러한 모습은 한국에서 공부하는 외국인들에게 매우 생소하고 놀라운 일이라고 한다. 우리 역시 외국에 가서 놀라기는 마찬가지이다. 패션의 본고장으로 일컬어지는 파리 시내를 거닐다 보면 현지인들은 패션 테러리스트가 아닌가 싶을 정도로 대충 입고 다닌다. 대부분이 헐렁한 티셔츠와 청바지 차림에 운동화이다.

어느 것이 좋고 나쁘다고 생각할 필요는 없다. 이것은 단지 차이일 뿐이다. 우리나라 사람들은 타인을 배려하지 않는 사람을 이기적이라고 평가하면서 싫어하지만, 서양 사람들은 개인의 권리를 중요시하면서 타인보다는 자신의 판단을 따른다. 서양 사람들은 자신의 생각과 판단 없이 누군가에게 의존하거나 눈치를 보는 사람을 이해할 수 없다고 한다. 반면 우리나라 사람들은 타인을 배려하는 사람을 매우 사교성이 좋은 사람으로 평가한다. 분명 타인의 시선을 의식하는 정도에 있어서 서양과 동양은 차이가 있다.

타인의 영향을 잘 보여 주는 유명한 사회심리학 실험 중 하나가 바로 동조이다. 이 실험은 애쉬(Solomon Asch)가 1950년대 미국에서 실시했던 실험으로 절차는 다음과 같다. 그림과 같이 선분의 차이가 명확한 그림을 보여 주고, 왼쪽 선분이 오른쪽의 세 선분 중 어느 것과 같은 크기인지를 말하는 것이다. 그런데 실험에 참가한 대부분의 가짜 피험자들은 실험자의 부탁을 받고 모두 A라는 오답을 말했다. 이때 아무것도 모르는 진짜 피험자는 자신의 생각대로 정답 C를 말할까, 아니면 타인의 시선을 의식하여 A라는 오답을 말할까? 결과는 놀라웠다. 의심할 여지없이 명확한 시각변별 과제에서 무려 피험자의 37퍼센트가 타인의 오답에 동조한 것으로 나타났다.

1950년대 미국에서 처음 실시된 이 실험은 이후 여러 나라에서 반복 검증되었고, 이런 연구 결과들을 종합한 결과 서구의 나라들

애쉬의 실험에서 사용했던 그림.

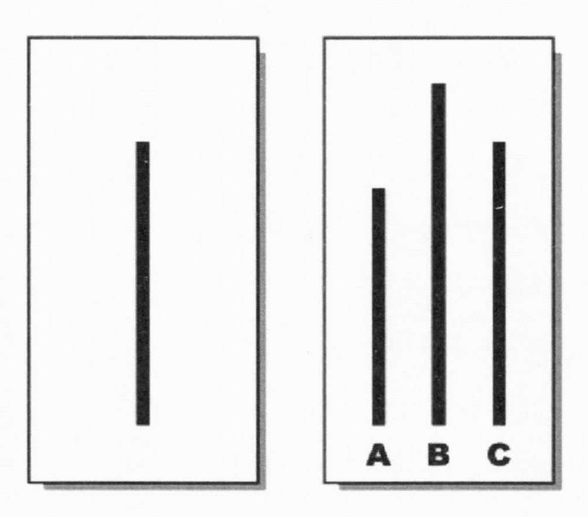

보다 집단주의 문화가 지배적인 동양의 나라에서 동조율이 높게 나타났다. 그런데 흥미로운 사실도 발견되었다. 일본인을 대상으로 했던 어떤 실험에서는 동조율이 25퍼센트로 나타나서 미국인들보다 낮았던 것이다. 일본 역시 집단주의 문화인데 왜 이러한 결과가 나타났을까? 그 이유는 후속 연구에서 밝혀졌다. 후속 연구에서는 피험자들을 서로 안면이 있는 사람들로 구성했더니 동조율이 무려 50퍼센트 이상으로 껑충 뛰었다고 한다. 반면 서양에서는 집단 구성원이 안면이 있든 없든 상관없었다고 한다. 집단주의 문화에서 타인의 시선과 영향은 낯선 사람보다는 안면이 있는 경우에 더 중요하다고 볼 수 있다.

이후 여러 연구자들은 집단주의 문화권에서 타인의 영향은 정서적 유대감이 있는 경우에 강하게 나타나고, 그렇지 않은 경우에는 오히려 타인에 대하여 배타적인 태도를 갖는다는 사실을 밝혀냈다. 주변 지인들과 친구들, 가족들에 대해서는 지나칠 정도로 신경을 쓰고 배려해 주지만, 뒤따라 들어오는 사람의 안전을 위해서는 문도 잡아 주지 않는 경우가 얼마나 많은가.

미국 미시간 대학교의 니스벳(Richard E. Nisbett)은 『생각의 지도』에서 동양과 서양의 차이를 이렇게 정리했다. 내가 누구인지에 대한 자기개념에서 서양은 독립적이지만 동양은 타인과의 관계에서 이해하려 하고, 세상을 지각할 때도 서양은 부분으로부터 전체로 나아가지만 동양은 전체를 먼저 파악하려 한다. 원인과 결과를 생각할 때 서양은 본질적으로 단순하여 예측 가능하다고 판단하지만 동양은 상황에 따라 얼마든지 달라질 수 있으므로 복잡하고 예측 불가능하다고 판단한다. 언어에 있어서도 서양은 명사 중심이지만 동양은 동사 중심이며, 진리 판단에 있어서 서양은 논리와 선택을 중요시하지만 동양은 경험과 중용(中庸)을 중요시한다고 한다.

이러한 차이가 왜 생기는 것일까? 어떤 학자들은 서양문화의 본류인 그리스와 동양문화의 본류인 중국의 철학이 다르기 때문이라고 한다. 그리스 철학은 개인의 자율성을 강조한 반면, 중국 철학은 관계를 중시했다는 것이다. 그러나 현재의 문화 차이를 철학의 차이로만 보기에는 설명이 충분하지 못하다. 그렇다면 철학의 차이가 왜 생겼는지 다시 질문을 던져야 하기 때문이다.

이에 대하여 니스벳은 서양과 동양문화의 차이, 즉 그리스와 중국 철학의 차이를 자연환경에서 찾는다. 그리스는 해안까지 연결되는 산과 수많은 섬으로 이루어졌기 때문에 사냥이나 무역이 일찍 발달했던 반면, 중국은 평탄한 농지가 많아 농업이 발달했다. 자연환경의 차이는 생활방식의 차이는 물론 정치제도의 차이까지 초래했다. 그래서 그리스에서는 자율적인 폴리스들이 생겨났고 중국에서는 중앙집권적인 왕조들이 출현하였다. 이러한 환경 속에서 그리스인들은 전체 맥락보다는 사람과 사물 자체에 관심을 가졌고, 중국인들은 맥락과 환경, 주위의 사람들에게 관심을 가졌다는 것이다.

동양문화의 중심에 중국이 있었다면 서양에는 그리스가 있었다. 그리고 그리스의 문화를 전 유럽에 전파했던 로마가 있었다. 지형학적 차이가 경제와 정치, 사회는 물론 문화와 사고 과정의 차이까지 초래했다. 집단주의 문화 중국은 아직까지 하나의 거대한 나라로 존재하고 있지만, 개인주의 문화 로마는 역사 속으로 사라진 이후에 수많은 나라들로 분리되어 현재에 이르고 있다. 유럽연합(EU)의 미래가 어떻게 될지 자못 궁금해진다.

3장

강대국 로마의 자신감, 전쟁

로마, 대륙을 장악하다

로마가 대제국으로 성장할 수 있었던 이유에서 전쟁을 뺄 수는 없다. 용병을 쓰지 않았던 로마는 모든 시민이 곧 병사였고, 시대에 따라 왕, 집정관, 황제로 바뀐 최고 권력자의 주요 임무는 전쟁 지휘였다. 전쟁으로 국가나 왕조의 존망이 좌우되는 시절이었던 고대 사회에서는 당연한 일이다.

고대 역사가들에게 역사는 바로 전쟁사였다. 역사의 아버지라고 불리는 헤로도투스(Herodotus, 대략 BC 484~425)는 『역사』에서 페르시아와 아테네 전쟁을 다루고 있으며, 그리스의 역사가 투키디데스(Thucydides, 대략 BC 460~395)는 『펠로폰네소스 전쟁사』를 집필했다. 또한 폴리비우스 역시 로마가 어떻게 해서 지중해의 최강대국으로 성장했는지에 대하여 전쟁의 측면에서 기록했다.

전쟁은 중요한 사건이다. 전쟁을 통해 한 나라와 왕조가 설립되고, 전쟁을 통해 흥하다가 역시 전쟁을 통해 멸망에 이른다. 고대 사회에서 전쟁은 일상적이고 당연한 것으로 받아들여졌다. 로마도 그랬다. 트로이야 전쟁에서 도망친 아이네아스가 일족을 이끌고 이탈리아에 정착하기까지 전쟁을 벌였고, 그의 후손 로물루스도 전쟁을 통해 국가 건설의 기초를 마련했다. 그 후 로마는 수많은 전쟁을 거듭하며 대제국으로 성장했다. 국내에서 로마사 연구로 박사학위를 받고 로마의 군대와 제국의 관계를 집중적으로 연구했던 배은숙은 『강대국의 비밀』에서 이렇게 말한다.

> 로마의 역사는 전쟁의 역사이자 군대의 역사다. 자세한 전쟁 내막을 알 수 없는 왕정기(BC 753~509)를 제외하고, 공화정이 설립된 기원전 509년부터 서로마제국의 마지막 황제가 폐위된 476년까지 대략 천 년에 가까운 기간 동안에 내전이든 외부와의 전쟁이든 전쟁한 기간은 어림잡아도 600년이 넘는다. 간헐적인 전투나 사소한 분쟁을 제외해도 그 정도이다. 그런 오랜 전쟁을 통해 로마는 작은 도시에서 출발해 유럽, 아시아, 아프리카 등 세 개 대륙을 장악했다.

천 년 중에서 600년이나 전쟁을 했다니, 전쟁이 없는 날보다 있는 날이 더 많았다는 이야기다. 그렇다면 로마가 전쟁을 치렀던 상대는 누구일까? 주요 상대를 간략하게 열거해 보자. 우선 로물루스는 백성들의 결혼을 위해 사비니족과, 3대 왕 툴루스는 로마의 본가인 알바 롱가와 전쟁을 치렀다. 그리고 왕정에서 공화정으로 이행하는 과정에서는 주로 에트루리아와, 공화정이 자리를 잡기 시작하면서는 갈리아와 숱한 전쟁을 치렀다. 그 다음으로는 중부 지역의 산악민족들, 그 후에는 이탈리아 남부지역의 그리스 식민도시들이었다. 로마 건국 당시 북쪽에는 에트루리아와 갈리아, 중부 지역에는 여러 산악민족들, 남부에는 그리스인들이 세운 도시국가가 있었기 때문에 로마의 세력이 넓어질수록 이들과의 일전은 피할 수 없었다.

에트루리아는 라틴족과는 다른 혈통과 문명을 가진 민족으로, 그 기원에 대해서는 다양한 설이 존재한다. 게다가 이들의 언어는 다른 유럽어와 비슷하지 않아 연구에 많은 어려움이 있다. 고고학자들이 밝혀낸 바에 따르면 이들은 문화적으로 그리스의 영향을 받았지만, 단순한 모방에서 그치지 않고 자신들만의 독특한 문화를 만들어 냈다고 한다. 특히 뛰어난 토목과 건축기술은 5대부터 7대까지 에트루리아계 왕들을 통해 로마로 전수되기도 했다. 에트루리아도 이탈리아 전역에 영향을 미칠 정도의 전성기가 있었지만 통일국가를 이루지 못했고, 그래서 남쪽에서는 로마, 북쪽에서는 갈리아에 밀려 점차 자취를 감추었다.

이렇게 로마와 갈리아 사이에 존재하고 있던 에트루리아가 무너지면서 로마는 갈리아족을 상대하게 되었다. 갈리아는 켈타이(Celtae) 혹은 켈트(Celt)의 라틴어 식 표현으로, 이들은 지금의 서유럽 지역에 거주하고 있었다. 부족한 식량문제를 해결하기 위하여 기원전 6세기부터 이탈리아로 남하하기 시작했는데, 에트루리아의 세력이 강할 때는 남하하는 데 한계가 있었다. 그런데 로마와의 전쟁으로 에트루리아 세력이 약해졌고, 마침내 기원전 390년 남아 있는 에트루리아 도시들을 무너뜨리면서 로마로 쳐들어왔다. 순식간의 습격에 로마인들은 최초로 로마를 적에게 꼼짝없이 내주고 말았다. 갈리아가 강한 것은 사실이지만 최고의 군대를 보유한 로마가 이런 수치와 모욕을 당한 데는 또 다른 이유가 있었다.

로마는 기원전 406년부터 무려 10년 동안 카밀루스(Marcus

Furius Camillus, 대략 BC 446~365)의 지휘 아래 에트루리아의 주요 도시였던 베이이(Veii) 공략에 성공하여 점령했다. 그러나 승전의 기쁨도 잠시였다. 평민들은 귀족 중심의 로마가 싫었기에, 훌륭한 도시인 베이이를 제2의 수도로 삼자고 했다. 당연히 귀족들은 이 요구를 무시했고, 평민들은 자신들의 주장을 관철시키기 위해서 파업에 돌입한다. 바로 이 틈을 타서 갈리아족이 쳐들어와 로마를 점령한 것이다.

다행인지 불행인지 로마를 점령한 갈리아족은 도시 생활에 적응하지 못했고 결국 7개월 만에 로마로부터 상당한 보상을 받고 물러났다. 어차피 이들은 부족한 식량문제만 해결하면 그만이었다. 이 일로 로마인들은 갈리아를 잠재적인 위험요인으로 보았고, 공화정 중후반부터는 갈리아족도 공격 대상이 되었다. 비록 로마를 되찾기는 했지만, 수도를 강탈당했다는 사실에 로마인들은 적지 않은 충격을 받았다. 그들은 카밀루스를 중심으로 하여 처음부터 다시 시작한다는 마음가짐으로 로마를 재건하기 시작했다.

로마는 다시 세력권을 넓혀 갔다. 방향은 북쪽이 아닌 남쪽이었는데, 그러다 보니 중부에 위치한 산악민족과의 전쟁을 피할 수 없었다. 최초의 격돌은 기원전 343년이었다. 삼니움(Samnium)을 대표로 하는 산악민족들은 생각보다 강했다. 평지에서 전쟁을 하던 로마인들과 달리 이들은 산에서 게릴라식 전투를 했기 때문이다. 이 때문에 로마는 거의 50년이나 지난 기원전 293년이 되어서야 전쟁을 끝낼 수 있었다.

중부를 장악한 로마는 자연스럽게 남부에 시선을 두었다. 이탈리아 남부에는 기원전 8세기 그리스인들의 식민활동이 활발했던 시기에 세워진 그리스계 도시국가들이 산발적으로 있었다. 시간이 흘러 그리스 본토에 있는 폴리스들은 마케도니아 왕국의 지배를 받으면서 혼란을 거듭했고 국력도 많이 약화되었다. 그러나 이탈리아 남부의 도시들은 계속 번창했고 '대그리스'라는 의미의 마그나 그라이키아(Magna Graecia)라고 불릴 정도였다. 비록 군사력이 강하지는 않았지만, 충분한 용병을 고용하여 나라의 방어를 맡길 정도로 경제적으로 번영했다.

이 도시국가들의 대표 격인 타렌툼(Tarentum)과 로마는 원래 서로를 침공하지 않는다는 협약을 맺은 상태였다. 그런데 타렌툼 앞바다에 로마 선박이 예기치 않게 나타나자, 타렌툼은 협약 위반이라면서 이들을 공격했다. 이 사건을 계기로 전쟁이 발발했다. 그러나 자체 군사력이 없었던 타렌툼은 북부 그리스에 위치한 에페이로스의 왕 피로스(Pyrrhus of Epirus, BC 319~272)에게 병력을 요청했다. 당연히 그에 합당한 경제적 보상을 약속했다.

피로스는 훗날 한니발이 병법의 스승이라고 여길 정도로 전략이 뛰어났던 지휘관이다. 그는 마케도니아 식 밀집대형 전술을 구사하면서 적을 향해 돌격했으며 코끼리도 동원했다. 반면 로마는 오랜 기간 삼니움족과의 전쟁을 치렀던 후라 여러 면에서 불리한 상황이었다. 게다가 코끼리가 자신들을 향해서 달려오자 그 엄청난 위압감을 견디지 못하여 제대로 싸워 보기도 전에 도망치기 바빴다. 결국 로마는 초반에 연전연패를 당했다. 그러나 기원전 280년부터 시작된 전투가 수년을 끄는 동안 장기전에 강한 로마군이 결국 승리했다. 기원전 275년의 일이었다.

이로써 이탈리아 반도를 장악한 로마는 카르타고와의 전쟁을 치른다. 기원전 264년부터 241년까지 제1차, 기원전 218년부터 201년까지 제2차, 기원전 171년부터 168년까지 제3차 포에니전쟁을 치르면서도 한편으로는 갈리아, 마케도니아의 필리포스 5세와 페르수스, 시리아와도 전쟁을 불사했다. 카르타고 함락 이후에도 전쟁은 끊이지 않는다. 히스파니아의 누만티아, 아프리카의 누미디아와도 싸운다. 그리고 흑해 연안에 있는 폰투스와도 일전을 벌였으며, 기원전 105년에는 처음으로 게르만족과 맞부딪친다. 기원전 52년에는 카이사르가 알레시아(Alesia) 전투에서 마침내 갈리아족을 완전히 평정한다. 이후 로마는 곧바로 내전에 휩싸이면서 공화정에서 제정으로 이행할 준비를 한다.

적을 친구로 만들어라

많은 역사가들이 지적했듯이 로마가 강대국으로 성장할 수 있었던 제일의 이유는 적도 친구로 만들어 버리는 유연성과 포용성이다. 로물루스가 자기 백성들을 장가보내기 위해서 시작한 사비니족과의 전쟁도 결국 사비니족과 나라를 합치는 것으로 끝났다. 3대 왕 툴루스가 전쟁을 벌였던 알바 롱가 사람들도 로마의 시민으로 받아들여졌다. 로마는 전쟁에서 승리했다고 적군이나 상대 나라의 백성을 노예로 삼지 않았다. 시민으로 흡수하거나 그 나라의 자치를 인정하면서 동맹 관계를 맺었다. 목숨을 걸고 싸웠던 상대방을 가족과 친구로 받아들이는 것도 결코 쉬운 일이 아닌데, 로마인들은 이들을 자신들의 지휘자로 선출하기도 했다. 로물루스가 사비니족을 받아들이면서, 2대 왕은 사비니계, 3대 왕은 라틴계, 다시 4대 왕은 사비니계에서 탄생한다. 물론 사비니족을 받아들일 때 동등한 위치에서 합병이 이루어졌으니 당연한 일이라고 생각할 수 있다. 그러나 5대 왕과 7대 왕은 에트루리아 사람이었다.

이러한 방식으로 로마의 인구는 급속도로 증가했으며, 이는 자연스럽게 국력 신장으로 연결되었다. 로마의 이민족 동화정책이 어느 정도였는지는 로마가 왕정에서 공화정으로 이행할 때 원로원의 의석수를 200명에서 300명으로 늘린 것만 보아도 알 수 있다. 이는 단지 공화정 제도의 취약점을 보완하기 위해서가 아니라 새롭게 로마로 편입된 유력 가문을 끌어안기 위한 시도였다.

기원전 263년 집정관으로 선출된 사람은 마니우스 발레리우스 막시무스(Manius Valerius Maximus)와 오타킬리우스 크라수스(Otacilius Crassus)이다. 마니우스는 발레리우스라는 명문가 출신이지만, 오타킬리우스는 삼니움족 출신이다. 삼니움족이라면 로마가 기원전 293년까지 전쟁을 벌였던 이탈리아 중부의 산악민족이 아닌가. 그런데 불과 30년 만에 로마는 이들을 자신들의 지도자로 삼았다.

로마는 이처럼 시민권을 개방하는 데 있어서 조금도 주저하지 않았고, 일단 시민이 되면 모두가 동등하다고 여겼기 때문에 공직에 출마하는 것도 자연스러웠다. 이렇게 시민권을 취득하기가 쉽다면 로마에 엄청난 사람들이 모여들 것 같으나, 사실 로마 시민권은 제2차 포에니전쟁이 끝나기 이전까지는 크게 매력이 없었다. 뒤에서도 언급하겠지만 시민권을 취득하면 국방의 의무가 주어지는 것은 물론이고 자비로 전쟁에 나가야 했다. 반면 동맹시의 병사들은 전

쟁 동원에서 좀 더 자유로웠고 무료배식은 물론 시민권자보다 많은 급료를 받았다.

로마의 세력이 약했던 초기에는 라틴의 여러 도시국가들이 동등한 위치에서 서로 협력하는 라틴동맹(Latin League)이었지만, 이들은 로마가 갈리아에 정복당할 때 도움을 주지 않았다. 이 일로 로마는 기원전 358년 원래의 조약을 고쳐서 로마의 우위를 주장했고, 이에 반발하는 이웃 국가들과 라틴전쟁(Latin War)을 벌였다. 기원전 343년부터 338년까지 지속된 전쟁에서 로마가 승리하자 라틴동맹은 해체되었고 로마를 중심으로 한 로마연합이 탄생했다.

제2차 포에니전쟁을 일으켰던 한니발은 로마를 무너뜨리기 위해서는 주변 도시국가들이 로마에 등을 돌려야 한다고 생각했다. 그는 직접 로마를 공격하지 않고 동맹시들을 공격했다. 이들을 어르고 달래는 한편 말을 듣지 않으면 무참히 짓밟으면서 로마와의 관계 단절을 요구했다. 포로로 잡은 사람 중에서도 로마 시민은 노예로 팔아 버렸지만, 동맹시 병사들은 아무런 대가 없이 돌려보내면서 고향 사람들을 설득하라고 주문했다. 그러나 이러한 노력의 성과는 정말 보잘것없었다. 로마군이 한니발에게 연전연패를 당할 때도 동맹시들은 의리를 지켰다. 한니발은 점점 난처해졌다.

우리는 로마의 동화정책을 보며 몇 가지 궁금증을 가지지 않을 수 없다. 도대체 목숨을 걸고 싸웠던 적군을 어떻게 시민으로 받아들일 수 있을까? 그 나라와 동맹 관계를 맺는 것이 어떻게 가능할까? 한때 적이었던 사람들을 지도자로까지 추대한 사실은 어떻게 이해해야 할까? 동맹시들이 끝내 한니발에게 동조하지 않은 것은 도대체 무슨 이유일까? 아마도 로마가 언젠가는 한니발을 꺾을 수 있을 것이라고 믿었기 때문은 아닌 것 같다. 왜냐하면 로마의 회생 가능성이 전혀 보이지 않을 때도 동맹시들은 대체로 로마를 배반하지 않았기 때문이다. 어쩌면 로마가 한니발에게 완전히 져서 멸망할 때도 동맹시들은 여전히 로마를 지지했을지 모르는 일이다.

이러한 일이 가능한 것은 단지 로마인들의 성격이 호탕하거나 아량이 넓었기 때문은 아닌 듯하다. 왜냐하면 로마 역시 관대하게 대했던 나라와 민족이 배반을 했을 때는 아주 잔인하게 복수를 했기 때문이다. 라틴동맹을 깨고 로마 중심으로 주변 도시들을 재편하는 과정이나, 제3차 포에니전쟁을 전후로 카르타고와 마케도니아, 코린트와 누만티아에 대한 로마의 대응방식을 보면 로마인들의 성격을 알 수 있다. 그렇다고 로마인들이 알렉산더 대왕처럼 처음부터 보편제국을 꿈꾸었기 때문이라고 보기도 어렵다. 이 시기의 로마는 공화정이었을뿐더러 구성원도 다양했기 때문에 사상적인 면에서 일관성과 통일성을 갖기도 어려웠다. 또한 이러한 설명은 승리를 거둔 로마의 입장일 뿐이지, 전쟁에서 패하고 로마로 편입된 이민족의 입장이나 한니발에게 협박과 회유를 받으면서도 로마를 배반하지 않았던 동맹시들의 입장을 설명해 주지는 못한다.

한번 상상해 보자. 사비니족이나 알바 롱가, 그리고 에트루리아와 삼니움족 등은 로마인들과 죽고 죽이는 전쟁을 벌였다. 자신들의 가족은 죽었고, 고향은 전쟁으로 황폐해졌다. 비록 로마로 편입되었지만, 이민족들에게 그 분노와 적개심은 쉽게 사라지지 않았을 것이다. 로마인들도 마찬가지이다. 이들을 노예가 아닌 자신들과 동등한 입장이나 동맹의 일원으로 받아들이는 것은 갈등의 씨앗을 심는 일이기도 했다.

그런데 놀랍게 로마는 이러한 갈등이 내전이나 내란으로 치달은 적이 없다. 물론 공화정 중반 이후로 내전과 갈등이 있었지만, 이는 엄연히 경제적인 측면과 권력 때문이었지 이민족이 로마에 융화되지 못했기 때문은 아니었다. 요즘에도 흔하디흔한 인종이나 종족 간 갈등이 없었다는 것이다. 아니 정확히 말하자면 갈등은 있었겠지만 이것이 사회적 문제가 되지는 않았다. 이 모든 일이 가능했던 이유는 함께 전쟁에 참여해서 싸웠기 때문이다. 이에 대해서 시오노 나나미는 『로마인 이야기』 2권에서 이렇게 말한다.

> 후세의 우리는 할리우드에서 제작된 영화의 영향을 받아서, 로마군이라면 오직 로마인만으로 구성되어 있고, 싸우는 것도 그들뿐

이었다고 생각하기 쉽다. 그런데 로마인만큼 타민족을 자국 군대에 참여시켜 그들과 함께 싸운 민족도 없다. 물론 로마인이 병권을 계속 장악한 것은 사실이다. 또한 로마 시민병이 주력이었던 것도 사실이다. 그러나 로마군은 '다국적군'인 것이 보통이다. 그 첫 번째 이유는 병역 해당자인 로마 시민권 소유자, 즉 17세부터 60세까지의 로마 시민이 이 시기에도 30만 명이 안 될 만큼 적었기 때문이다. 두 번째 이유는 공동의 적과 맞서는 과정에서, 동맹국 국민들의 마음에도 로마와의 운명공동체 의식이 싹트기를 기대했기 때문이다.

라틴동맹이 로마를 중심으로 재편된 것은 기원전 338년부터였다. 제2차 포에니전쟁이 발발하기 전까지 대략 120년의 시간 동안 로마의 전쟁에서 동맹시들은 중요한 자원이었다. 함께 전쟁에서 싸우고 피를 흘리면서 서로 간의 반목과 갈등은 사라지고 그녀의 말처럼 '운명공동체' 의식이 싹텄을 것이다.

이를 지나친 논리의 비약이라고 따질 사람들도 있겠으나, 심리학자들의 연구 결과를 보면 전쟁이 집단 간 갈등을 얼마나 효율적으로 해결할 수 있는지 알게 된다.

실험으로 알아보는 집단 내 갈등과 대립

1954년 여름, 남자 초등학생들이 버스를 타고 로버스 케이브 야영장에 도착했다. 이 아이들이 야영장에 온 것은 단지 여름방학 활동을 위해서가 아니라, 사회심리학의 선구자 쉐리프(Muzafer

Sherif)와 그의 동료들이 계획한 연구에 참가하기 위해서였다. 이들은 집단의 형성 과정과 집단 간 갈등에 관심이 있었다. 사회심리학이라는 분야는 사람의 마음과 행동을 사회적 상황에서 알아보는 것으로, 실험실 연구나 설문 연구로는 한계가 있어서 종종 사람을 대상으로 실험을 한다. 이들은 구체적으로 다음과 같은 가설을 세웠다. 가설은 연구 문제에 대한 잠정적 결론으로, 연구 결과를 예측하면서 연구의 방향과 틀을 잡아 주는 역할을 한다.

가설 1. 서로 모르는 사람들에게 공동의 목표를 제시하고 함께 노력할 것을 요구했을 때, 그 집단에 위계가 생기고 역할과 규범(규칙)이 형성될 것이다.

가설 2. 이렇게 형성된 두 집단이 경쟁 상황에서 맞붙어 좌절을 겪는다면, 다른 집단에 대해서는 적대적인 태도와 행동을 보이지만 자신의 집단에 대해서는 유대감이 더욱 강해질 것이다.

연구팀은 연구에 참가할 만한 아이들을 선발하기 위하여 학교 교사와 면담을 하고 학업성적과 가족배경을 조사했으며 행동도 관찰했다. 이 모든 절차는 연구 결과의 객관성 확보와 일반화를 위한 것이다. 사람을 대상으로 하는 심리학 연구에서는 연구에 참가하는 개인의 특성이 너무 강할 경우에 연구 결과를 일반화하기 어려울 수 있기 때문에 여러 측면에서 일반적이고 평범한 사람들을 선택한다. 그 결과 연구에 참가하게 된 아이들은 22명의 남자아이들이었다. 모두 미국 오클라호마에 소재한 여러 학교에서 뽑힌 5~6학년이었다. 이들의 가족배경은 백인 중산층 가정에 종교는 개신교였다. 그리고 학업성적도 좋은 편이었으며 IQ의 중앙값은 112였다. 즉, 새로운 환경에 적응하는 데 큰 문제가 없는 아이들로서 캠프 진행 요원으로 가장한 연구자들이 다룰 수 있는 평범한 아이들이었다.

당연히 미성년자인 아이들을 실험에 참가시키기 위해서 연구자들은 부모에게 동의를 얻었으며 집단 연구를 위해서 실시되는 캠프라고 알려 주었다. 그러나 아이들에게는 실험과 관련해서 어떠한 이야기도 해 주지 않았고 아이들은 그저 야영장에서 3주 동안 여름 캠프에 참여하는 것이라고만 알고 있었다.

사실 연구자들은 평범한 캠프처럼 보이는 이 연구를 3단계에 걸쳐 진행하기로 계획을 세워 놓고 있었다. 1단계는 서로의 존재를 모르는 두 집단이 각각 위계와 자기들만의 규범(규칙)을 형성하도록 하는 것이고, 2단계는 두 집단이 서로의 존재를 파악하고 경쟁을 통해 집단 간의 갈등을 일으키는 것이다. 마지막 3단계는 적대적으로 변한 두 집단 간의 갈등을 해소하기 위하여, 한 집단만의 힘으로는 해결할 수 없고 두 집단이 함께 힘을 합쳐야만 해결할 수 있는 목표를 제시한다.

1단계 연구자들은 아이들의 심리적·신체적·사회성 측면에서 어느 한 집단에 몰리지 않도록 11명씩을 고르게 섞었고, 처음에는 완전히 분리된 야영장에 들어가도록 했다. 연구자들은 첫 1주 동안 두 집단의 아이들이 서로 만나지 않도록 하기 위하여 가운데에 펜스를 쳐 놓고 '접근 금지'라는 안내 표지를 설치했다. 이들은 자기 집단의 이름을 각각 방울뱀과 독수리로 정했으며 이를 그림으로 그려서 깃발도 만들었다. 그리고 캠프 프로그램에 따라서 수영과 야구 등 다양한 활동을 했다. 그러는 동안 누가 시키지 않아도 자연스럽게 집단 내에서 위계질서(서열)가 발생했으며, 나름의 규칙과 역할이 정해졌다. 시간이 지날수록 집단의 응집력은 증가하여 '우리'라는 말을 빈번하게 사용했다.

2단계 첫 주가 지나면서 방울뱀팀은 자신들 이외의 누군가가(독수리팀) 야구경기를 하고 있음을 알게 되었다. 이때 방울뱀팀의 아이들은 "저 녀석들이 우리 운동장에서 놀고 있어!" 혹은 "우리 수영장에 들어가기만 해 봐라."라고 말했다. 비슷한 나이 또래의 아이들인데도 '우리 대 그들'로 인식하고 있다. 연구자들은 독수리팀에게도 야영장에 다른 팀이 있음을 알려 주었다. 그러면서 앞으로는 야영장을 함께 사용해야 한다고 공지했다.

아이들은 본격적으로 상대팀을 의식하기 시작했다. 그러면서 연구자들에게 상대팀과 시합을 하게 해 달라고 요구했다. 경쟁 상황은 연구의 목적이기도 했기 때문에 연구자들은 흔쾌히 허락했다. 시합이 시작되는 날 아이들이 아침식사를 하기 위하여 식당에 들어섰다. 식당에는 메달과 트로피, 그리고 11개의 캠핑용 칼이 있었고, 연구자들은 경기 결과를 종합하여 이긴 팀에게 선물을 주겠다고 약속했다. 아이들은 순간 비장해지기까지 했고 매 경기마다 정말 최선을 다했다.

두 팀은 모두 10번 맞붙었다. 야구경기 3번, 줄다리기 3번, 텐트 빨리 치기 3번, 미식축구 1번. 이 시합들은 승패가 확실히 결정되는 것으로, 한 집단의 승리는 다른 집단의 좌절로 이어졌다. 두 집단의

경쟁이 계속될수록 서로에 대한 적대감이 자라났고, 동시에 각 집단의 소속감과 유대감도 커져 갔다.

첫 번째 줄다리기 시합의 승자는 방울뱀팀이었다. 경기에 진 독수리팀 중에는 분에 못 이겨서 눈물을 흘리는 아이들도 있었다. 경기에서 지고 숙소로 돌아가는 길에 방울뱀팀의 깃발이 운동장에 걸려 있는 것을 본 아이들은 깃발을 내려서 발로 밟기 시작했고, 그 중 한 명이 찢으려고 했다. 그때 누군가 태워 버리자고 말했고, 이에 너 나 할 것이 동의했다. 이 일로 방울뱀팀은 복수를 하기 위해 독수리팀의 숙소에 쳐들어가서 모기장을 뜯어내고 개인 물건을 집어 던졌다. 급기야 두 팀 사이에 온갖 욕설과 고성, 주먹다짐이 오가고 연구자들이 나선 뒤에야 싸움은 끝이 났다.

3단계 정체감이 명확한 두 집단이 경쟁상황에서 갈등과 대립을 보일 것이라는 연구자들의 가설은 정확히 들어맞았다. 이대로 실험을 끝낸다면 실험이 아이들에게 자칫 상처와 갈등만 심어 줄 수도 있는 상황이었다. 연구자들은 두 집단이 서로 화해할 수 있도록 하기 위해 함께 식사하기, 영화 보기, 폭죽 쏘아 올리기 등 7가지 활동을 도입했다. 이른바 접촉 가설(Contact Hypothesis)에 근거한 활동들이었다. 접촉 가설이란 서로 반목하는 두 집단이 주기적으로 상호작용을 하면 서로에 대한 편견과 오해가 사라진다는 것이다. 그러나 어떻게 된 일인지 이 가설이 두 집단에서는 적용되지 않았다. 오히려 접촉할수록 두 팀의 아이들은 욕을 하거나 신체적인 충돌을 일으키곤 했다. 식당에서는 음식을 던지면서 싸우기도 했다.

접촉 가설
갈등이 있는 집단이 서로 접촉하면 갈등이 줄어들 것이라는 이론이다. 그러나 여러 실험을 통하여 단순한 접촉은 오히려 갈등을 악화시키기도 한다는 사실이 밝혀졌다. 접촉이 성공적이기 위해서는 반드시 상위 목표를 향해 함께 협력해야 한다.

연구자들은 단순한 접촉은 오히려 갈등을 증폭시킨다고 생각하여 새로운 상황을 설정했다. 물탱크에서 야영장으로 물을 공급하는 파이프의 밸브를 고장 나게 하고서는 아이들을 불러 모아서 부탁을 했다. 물이 나오지 않는데, 아무래도 파이프의 밸브가 고장 난 것 같으니 고장 난 밸브를 찾아 달라는 것이었다. 야영장에 물이 나오지 않으면 모두가 고통스럽기 때문에 아이들은 고장 난 밸브를 찾기 위하여 함께 노력했다. 또 다른 과제도 있었다. 재미있는 영화를 보려면 비디오 대여비가 필요하니 각자의 돈을 조금씩 모으도록 했다. 또 식재료 구입을 하러 나가다가 진흙구덩이에 빠져 버린 트럭을 줄에 매달아 함께 끌어올리도록 했다.

이처럼 집단이 협동해야 하는 공동의 목표, 즉 상위 목표를 제시하고 아이들이 함께 노력하여 성공적인 결과가 나타나자 두 집단의 갈등은 사라지기 시작했다. 아이들은 함께 문제를 해결하고 즐거 위하면서 점차 친밀한 사이가 되었다. 이전의 활동들은 서로 협동할 필요가 없는 단순한 접촉이었고, 결국 서로에 대한 악감정들이 증폭되었던 것과 비교하면 매우 중요한 발견이었다. 시간이 흘러서 3주간의 캠프가 끝났을 때는 더 이상 아이들에게 아군과 적군의 구별이 없었다. 그들은 이미 '우리'였다.

전쟁이 주는 또 하나의 이득

집단 간 갈등의 주요한 원인은 범주화(categorization)이다. 우리 대 그들, 아군 대 적군, 여당 대 야당, 진보 대 보수 등 집단을 서로 구분하는 것만으로도 갈등이 발생한다. 초등학교 시절 가을 운동회를 생각해 보면 알 수 있다. 평소에 옆 반 친구들과 잘 지내다가도 운동회 연습을 하면서 청군과 백군으로 나뉜 것을 알게 되면, 그때부터 상대방을 이름으로 부르지 않고 "멍청한 청군!"이나 "백기 드는 백군!"으로 부르면서 눈을 흘기지 않았는가. 이처럼 범주화는 자연스럽게 갈등으로 이어진다.

범주화
우리는 세상을 볼 때 있는 그대로 보기보다는 효율적인 정보처리를 위하여 끊임없이 범주를 만든다. 이 범주화는 사람들을 향하기도 하는데, 이것이 편견과 갈등의 원인이 된다.

집단 간 갈등이 사라지기 위해서는 모두가 힘을 합쳐서 함께 문제를 해결하는 상위 목표가 주어져야 하는데, 로마에서는 전쟁이 상위 목표였다. 사실 전쟁은 상위 목표이기 전에 아군과 적군이라는 범주화를 일으키게 하는 원인이기도 하다. 그러나 전쟁 이후에 로마인들은 적군을 로마 시민으로 받아들였다. 그 이유는 로마인들이 세계 보편제국을 꿈꿨기 때문도 아니고 인권의 중요성을 알았기 때문도 아니다. 아주 현실적인 이유, 즉 살아남기 위해서는 많은 인구가 필요하다는 이유 때문이다. 현대에도 강대국이 되기 위한 조건 중 하나로 인구가 거론되지만, 고대에서는 이것이 절대적이었다. 사람이 곧 국부이자 국방이었다.

이런 측면에서 적은 수의 부랑자 집단으로 출발한 로마는 절대적으로 불리했고 적군을 시민으로 받아들이는 것이 최선의 선택이었다. 어느 정도 인구가 늘어난 후에도 한번 세워진 전통은 지속되었다. 그러나 이 방법은 잠재적인 사회 불안요소로 작용할 수 있다. 실제로 로마가 사비니족을 받아들였을 때 시민들은 자연스레 사비니계와 라틴계로 범주화되었다. 로물루스가 죽은 후 사비니계 로마인들은 2대 왕이 사비니족에서 나와야 한다고 주장하지 않았는가. 그러나 범주화가 집단 간의 반목과 갈등으로 번지지 않았던 이유는 바로 전쟁 덕분이었다. 마치 방울뱀팀과 독수리팀의 갈등이 상위 목표를 성공적으로 마쳤을 때 사라졌던 것처럼, 로마 시민 사이에 존재하는 적군과 아군의 구분, 토종과 혼혈, 원주민과 이주민의 갈등이 함께 힘을 합쳐야 할 전쟁을 치르면서 사라졌던 것이다. 당장 목숨이 걸린 전쟁보다 더 확실한 상위 목표가 어디에 있겠는가.

이후 심리학자들은 집단 간 갈등을 해결하기 위해서 상위 목표도 중요하지만, 상위 목표를 위해서 협동한 일의 결과도 중요하다는 사실을 밝혀냈다. 제아무리 협동을 하더라도 목표에 도달하지 못했거나 일의 성과가 실패로 끝나면 오히려 갈등이 심해질 수도 있다고 한다. 상위 목표가 성공적일 때만 집단 간 갈등은 사라지고, '우리 대 그들'이었던 집단의 범주화가 '우리'로 재범주화된다. 사비니계 로마인과 라틴계 로마인들이 함께 힘을 합쳐서 알바 롱가와의 전쟁에서 승리함으로써 '로마인'으로 재범주화되고, 다시 알바 롱가 출신과 로마인들이 함께 힘을 합쳐서 에트루리아 도시들과의 전쟁에서 승리함으로써 다시 '로마인'으로 재범주화되었다. 이러한 과정은 끊임없이 반복되었다. 플루타르쿠스는 『영웅전』에서 이렇게 말했다.

> 패자조차도 동화시키는 이 방식만큼 로마의 강대화에 이바지한 것은 없다.

로마가 강대국이 될 수 있었던 비결을 플루타르쿠스가 잘 지적하긴 했지만, 이것이 실제로 가능할 수 있었던 것은 끊임없는 전쟁, 그것도 승리로 끝나는 전쟁 때문이었다. 이런 측면에서 폴리비우스는 전쟁이 가져다주는 이득을 알고 있었다. 그는 기원전 390년 갈리아의 침공을 계기로 로마가 강성해지기 시작했다고 보고 있다. 안방을 야만인에게 내어준 충격적인 사건이 로마를 본격적인 강대국으로 발전시키는 자극제가 되었다. 이것은 단지 라틴동맹의 해체와 로마연합으로의 재편만을 의미하는 것은 아니다. 그보다 평민과 귀족이 갈등을 접고 협력하게 된 것이 중요하다.

갈리아의 침공으로 평민과 귀족의 갈등이 사라졌다는 것을 알 수 있는 단적인 예는 기원전 367년 제정된 리키니우스-섹스티우스법이다. 이 법은 모든 공직에 평민이 출마할 수 있다는 내용이다. 이러한 단합은 라틴전쟁을 승리로 이끌게 한 원동력이었고, 이탈리아 반도가 로마를 중심으로 재편되는 결과를 가져왔다.

전쟁이 국내의 갈등을 사라지게 하는 효과가 있음을 알고 있던 사람들은 역사상 의도적으로 이웃 국가와 부족을 침략하여 전쟁을 일으키기도 했다. 그렇다면 로마도 국내의 갈등 요소들을 무마하기 위해 의도적으로 전쟁을 치른 것은 아닐까? 그렇게 보기는 어려울 것 같다. 로마는 전쟁을 주도적으로 선동하고 전쟁을 통해 이득을 볼 절대 권력자나 지도자를 인정하지 않는 공화정 제도였기 때문이다. 그러나 전쟁이 주는 이득은 의도했든 의도하지 않았든 로마에 주어졌다.

이것은 로마가 모병제가 아니라 징집제였던 것과 관련이 깊다. 로마 시민들은 국방의 의무가 있었고 17세부터 60세까지의 남자들이 징집 대상이었다. 45세까지는 현역이었고 46세부터는 예비역이었다. 물론 군복무를 면제받는 사람들도 있었는데, 재산이 1만 1,000아스(as) 미만인 사람들이다. 이 금액은 당시에 대략 1만 제곱킬로미터(3,040평) 정도의 땅을 살 수 있는 금액이었다. 이 정도의 재산이 없는 사람들은 무산자(프롤레타리, proletari)로 인정받아 병역이 면제되었다. 오늘날 우리의 땅값을 생각해 본다면 저 기준은 쉽게 이해되지 않지만, 고대 사회에서는 땅을 구입하는 목적이 단지 농사를 위해서였으며 인구밀도 역시 높지 않았음을 고려해야 한다.

로마는 어느 정도 경제적 능력이 있는 사람들만 징집한다. 대부분 농업에 종사했기 때문에 오랜 기간 전쟁에 나가 있으면 생업을 유지할 수가 없다. 따라서 몇 개월씩 전장에 나가 있어도 먹고사는 데 심각한 문제가 없는 사람들만 징집을 한 것이다. 물론 로마의 영역이 넓어지고 빈부격차가 크게 벌어지면서 파산하는 시민들이 많았고, 이로 인하여 면제 대상자가 급격히 증가했다. 면제 대상자를 줄이고 징집 대상자 수를 유지하는 방법은 면제 기준을 낮추는 것이었다. 면제의 재산 기준은 기원전 146년경에는 6,400아스, 기원전 130년경에는 1,500아스까지 떨어진다.

경제적 능력이 있는 사람만 징집을 했던 또 다른 이유는 복무 중에 급여가 제공되지 않음은 물론, 전쟁에서 사용할 무기와 장비를 자비로 마련해야 했기 때문이다. 그나마 전쟁이 여름 몇 개월 동안만 지속될 때는 견딜 만했다. 사냥을 하거나 야생 열매 같은 것을 먹을 수도 있었고, 의복에도 크게 신경 쓰지 않을 수 있었다. 그러나 전쟁이 겨울까지 연장되는 일이 많아지면서 병사들의 고통은 심각한 수준이 되었고 이는 전력의 약화로 이어지곤 했다.

급기야 기원전 406년부터 무려 10년 동안이나 지속된 베이이 함락작전 때부터 병사들에게 급여를 주기 시작했다. 겨울에는 먹을 것도 부족했고 추위를 피할 수 있는 막사와 두꺼운 옷이 필요했기 때문이다. 그러나 급여를 넉넉하게 주지는 않았다. 전쟁에 반드시 필요한 장비를 구입하기에도 모자랄 지경이었다. 병사들에게 제공하는 급여는 복무의 대가가 아니라 복무에 필요한 경비였기 때문이다. 앞에서도 언급했듯이 동맹시의 병사들은 배식을 무료로 받기라도 했지만, 시민들은 이마저도 무료가 아니었다. 당연히 여기저기서 불만이 터져 나오고, 전쟁이 아니라 내란이 일어날 법한 상황이었다. 그러나 놀랍게도 로마의 병사들이 적은 급여에 불만을 갖고 폭동을 일으킨 적은 거의 없었다. 이에 대해 배은숙은 『강대국의 비밀』에서 이렇게 말한다.

급여를 많이 받는다고 잘 싸우는 것은 아니다. 카르타고, 히스파니아, 마케도니아, 시리아와 전쟁하면서 영토를 넓혀 나갈 때 병사들의 급여는 적었다. 사치라고는 전혀 모르는 소박하고 검소한 생활 속에서 로마군은 승리했다. 군 생활이 안락하고 편안한 생활의 연속이었다면 그만큼 전투 의지가 높았을 리 없었을 것이다. 돈의 액수와 전투력은 비례하지 않는다. 배부른 사자보다 배고픈 사자가 사냥에 더 목숨을 거는 법이다.

실제로 로마의 군사력은 세계 최강이었다. 로마와 전쟁을 벌였던 당시 유력한 나라들은 탄탄한 경제력에 근거하여 용병을 고용했다. 대표적인 예로 카르타고는 전쟁을 위하여 전문 군인인 용병을 모았다. 전쟁 기술에 있어서나 체력적으로 그리고 경험 면에서 보더라도 농사를 짓던 시민들이 모여 있는 로마보다는 더욱 전투 실력이 뛰어날 것이라고 예상할 수 있다. 그리고 돈을 받고 싸우기 때문에 더욱더 적극적으로 전쟁에 임하고 손쉽게 승리를 거두리라고 예상할 수도 있다. 그러나 결과는 정반대였다. 돈을 받고 싸웠던 용병들보다 돈을 받지 않거나 아주 적은 급여를 받았던 사람들이 전쟁에서 더욱 적극적이었다. 어떻게 이런 일이 가능할까?

심리학이 말하는 무보수의 유익

살아 있는 사람들은 끊임없이 활동한다. 말하거나 생각하고, 뛰거나 걷는다. 웃거나 울고, 집중하거나 딴청을 피운다. 긴장하고 경계하거나 이완하고 잠을 잔다. 사람은 한순간도 아무것도 하지 않을 수 없는 존재이다. 비록 겉으로 보기에는 활동하지 않는 것 같아도 머릿속에서는 엄청난 활동이 일어나고 있는 경우가 아주 많다.

이렇게 사람을 끊임없이 움직이게 하는 힘 혹은 원인은 과연 무엇일까? 사람들은 이를 본능(instinct)이라고 표현한다. 사랑을 하는 것도 본능, 잠을 자는 것도 본능, 아기를 돌보는 것도 본능, 배고픈 것도 본능이라고 한다. 심지어 다른 사람과 싸움을 하는 것도 자기 보호 본능이라고 한다. 초기의 심리학자들도 본능이라는 개념에 주목했다. 그러나 본능에 대한 일관된 정의가 없고 종류도 학자들마다 달랐다. 기능주의 심리학의 제임스(William James)와 초기 심리학에 많은 영향을 미쳤던 맥도걸(William McDougall)은 각각 본능이 13가지씩 있다고 주장했지만, 그중에서 일치하는 것은 4가지밖에 없었다.

본능
일반적으로 사람의 마음과 행동을 설명할 때 가장 빈번하게 사용하는 본능이라는 개념은 심리학에서는 더 이상 사용되지 않는다. 본능이라는 개념 자체가 모호할뿐더러, 본능이 단순히 어떤 현상을 지칭할 뿐 그 이유는 알려 주지 않기 때문이다.

본능이라는 개념이 가지고 있는 더 큰 문제점은 본능이 생물학적이고 유전적인 부분에 국한되면서 사람들의 다양한 행동을 설명하는 데 한계가 있다는 것이다. 예를 들어 누구에게나 성욕이 있고 아주 기본적인 욕구라는 측면에서는 본능이라고 할 수 있다. 그러나 개인의 경험과 학습, 문화에 따라서 성욕을 해결하는 방법이 사람마다 워낙 다르기 때문에 단순히 본능이라는 말로는 설명이 부족하다.

이러한 이유로 현대 심리학자들은 본능이라는 용어 대신 동기(motivation)라는 용어를 사용한다. 동기란 목적과 방향성이 있는 행동을 촉발하고 유지하는 가설적인 힘이라고 정의한다. 동기를 분류하는 방법과 기준은 학자들마다 조금씩 다르다. 그중 한 가지는 동기의 발생이 유기체 내부인지 외부인지에 따라 내재적 동기와 외재적 동기(extrinsic motivation)로 구분하는 방법이다.

내재적 동기가 1장에서 언급했던 호기심을 비롯하여 흥미와 재미, 성취감처럼 내부에서 일어나는 것이라면, 외재적 동기란 급료나 포상, 선물처럼 외부에서 제공되는 보상이나 강화(reinforcement)를 의미한다. 아침마다 만원버스와 지하철, 혹은 꽉 막힌 도로 때문에 괴로워하면서 출근하고, 출근해서는 하루 종일 상사에게 시달리거나 부하 직원 때문에 열 받고, 하루에도 열두 번씩 사표 쓸 생각에 마음이 복잡하면서도 직장이라는 굴레를 벗어 버리지 못하는 이유는 바로 돈 때문이다. 대표적인 외재적 동기라고 할 수 있다. 이렇게 주 5일을 버틴 직장인들 중에는 주말을 즐기겠노라고 각종 스포츠를 배우거나 가족들과 함께 교외로 나들이를 나가거나 자원봉사를 하는 경우가 많다. 어떻게 보면 이러한 활동들은 오히려 몸을 더욱 피곤하게 하고 돈을 더 많이 쓰게 만들지만, 그 누구 하나 얼굴을 찡그리지 않는다. 바로 내재적 동기 때문이다.

여기서 한 가지 궁금증이 생긴다. 내재적 동기와 외재적 동기 중에서 행동을 지속하게 하려면 어느 것이 효과적일까? 누군가에게 어떠한 행동을 시작하고 지속하게 하기 위해서 돈을 주는 것이 좋을까, 아니면 만족감과 흥미를 유발하도록 하는 것이 좋을까? 많은 사람들은 외재적 동기가 더 효과적일 것이라고 생각한다. 그러나 심리학자들의 연구 결과는 이와 반대이다.

미국 스탠포드 대학교의 레퍼(Mark R. Lepper)는 동료들과 함께 만 3세에서 5세 사이의 유치원 아이들을 대상으로 실험을 실시했다. 그들은 먼저 아이들에게 그림을 마음껏 그리도록 했다. 이때 한 집단의 아이들에게는 그림을 잘 그리면 선물을 주겠다는 약속을 먼저 했고, 두 번째 집단의 아이들에게는 약속 없이 그림을 그린 후에 갑작스럽게 보상을 주었으며, 마지막 집단의 아이들에게는 약속도 하지 않고 보상도 주지 않았다.

연구자들의 관심은 그 이후였다. 세 종류의 처치를 받은 아이들이 자유 놀이 시간에 어떠한 활동을 하는지 관찰했다. 자유 놀이 시간이니 아이들은 자신이 원하는 것을 마음껏 할 수 있었고, 보상을 받을 것이라고 예측할 만한 이유가 전혀 없었다. 어떤 처치를 받은 아이들이 이 시간에 그림을 많이 그렸을까? 아무래도 보상을 받은 아이들이 그림을 좋아하게 되어 자유 놀이 시간에도 그림을 그리지는 않았을까?

결과는 정반대였다. 표에서 볼 수 있는 것처럼 보상을 약속받고 그림을 그렸던 아이들은 자유 놀이 시간 중 대략 9퍼센트만 그림을 그리는 데 사용했지만, 처음부터 아무런 보상을 받지 않았던 아이들은 대략 18퍼센트 정도 시간을 할애했다. 그리고 그림을 그린 후

레퍼의 실험 결과.

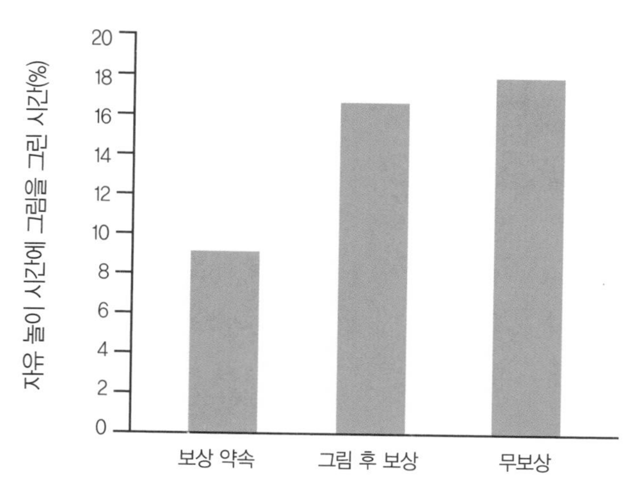

에 예상하지 못했던 보상을 받았던 아이들 역시 대략 17퍼센트 정도를 사용했다.

많은 부모들은 아이들에게 1시간 공부하면 얼마의 돈을 주겠다느니, 아니면 게임을 몇 시간 할 수 있도록 허락해 주겠다는 약속을 한다. 일종의 보상을 제시하는 셈이다. 이렇게 보상을 제시하면 아이들은 그 순간에는 열심히 한다. 왜? 보상을 받기 위해서. 그러나 이렇게 외부에서 보상이 주어지면 그 과제와 활동에 대한 흥미와 관심은 줄어든다. 외재적 동기가 내재적 동기를 감소시키는 것이다. 이 실험은 상당한 논쟁거리가 되었다. 왜냐하면 이전까지 심리학자들은 행동주의의 영향을 받아 행동을 증가시키기 위해서는 강화가 효과적이라고 생각했기 때문이다.

사람들은 자신의 행동에 대한 원인을 찾는 성향이 있다. 보상을 약속받은 아이들은 보상 때문에 그림을 그렸다고 생각하지만, 아무런 약속을 받지 않았던 아이들은 원인을 자신에게서 찾는다. 예를 들자면 자신이 그림을 좋아한다고 생각하는 것이다. 그리고 미세한 차이이긴 하지만, 아무런 약속 없이 갑작스럽게 보상을 받았던 아이들이 그림을 그리는 시간은 끝까지 보상을 주지 않은 경우보다 적었다.

이 연구 결과는 고대 전쟁에도 그대로 적용된다. 돈 때문에 전쟁에 나가는 용병들은 계속되는 전쟁에서 열심히 참여하지 않게 된다. 전쟁에 참가하는 목적이 돈 때문이니, 무사히 살아남아서 돈만 챙기면 그뿐이다. 그런데 전쟁에 열심히 참가하면 할수록 오히려 목숨을 잃고 돈을 못 받을 확률이 커지니 누가 열심이겠는가? 반면 로마 시민들은 돈을 위해서 전쟁에 참가한 것이 아니다. 기원전

406년부터 보수가 주어지긴 했지만, 이것은 생계 유지를 위해서 주는 최소한의 것이었지 전쟁을 위한 동기 유발인의 역할은 아니었다. 물론 전쟁에서 전리품을 얻을 때도 있었지만, 이것도 공화정 말기 이전까지는 아주 조금씩만 병사들에게 분배되었다. 게다가 전쟁의 목적이 전리품이 아니었기 때문에, 위의 실험에서 갑작스러운 보상을 받은 아이들과 같은 상황이었다. 결국 전쟁터에 나선 로마인들은 내재적 동기로 가득 찰 수밖에 없었고, 용병들보다 더욱 적극적으로 싸우는 상황이 벌어진 것이다. 이런 측면에서 동맹시 출신의 병사들도 크게 다르지 않았다.

그러면 직장에서도 월급을 주지 않으면 애사심이 살아날까? 그렇지는 않다. 이후의 연구에서 밝혀진 바에 따르면, 보상을 기대하지 않는 상황에서는 보상을 주지 않는 것이 좋지만, 보상을 기대하는 상황에서는 보상을 주는 것이 더 효과적이라고 한다. 직장을 가는 사람들은 당연히 보수를 기대하기 때문에 돈을 주지 않으면 파업을 하지 결코 애사심이 높아지지 않는다. 반면 학생들이 공부를 하는 것은 당연하므로 보상을 줄 필요가 없다.

전쟁에 대한 용병들의 동기(외재적)가 보수였다면, 로마인들의 동기(내재적)는 무엇이었을까? 그것은 시민으로서 나라를 위해 싸우는 것은 당연하다는 의무감과 애국심이었을 것이다. 여기서 한 가지 궁금증이 생긴다. 로마는 패자가 된 적군까지도 동화시켜서 함께 전쟁을 치르게 했다. 이 말은 여전히 로마에 반감을 가진 병사들도 로마군에 있었음을 의미한다. 자신들의 조국을 멸망시키고 가족과 친구를 죽음에 이르게 했던 로마를 위해서 싸울 때 과연 애국심이라는 내재적 동기가 작동할 수 있었을까?

마음과 행동은 언제나 일치할까?

사회심리학자인 페스팅거(Leon Festinger)와 칼스미스(James M. Carlsmith)는 1956년 스탠포드 대학교에서 심리학 수업을 듣고 있는 학부생을 대상으로 실험을 했다. 실험의 목적은 과제의 수행을 측정하는 것이고, 1시간의 과제 수행 이후에 인터뷰를 해야 한다고 알려 주었다.

실험에 참가한 학생들이 수행해야 할 과제는 의미 없이 반복적인 것이었다. 첫 과제는 12개의 실패를 하나씩 선반 위에 올려놓고, 모두 올려놓은 다음에는 다시 하나씩 밑으로 내려놓고, 또다시 올려놓는 식이었다. 30분 후에 두 번째 과제가 주어졌다. 다음 과제는 판에 꽂혀 있는 48개의 나무 펙을 하나씩 빼서 시계방향으로 돌린 후 다시 꽂는 것이었고, 첫 과제와 마찬가지로 시간이 될 때까지 무한정 반복해야 했다. 두 과제 모두 한 손으로만 해야 했고, 빨리 할

필요 없이 그저 자신의 페이스에 따라 하면 된다고 알려 주었다.

1시간 동안의 지루한 과제를 마친 후에 일부 참가자들은 바로 인터뷰에 참가하고 실험을 끝냈지만, 일부 참가자들은 인터뷰 전에 실험자에게 부탁을 받았다. 대기실에서 기다리고 있는 다른 참가자들에게 이 과제가 재미있고 흥미로울 거라고 말해 달라는 것이었다. 이 역할을 해야 할 실험자가 지금 자리를 비웠다면서, 대신 연구를 도와주는 대가로 20달러 혹은 1달러를 주겠다고 했다. 부탁을 받은 참가자들은 실행에 옮기고 약속된 금액을 받았다.

실험자의 부탁대로 '거짓말'을 한 참가자들(20달러, 1달러)은 마지막으로 인터뷰에 응했다. 물론 실험자의 부탁을 받지 않았던 참가자들은 과제 후에 바로 인터뷰에 응했다. 인터뷰 질문은 총 네 가지였고, 질문에 대하여 일정한 범위 안에서 점수를 매기면 되었다.

과제의 흥미도: "과제를 얼마나 재미있게 즐기면서 했습니까?" (−5점에서 +5점까지)

실험의 유익성: "당신의 능력을 알 수 있는 기회가 되었습니까?" (0점에서 10점까지)

과학적 공헌: "이 실험이 정말 중요한 것을 측정했다고 생각합니까?" (0점에서 10점까지)

재참가 의향: "이와 비슷한 실험에 다시 참가할 의향이 있습니까?" (−5점에서 +5점까지)

실험의 결과를 보기 전에 한번 예측을 해 보자. 너무 지루한 과제였지만 어떤 이들은 거짓말을 한 후에 1달러나 20달러를 받았다. 또 어떤 이들(통제집단)은 거짓말과 보상 없이 바로 인터뷰에 응했다. 세 집단 중에 어느 집단이 실험을 가장 긍정적으로 평가했을까? 거짓말을 했지만 꽤 큰 보수(지금의 100달러와 맞먹을 정도)를 받았던 20달러 집단일까, 아니면 비교적 실험을 빨리 끝냈던 통제집단일까, 그도 아니면 거짓말을 했는데도 보잘것없는 보수를 받았던 1달러 집단일까? 대부분의 사람들은 보수를 많이 받았던 20달러 집단이나 지겨운 실험을 가장 빨리 끝냈던 통제집단이 그래도 실험에 호의적이고, 1달러를 받은 집단은 실험에 대해 가장 안 좋은 평가를 내릴 것이라고 추측한다. 그러나 결과는 정반대였다.

표에서 알 수 있는 것처럼 놀랍게도 지루한 과제와 거짓말까지 하고 겨우 1달러를 받았던 집단은 20달러 집단이나 통제집단보다 실험의 유익성만 낮게 나타날 뿐, 과제의 흥미도, 과학적 공헌, 재참가 의향에서 높은 수치를 기록하고 있다. 1달러 집단의 답변은 통계적으로도 다른 집단보다 유의미했다. 그러나 통제집단과 20달러를 받은 집단의 차이는 유의미하지 않았다.

왜 이런 일이 발생했을까? 우리는 일반적으로 마음(태도)에 따라서 행동을 결정하기 때문에, 이 둘은 언제나 일치하며 마음이 행

페스팅거의 실험 결과.

	실험 조건		
인터뷰 질문	통제집단	1달러 집단	20달러집단
과제의 흥미도(−5∼+5)	−.45	+1.35	−.05
실험의 유익성(0∼10)	3.08	2.80	3.15
과학적 공헌(0∼10)	5.60	6.45	5.18
재참가 의향(−5∼+5)	−.62	+1.20	−.25

동의 원인이 된다고 생각한다. 그러나 심리학자들은 마음과 행동이 일치하지 않기도 하며, 때로는 행동에 따라서 마음을 고쳐먹는다고 말한다. 바로 이 실험이 그런 경우다.

이 실험에 참가한 모든 사람들은 과제를 지루하고 재미없다고 느꼈다. 그런데 실험자의 부탁을 받은 사람들은 거짓말까지 하게 됨으로써 실험에 대한 태도와 행동 간에 불일치를 느꼈다. 너무 지루하고 짜증나는 실험(태도)에 참가한 것은 물론 실험자의 부탁으로 거짓말(행동)까지 했으니 당연히 마음이 편하지 않을 것이다. 이때 20달러를 받은 사람들은 자신의 행동에 대한 합리화가 일어났다. 다시 말해 지루한 과제와 연구자의 부탁에 응했지만, 돈을 받고 한 일이니 그럭저럭 괜찮다고 여기는 것이다. 따라서 과제와 실험에 대한 태도가 변할 필요가 없었다. 과제는 지루했으며, 실험은 별로 유익하지 않았고, 과학적으로도 대단한 것 같지 않고, 다시 참가할 의향도 별로 없다고 보고했다. 그리고 통제집단은 거짓말을 하지 않았기 때문에, 실험에 대한 평가가 20달러를 받은 집단과 비슷했다.

그런데 1달러를 받은 사람들은 달랐다. 태도와 행동의 불일치와 부조화 때문에 마음이 편치 않았다. 마치 싫어하는 음식을 억지로 먹거나, 싫어하는 사람과 하루 종일 데이트를 했을 때의 기분과 비슷할 것이다. 이런 상황에서 1달러는 전혀 위안이 못 된다. 사람들은 불편한 마음을 계속 가지기보다는 조화되지 않는 태도와 행동 중 하나를 바꾸어서 일치와 조화를 추구하려고 한다. 대부분의 경우 행동은 돌이킬 수 없으니, 눈에 보이지 않는 마음과 태도를 바꾸게 된다. 따라서 이 실험의 경우에도 1달러를 받았던 참가자들은 실험에 대한 태도를 매우 긍정적이고 호의적으로 바꾼 것이다. 이처럼 태도와 행동의 부조화가 발생했을 경우, 둘 중의 하나를 바꿈으로써 부조화를 극복하려는 일련의 시도를 가리켜서 인지부조화 이론(Cognitive Dissonance Theory)이라고 한다.

인지부조화 이론
사람은 불일치보다는 일치, 비일관성보다는 일관성을 추구한다. 그래서 자신의 태도와 행동이 불일치할 때, 자신의 감정과 생각이 일관되지 않을 때 불편함을 느낀다. 이 불편함을 해소하기 위하여 때로는 우리의 마음을 바꾸기도 한다. 어떻게 보면 비겁한 행동이지만, 다르게 보면 매우 적응적이라고 할 수 있다.

이 이론은 로마군 안에 존재했던 불평분자 혹은 패전국 출신의 병사들에게도 적용할 수 있다. 만약 불일치가 존재할 때 많은 급여를 준다면 굳이 로마에 대한 태도를 바꾸지 않겠지만, 로마에 소속된 병사들의 급여는 적을 수밖에 없다. 동맹시 병사들은 로마 시민보다는 많은 급여를 받지만, 다른 나라에서 용병에게 주는 급여에 비하면 턱없이 적다. 이런 측면에서 전쟁은 참가하는 모든 사람들, 즉 기존 로마 시민은 물론 적군 출신 병사들에게도 행동에 걸맞은 태도인 애국심을 불러일으킨다.

우리는 대부분 부모나 학교, 국가에 불만을 가지기 쉽다. 그러나 불만을 가지면 가질수록 심리적 부조화와 괴리감을 느낄 수밖에 없다. 이러한 불편한 감정을 해소하기 위해서 부모를 바꿀 수도, 학교를 바꿀 수도, 국가를 바꿀 수도 없다면, 태도를 바꾸는 수밖에 없다. 물론 대학의 경우에는 편입을 하거나 다시 대입 준비를 해서 원하는 학교로 갈 수도 있고, 나라가 싫으면 다른 나라로 이민을 갈 수도 있다. 그리고 부모가 싫으면 부모를 등지기도 한다. 이 역시 부조화를 해결하기 위한 시도이다. 그러나 현실적인 상황을 변화시키려는 시도보다는 태도를 바꾸는 편이 더 빠르고 쉬운 선택일 수 있다. 그래서 마음과 태도를 바꾸는 경우가 더 보편적이다. 무보수나 적은 급여를 주고도 로마가 전쟁을 지속할 수 있었던 이유는 로마 병사들이 모두 로마 시민이었기 때문이다.

그런데 전쟁이라는 것은 단지 애국심만 높다고 이기는 것은 아니다. 적은 보수로 애국심이 높아진다고 한들 대부분의 시민들은 농사꾼이었다. 물론 공화정 후기부터 로마의 군대에도 직업군인의 개념이 도입되지만, 그 전까지는 파트타임 군인이면서 주업은 농사였다. 이런 측면에서 로마의 연전연승은 쉽게 이해하기 힘들다. 전쟁에서 가장 중요한 것은 싸움의 기술이 아니던가. 그렇다면 농민들이 힘을 합쳐 직업군인을 이길 수 있었을까? 초보자가 전문가를 이기는 이유, 양이나 치던 다윗이 전장에서 잔뼈가 굵은 골리앗을 이기는 이유는 무엇일까?

끊임없는 변화로 승리를 만들어 내다

로마 하면 떠오르는 것 중의 하나는 닭 벼슬처럼 빨간 술이 달려 있는 투구를 쓴 로마 군인들이다. 할리우드 영화에서 자주 볼 수 있는 이 투구는 갈리아 형 투구인데, 로마군에서 사용한 것은 기원전 1세기 후반부터라고 한다. 이전에는 꼭대기가 뾰족한 몬테 포르티노 형 투구나 깃털 장식이 가능한 에트루리아-코린트 형 투구를 주로 사용했다고 한다. 투구의 이름들은 모두 로마가 대결을 펼쳤던 이민족들에서 유래한 것이다. 로마가 전쟁을 통해서 받아들인 것은 사람뿐만이 아니다. 적군이 사용하던 투구나 방패 등 자신들의 것보다 좋은 것은 무엇이든 받아들였다. 단순한 모방에 그친 것이 아니라, 그것을 좀 더 발전시키고 자신들에게 맞게 조절하는 데 있어서 로마군은 최고 수준이었다.

전투대형도 그랬다. 로마는 처음에 뚜렷한 대형 없이 전쟁을 치렀다. 무조건 '돌격 앞으로!'였다. 각자가 준비해 온 무기를 가지고, 적에게 달려가면서 각개전투를 펼치는 것이다. 그러나 에트루리아인들과 전쟁을 하면서 로마군은 한계를 느꼈다. 로마인들은 문제를 파악하고 대처하는 능력이 빨랐다. 그래서 에트루리아인들의 전쟁방식에서 자신들의 패인을 찾았다. 상대가 밀집대형 전술을 사용하고 있었기 때문에 각개전투 수준의 로마 군인들이 비집고 들어갈 수가 없었다. 밀집대형은 병사들이 한 덩어리로 뭉쳐서 적을 향해 돌진하는 식이었다. 앞과 옆에서는 방패로 막고, 그 후미에서는 창과 돌로 공격하기 때문에 로마 군인들은 에트루리아 병사들과 제대로 된 싸움도 못 해 보고 죽거나 도망갈 수밖에 없었다.

남부 메소포타미아 지역의 국가들이 최초로 사용한 이 전술은 이집트와 소아시아, 그리스는 물론 에트루리아에도 전파되었다. 로마는 밀집대형을 받아들이기로 하고 6대 왕인 세르비우스가 군제 개혁을 단행한다. 밀집대형을 위해서는 중무장 보병이 필요했기 때문이다. 로마 시민들을 재산에 따라 5등급으로 구분하고, 각 등급마다 그에 걸맞은 무장을 요구했다. 이로써 시민들은 재산에 따라서 장비와 전투 위치가 달라졌고, 로마도 에트루리아인들처럼 중무장 보병을 중심으로 밀집대형이 가능해졌다.

밀집대형 덕분에 로마는 많은 전쟁을 승리로 이끌 수 있었다. 그러나 갈리아족이나 삼니움족처럼 기동력이 뛰어난 민족과 싸울 때는 밀집대형의 한계성이 드러났다. 이들은 예전의 로마처럼 각개전투 방식을 사용하되 적을 만나면 조금도 주저하지 않고 곧바로 공격했다. 반면 로마 병사들은 밀집대형을 구사하기 위하여 무기를 들고 자신의 위치를 찾느라 시간을 끌다가 기습공격에 번번이 당했다. 이에 더하여 밀집대형은 일부 대열의 패배가 전체대형의 붕괴로 나타난다는 치명적인 약점이 있었다.

밀집대형의 약점을 간파하고 중대 편제로 바꾼 사람은 카밀루스였다. 전체 병사들이 동시에 돌진하는 것이 밀집대형이라면, 중대 편제는 경보병과 장창 부대, 주력 부대로 나뉘어서 순차적으로 공격하고 물러나는 식이었다. 밀집대형의 중심은 상당한 재산을 가진 사람들, 즉 중무장 보병이었다. 4, 5등급의 가난한 사람들은 밀집대형의 뒤를 따라다니는 식이었는데, 중대 편제로 바꾸면서 이들을 경보병으로 탈바꿈시켰다. 이들의 역할은 대형의 제일 앞에서 본격적으로 전투를 하기 전에 적을 향해 창과 돌을 던지는 것이었다. 그 다음에 상황에 따라서 기병이나 장창 부대 등을 투입했다. 이러한 방식은 일부 대열의 파괴가 전체 대형의 붕괴로 이어지지 않으며, 순차적으로 나서기 때문에 얼마든지 유연하게 공격할 수 있었다. 이전까지는 백인대와 군단으로 이루어졌던 편제는 백인대와 중대, 군단으로 개편했다. 카밀루스의 이러한 시도는 매우 효과적이어서 삼니움족이나 갈리아족을 상대하여 좋은 성과를 거두었다.

그러나 병법의 천재 한니발을 상대하면서 로마는 중대 편제를 한층 발전시켰다. 한니발은 각 부대를 전투 상황에 따라 유기적으로 활용했다. 마치 장기를 두듯이 전체 상황을 파악하여 기병과 보병, 중무장 보병 부대를 적재적소에 배치했다. 당연히 로마는 연전연패했다. 한니발의 전략을 보여 주는 대표적인 전투가 로마 병사들을 포위 섬멸했던 칸나이 전투였다. 이 전투에서 겨우 살아남은 대스키피오는 전략의 필요성을 몸으로 체험했고, 이후에 자마 전투에서 뛰어난 전략으로 한니발을 이기게 된다.

중대 편제는 이후 마리우스(Gaius Marius, BC 157~86) 때 대대 편제로 바뀐다. 원래 중대 편제는 병사들이 재산에 따라서 준비해야 하는 무기와 장비가 달랐다. 그런데 공화정 말기로 갈수록 빈부격차가 심해지면서 무산자들이 많아졌고, 이들이 군대에 지원하면서 무기와 장비를 준비할 수 없는 병사들의 수가 늘어났다. 그러자 이들을 효율적으로 끌어안기 위해 대대 편제로 바꾼 것이다. 이러한 현실적 이유 외에도 중대 편제를 대대 편제로 바꾼 이유는 기병을 앞세운 누만티아와 유구르타(Iuguruta, 누미디아 왕)와의 전쟁에서 얻은 교훈 때문이었다. 중대 편제는 각 부대의 역할이 명확하기 때문에 지휘관의 지시에 따라서 움직여야 했다. 여기에는 시간과 장소의 제약이 많이 따랐다. 그러다가 중대를 3개씩 묶어 대대를 만들자 더욱 유연하고 탄력적인 전술을 펼 수 있었다.

이처럼 로마군의 가장 큰 장점은 뛰어난 모방력과 적응력이었다. 이는 기존의 틀을 고수하지 않는 유연성과 연관이 있으며, 이 유연성 덕분에 그들은 이기는 전쟁을 하기 위하여 다양한 시도를 할 수 있었다. 그중 대표적인 것이 제1차 포에니전쟁을 승리로 이끌었던 '까마귀(corvus)'이다. 본디 농경민족이었던 로마인들이 해상민족인 카르타고와 해전을 벌인다는 것 자체가 불가능한 일이었다. 해전에서 카르타고에 번번이 패하자, 당시 집정관이었던 두일리우스(Gaius Duilius)는 까마귀를 고안해 낸다. 까마귀는 배 위에 설치하여 360도 회전이 가능한 일종의 교각이다. 적군의 배가 가까이 왔을 때 까마귀를 풀어 버리면 맨 앞쪽의 갈고리가 상대 배의 갑판에 박히고, 이로써 두 배 사이를 오갈 수 있는 다리가 놓인다. 까마귀를 통하여 로마의 주력 부대인 중무장 보병들이 카르타고 배로 건너가서 백병전을 펼치니 승리는 당연히 로마의 것이었다. 이 전략으로 로마는 기원전 260년 밀라이(Mylae) 해전에서 대승을 거둘 수 있었다. 그러나 까마귀는 다리의 무게와 다리를 건너는 병사들의 무게로 인해 배가 한쪽으로 기울어져서 침몰할 가능성이 있기 때문에 곧바로 폐기되었다. 어찌 되었든 이 기발한 장치를 두고 시오노 나나미는 『로마인 이야기』 2권에서 이렇게 말한다.

> '까마귀' 같은 신무기를 생각해 낸 것은 로마에 해운의 전통이 없었기 때문이다. 해운국의 뱃사람은 항해술에 자신이 있을 뿐만 아니라, 선박의 미관도 소중히 여긴다. 모든 돛을 활짝 펼친 범선의 아름다움은 바다에 목숨을 건 사나이들의 자부심을 북돋운다. '까마귀' 같은 기묘한 물체를 돛대에 부착하는 것은 그들에게는 배와 바

다에 대한 모독이었다. 바다의 사나이가 아닌 로마인은 그런 것에는 전혀 신경을 쓰지 않았다.

이외에도 로마인들은 자신들의 무기와 장비를 끊임없이 개량했다. 그것이 투구이든 방패이든, 검이든 창이든 상관없었다. 필요하면 만들었고 불리하면 개량했다. 로마군의 위대함 중 하나는 끊임없는 변화를 위한 유연성이었다.

다윗이 골리앗을 무너뜨린 이유는?

농업을 주업으로 하는 시민들을 아마추어 병사라고 한다면 용병들은 프로 병사라고 할 수 있고, 로마 병사들을 전쟁의 초보자라고 하면 로마가 상대했던 뛰어난 용병들은 전문가라고 할 수 있다. 어떤 분야에서 전문가라고 할 때는 해당 분야의 지식 습득과 활용에 많은 시간과 노력을 들인 사람을 가리키고, 초보자는 그 분야에 입문한 사람을 말한다.

심리학의 한 분야인 인지심리학에서는 사람의 사고 과정에 대하여 연구한다. 기억과 사고 과정, 문제 해결과 창의성 등을 다룬다. 전문가와 초보자의 사고 과정은 어떠한 차이점이 있는지 여러 인지심리학자들이 연구했는데, 그중 몇 가지를 살펴보자.

인지심리학자이자 체스의 대가로도 유명한 아드리안 드 그룻(Adriaan de Groot)은 체스의 고수와 하수의 사고 과정을 비교하기 위하여, 체스를 둘 때 생각을 입으로 말하도록 했다. 이들의 말을 분석하여 고수와 하수의 차이점을 알 수 있을 것이라고 생각했다. 고수와 하수의 말을 분석한 결과 재미있는 사실이 밝혀졌다. 고수가 하수보다 많은 수를 생각하거나 더 빠르게 결정하지 않는다는 것이다. 오히려 고수는 하수보다 적은 수를 생각했지만, 좋은 수를 고려하는 데 많은 시간을 들였다. 반면 하수는 좋은 수를 탐색하기 보다는 지나치게 많은 경우의 수를 생각하는 경향이 있었다고 한다.

체스에서 고수와 하수의 차이는 미국의 경제학자이자 인지심리학자인 시몬(Herbert Simon)과 그의 동료들의 연구에서 더 구체적으로 밝혀졌다. 이들은 체스시합 중간중간에 사진을 찍었다가 사람들에게 짧게 보여 준 다음 복기(復碁)하도록 요구했다. 이러한 요청을 받은 사람들은 바로 체스의 고수와 하수들이었다. 이들은 잠깐 본 체스판의 말들을 나름대로 기억하여 빈 체스판에 재현하려고 노력했다. 그 결과 고수들의 복기가 하수에 비하여 정확했다고 한다. '고수니까 그렇겠지.'라고 생각할 사람들을 위해 연구자는 다른 방식의 실험을 하나 더 했다. 실험자가 무작위로 체스의 말을 배열한 후에 동일한 실험을 했더니 이번에는 고수들보다는 하수들이 더 정확했다는 것이다. 정식 체스와 무작위 체스에서 고수와 하수, 전문가와 초보자는 다른 결과를 보였다.

이상의 연구 결과를 통해 전문가와 초보자의 정보처리 방식의 차이를 확인할 수 있다. 전문가들은 문제를 해결할 때 자신들의 오랜 경험을 통하여 얻은 지식, 즉 도식을 가지고 접근한다. 그렇기 때문에 주어진 문제를 빨리 파악할 수 있으며, 그에 적합한 좋은 수를 찾아낼 수 있다. 반면 초보자는 경험과 그에 따른 지식이 부족하기 때문에 가능한 한 모든 수를 다 고려해야 한다. 빨리 문제를

해결해야 하는 상황에서는 당연히 비효율적일 수 있다. 정상적인 체스에서는 체스의 고수들이 게임에 대한 파악도 빠르고 기억도 잘 하지만, 무작위로 체스의 말을 배열했을 때는 도식이 적용되지 않아 당황한다. 반면 하수들은 적용할 도식이 고수들보다 적기 때문에 모든 상황에 대하여 동일하게 접근한다. 결국 도식의 활용 여부가 관건이다.

이렇게 도식을 중심으로 문제를 이해하고 처리하는 방식을 개념 주도적 처리 혹은 하향 처리(top-down processing)라고 하고, 도식보다는 주어진 자료를 중심으로 하는 것을 자료 주도적 처리 혹은 상향 처리(bottom-up processing)라고 한다. 상향과 하향이라는 표현을 쓴 것은 경험을 통해서 도식이 만들어지기 때문에, 도식을 상위로 자료와 경험을 하위로 본 것이다. 두 정보처리 방식은 장단점이 있다. 개념 주도적 처리가 빠르고 정확할 수는 있지만 도식에 매인다는 한계가 있다. 일례로 자신이 쓴 글은 몇 번을 읽어 봐도 오자를 발견하기가 어렵다. 글을 쓰면서 글에 대한 도식이 만들어졌기 때문에, 글 자체보다는 머릿속의 도식에 집중하여 글을 대충 읽는 것이다. 반면 타인의 글에 있는 오자가 잘 보이는 것은 글의 내용을 잘 몰라서 글자 하나하나에 집중할 수 있기 때문이다. 정상적인 체스에서는 고수가, 무작위적인 체스에서는 하수가 뛰어난 것도 같은 이치이다.

하향 처리 vs. 상향 처리
개념 주도적 처리와 자료 주도적 처리라고도 부르는 인간의 두 가지 정보처리 방식이다. 하향 처리의 대표적인 예는 보고 싶은 것만 보는 것이다. 우리는 이런 사람을 쉽게 비난하지만 사실 그 사람 입장에서 보자면 의도적으로 그렇게 하는 것이 아니라, 정말 그렇게 보인다. 반면 상향 처리는 있는 그대로 현상을 지각하는 것이다. 두 방식 모두 장단점이 있기 때문에 고르게 사용하는 것이 필요하다.

농민이 대부분이었던 로마 군인들이 뛰어난 직업군인을 상대로 이길 수 있었던 것도 바로 이런 이유 때문이다. 앞에서 예를 든 까마귀가 대표적이다. 로마는 해운국가가 아니었기 때문에 배에 대한 도식이 없었다. 따라서 필요하다면 무엇이든지 배 위에 설치할 수 있었다. 그러나 카르타고인들은 달랐다. 배에 대한 도식과 기준이 명확했다. 배 위에 다리 같은 것을 설치하는 발상 자체가 도저히 용납할 수 없는 것이었다.

전투대형에 있어서도 마찬가지였다. 로마는 각개전투에서 밀집대형으로, 밀집대형에서 중대 편제로, 중대 편제에서 다시 대대 편제로 바꾸는 데 있어서 조금도 주저하지 않았다. 단점이 명확하다면 바꾸는 것은 당연했다. 로마인들에게는 위대한 전통이란 것이 없었거나 있어도 강요되지 않았다. 농사를 짓던 사람들에게 병사와 전투, 전쟁에 대한 도식은 굳이 필요하지 않았다. 게다가 로마인들은 태생적으로 영웅을 싫어했다.

수렴적 사고 vs. 발산적 사고
생각의 방향이 하나를 향해 있느냐, 여러 가능성을 향해 있느냐의 차이이다. 창조적인 사고를 하는 사람일수록 여러 가능성을 고려한다. 발산적 사고가 무엇인지 알려면 아이들을 보라. 아직 고정관념에 사로잡히지 않은 아이들은 매우 자유롭게 사고한다. 이런 면에서 보자면 인간은 누구나 창의적이었다고 할 수 있다.

그러나 다른 나라들은 달랐다. 마케도니아의 필리포스 5세와 그의 아들 페르수스는 모두 로마에 패배했다. 이들은 알렉산더 대왕 시절에 사용하던 밀집대형을 그대로 고수했다. 뛰어난 영웅이었던 알렉산더 대왕이 엄청난 제국을 건설할 수 있었던 이유가 밀집대형이었으니, 자신들의 영웅을 따라하는 것은 당연하다고 생각했을 것이다. 그러나 밀집대형의 약점을 간파하고 그것을 극복한 로마인들에게는 상대가 되지 못했다.

이러한 정보처리 방식의 차이는 문제 해결을 위한 사고 과정에 있어서도 차이를 초래한다. 개념 주도적 처리를 하는 사람들은 자신의 경험과 지식을 확신하기 때문에 문제를 해결할 수 있는 단 하나의 정답을 찾으려고 한다. 이를 수렴적 사고(convergent thinking)라고 한다. 반면에 확신할 만한 지식이나 경험이 없는 사람들은 다양한 가능성에 대하여 생각하는데, 이를 발산적 사고(divergent thinking)라고 한다. 심리학자들은 창조적인 사람들은 수렴적 사고보다는 발산적 사고를 하는 경향이 있다고 말한다.

예를 들어 "1+1은 얼마인가?"라는 질문을 받았다고 하자. 이 질문이 너무나 유치하고 단순하게 보여서 "정답은 2."라는 말조차 하기 민망하다면 이미 당신은 수렴적 사고를 하고 있는 것이다. '1+1=2'라는 것은 우리가 알고 있는 십진법의 수학에서만 맞는 답이다. 소위 창조적 사고를 한다는 천재들은 이 문제에 대하여 다양한 답을 제시한다. 물방울 하나(1)와 물방울 하나(1)를 더하면(+) 물방울 하나가 되기 때문에 1이라고 대답할 수도 있고, 1과 1을 붙여놓으면(+) 11이 된다고도 대답할 수 있으며, 남자 한 명(1)과 여자 한 명(1)이 결혼하면(+) 자녀를 낳기 때문에 3이 된다고도 대답할 수 있다. 게다가 2진법을 적용하면 10이 되기도 하며, 혹은 창문(|+|)이 된다고 대답할 수도 있다. 굳이 1과 더하기를 수학적이고 논리적인 개념으로만 생각할 필요가 없다.

어른보다는 아이들이 천재가 될 가능성이 많고, 천재였던 아이들이 어른이 되어서 평범해지는 이유도 바로 지식과 경험이 사고의 자유로움을 방해하기 때문이다! 사실 과학사에서 위대한 발견을 한 사람들이나 뛰어난 예술가들은 필요하다면 기존의 방식을 과감히 벗어던졌다. 물론 무조건 기존의 것만 부인한다고 해서 될 일은 아니다. 현실적인 필요성도 충족시켜야 한다. 이런 측면에서 로마인들이 탁월했기에 농사꾼 출신들이 전쟁용병을 이길 수 있었던 것이다. 프랑스의 정치사상가인 몽테스키외(Charles de Secondat, baron de Montesquieu, 1689~1755)는 『로마인의 흥망성쇠이론』에서 이렇게 말했다.

> 그들의 주요 관심사는 적이 어떤 점에서 자신들보다 우위에 설 수 있는지를 조사하는 것이었다. 그리고 즉시 자신들의 단점을 고쳤다. 그들은 갈리아인의 예리한 칼과 피로스의 코끼리에 한 번밖에 놀라지 않았다. 기병이 약한 것을 만회하기 위해 그 기세가 꺾이지 않도록 말의 고삐를 제거하고, 이어서 경무장한 보병을 채용했다. 히스파니아풍의 칼에 익숙해지자, 그들은 자신들의 칼을 버렸다. 그들은 폴리비우스가 우리에게 이야기해 주고 있는 장치, 까마귀를 발명함으로써 적의 항해술을 극복했다. 어떤 민족이나 자연이나 그 제도에 특별한 장점을 갖고 있으면 로마인은 즉시 그것을 이용했다. 그들은 누미디아의 말, 크레타의 궁병, 발레아레스의 투석병, 로도스의 배를 손에 넣기 위해 온갖 수단을 동원했다.

몽테스키외의 말처럼 로마인들의 유연성은 비단 전쟁과 군대에만 적용되는 것이 아니다. 법과 제도를 비롯하여 로마 사회 전반에 영향을 미쳤다. 이러한 경향이 군대에서 그 빛을 발하기 위해서는 빼놓을 수 없는 것이 있다. 바로 로마군단의 혹독한 훈련 과정이다.

귀신 잡는 로마 군대는 어떻게 세계 최강이 되었나

해병대 하면 떠오르는 것이 바로 '귀신 잡는'이라는 수식어이다. 이러한 수식어가 붙는 이유는 다른 부대들이 따라갈 수 없는 혹독한 훈련 때문일 것이다. 그런데 해병대도 따라갈 수 없는 혹독한 훈련을 받았던 이들이 바로 로마 군인들이었다. 요즘의 군대는 아무리 훈련이 심해도 군인의 생명과 최소한의 인권은 보장되지만, 고대 사회에는 전혀 그렇지 않았다.

요세푸스(Josephus, 37~대략 100)는 로마 반란군에 가담하여 싸웠으나 이후 로마에 패하고 로마 시민권을 얻은 유대인 역사가이다. 현재까지 전해지는 중요한 유대 역사서를 집필한 그는 로마군의 훈련과 전투에 대하여 이렇게 말했다.

> 로마군에게 훈련은 피를 흘리지 않는 전투였고, 전투는 피를 흘리는 훈련이었다.

로마 군대의 훈련이 어땠기에 이러한 이야기가 나오는 것일까? 하나씩 살펴보도록 하자. 모든 군대의 기본 훈련은 제식이다. 훈련소에 가면 가장 먼저 하는 제식훈련은 훈련병들의 군기를 잡기에 좋다. 모든 사람이 함께 움직여야 하기에 한 사람이라도 틀리면 교관은 얼마든지 혹독하게 할 수 있다.

그러나 로마군의 제식은 차원이 다르다. 현대 전쟁은 때와 장소를 가리지 않고 기동력을 높이기 위하여 분대별로 움직이지만, 고대 전쟁은 주로 낮 시간에 평원에서 진행되기 때문에 전 부대가 함께 움직인다. 특히 로마는 제2차 포에니전쟁 이후 각 부대를 유기적으로 활용하는 전략을 구사했다. 지휘관이 장기의 말을 다루듯이 부대를 이동시킬 수 있어야 했는데, 당시에는 무전기가 있는 것도 아니어서 각 부대는 트럼펫 소리를 듣고 움직였다. 길고 짧고, 높고

낮은 다양한 조합음을 들으면서 전진과 후퇴, 좌우 이동은 물론이고, 다양한 공격까지 수행해야 했다. 그것도 모든 부대원들이 함께 말이다. 조용한 훈련장에서 해도 쉽지 않을 텐데 생사가 걸리고 온갖 고함과 무기들이 부딪치는 소음이 가득한 전장에서 이를 해내기 위해서는 끊임없는 훈련이 필요했다.

실전에서 적을 무찌르기 위해서는 창과 검을 능수능란하게 다뤄야 한다. 이를 위해서 훈련 중에 사용하는 무기는 실제 무게의 두 배가 나갔다. 초임병들은 나무로 된 무기를 사용하여 훈련하지만, 어느 정도 훈련이 된 병사들은 실제 무기를 사용하여 일대일로 실제 검술 대결을 펼쳤다. 물론 검의 날카로운 부분은 가죽으로 감쌌다. 그러나 승패는 명확했고, 이긴 사람은 식량을 두 배로 받았지만 진 사람은 형편없는 식사를 받았다. 그리고 다시 훈련하고 패자들끼리 겨루게 함으로써 실제 전투에서는 자동적으로 상대를 제압하도록 했다.

로마군의 강점 중 하나는 검술에 있는데 로마가 싸웠던 많은 대적들은 로마인들보다 몸집이 큰 경우가 많았다. 학자들에 따르면 로마 남성들의 키는 평균 160센티미터 정도였다고 한다. 반면 갈리아족이나 게르만족, 그리고 전쟁용병들은 이보다는 10~20센티미터가 더 컸다. 생사를 오가는 전쟁터에서는 엄청난 열세가 아닐 수 없다. 그래서 로마인들은 적이 칼을 들어 자신의 목을 베려고 할 때 검으로 상대의 배를 정확하고 깊게 찌르는 기술이 필요했다. 몇 초 안에 정확하게 찌르지 않으면 자신의 목숨이 위태롭기 때문에, 끊임없는 반복 훈련만이 살길이었다. 이외에도 적의 밀집대형을 깨뜨리기 위한 투창연습은 물론, 보병까지도 신체 단련의 일환으로 말 타는 훈

련을 했다고 한다. 고대에는 말안장과 등자가 없었기 때문에 말을 타는 것도 쉽지 않았고, 말 위에서 떨어지지 않으려면 다리의 힘으로 말의 몸통을 지탱해야 했다. 체력을 기르기에는 좋은 훈련방식이었던 셈이다.

군대를 다녀온 사람들에게 어떤 훈련이 가장 힘들었냐고 묻는다면 빠지지 않고 나오는 것이 바로 행군이다. 로마군도 마찬가지로 혹독한 행군 훈련을 진행했다. 단지 짧은 시간에 많은 거리를 걷는 것도 힘들지만, 그보다 행군을 더욱 무섭게 하는 것은 바로 군장의 무게이다. 식사를 위한 도구와 진지 건설을 위한 각종 장비, 식량은 물론이고 투구와 갑옷, 방패와 창, 검을 모두 포함한 완전군장의 무게는 대략 50킬로그램이었다. 웬만한 체력으로는 100미터를 가기도 힘들 정도의 무게이다. 물론 각 분대별로 노새를 사용하여 짐을 싣기도 했지만, 이 역시 여의치 않을 때가 많았다.

당연히 모든 이들이 이러한 살인적 훈련을 잘 감수했던 것은 아니다. 탈영자도 있었고 낙오자도 있었다. 이들에게는 전혀 자비를 베풀지 않았다. 단지 체력적 열세라면 모를까 훈련 중에 무단으로 이탈하거나 보초를 서다가 조는 등 군율을 어기면 사정없이 채찍질을 당하거나 몰매를 맞기도 했다.

실제 전투에서의 자리 이탈이나 명령에 따르지 않은 후퇴, 그리고 무기를 잃어버리는 것과 같은 잘못은 더욱 가혹한 처벌을 받아야 했다. 대표적인 처벌은 바로 10명씩 조를 짜게 한 후 그중에서 1명을 뽑아 나머지 9명으로 하여금 죽이게 하는 것이었다. 죽을 확률은 10퍼센트였지만, 뽑힌 사람은 죽을 확률이 100퍼센트였다. 게다가 동료를 죽음에 이르게 한다는 점에서 이 처벌은 모두를 공포로 몰아넣었다. 이러한 이유로 로마 군인들은 아무리 위험한 상황에서도 돌격 명령에 복종했다. 그리고 적과의 싸움에서 죽는 한이 있어도 발을 뒤로 빼지 않았다. 도망치는 것보다 목숨을 걸고 싸우는 것이 목숨을 부지하기가 더 쉬웠기 때문이다.

그런데 이렇게 혹독한 훈련 덕분에 로마 군대는 세계 최강이 된 것일까? 물론 강인한 체력, 무기를 다루는 기술과 민첩함은 중요한 이유일지도 모른다. 그러나 여기에도 중요한 심리적 이유가 숨겨져 있다.

사람들은 언제나 비교하려고 한다. 자신의 성공과 행복도 주변 사람들과의 비교를 통해서 판단하고, 자신의 자식이나 남편도 주변 사람들과 비교를 해서 파악한다. 또한 현재는 과거와 비교한다. 운동경기 후 시상식에서 볼 수 있는 재미있는 현상이 있다. 대부분 1등(금메달)과 3등(동메달)은 웃고 있지만 2등(은메달)은 인상을 찡

그리고 있다. 왜 3등은 웃고 2등은 찡그릴까? 바로 비교의 기준이 다르기 때문이다. 3등은 자신이 3, 4위전에서 이긴 4등과 비교하지만, 2등은 결승전에서 진 1등과 비교하기 때문이다.

주식 투자로 100만 원을 벌었다고 하자. 기쁘겠는가? 아니면 속상하겠는가? 이 질문에 대한 답은 초기 투자금이 얼마였는지, 그리고 비슷한 금액으로 투자한 다른 사람들의 수익이 얼마였는지에 따라 달라진다. 초기 투자금이 10만 원이었다면 기쁘겠지만, 10억이었다면 기쁠 일이 아니다. 그리고 다른 사람들이 100만 원 손해를 봤다면 기쁘겠지만, 10억을 벌었다면 기쁠 일이 아니다. 한 직장에 경력직으로 입사한 두 사람이 연봉 4,000만 원을 받았다고 할 때, 두 사람이 느끼는 만족도는 같을까? 그렇지 않다. 이전 직장에서 얼마를 받았는지에 따라 달라진다.

이렇게 우리는 어떠한 사실을 판단하기 위하여 비교할 수 있는 기준이 필요한데, 이를 준거틀 혹은 기준체계(frame of reference)라고 한다. 로마 군인들이 혹독한 훈련을 통하여 얻은 것은 단지 강한 체력과 숙련된 싸움 기술뿐만이 아니다. 이에 못지않게, 아니 이보다 더 중요할 수 있는 것이 바로 준거틀이다.

전투에 나간 로마 병사들은 자연스럽게 실제 전쟁과 훈련을 비교하게 된다. 자신들이 했던 훈련보다 실제 전쟁이 더 어렵다고 판단이 되면 자신감이 없어지는 것은 물론 죽을지도 모른다는 생각이 들 것이고, 이는 전쟁의 패배로 이어진다. 그러나 로마 병사들은 그 어떤 대상을 만나서 전쟁을 치르더라도 혹독한 훈련 덕에 실제 전투가 쉽게 느껴졌을 것이다. 실제 무기보다 더 무거운 무기로 연습하고, 백부장들에게 실제 적들보다 더 혹독한 대우를 받으면서 이들은 이렇게 생각했을지도 모른다.

'전투가 제일 쉬웠어요.'

세계 최강의 군대를 가지고 있던 로마는 결국 기원전 2세기 중반부터 지중해를 자신들의 호수로 삼는다. 땅도 넓어지고 인구도 많아졌다. 나라는 점점 부유해졌고 로마인들의 자부심도 하늘 높은 줄 모르고 치솟았다. 그러나 모든 로마인들이 행복했던 것은 아니다. 아니 어쩌면 행복하지 않은 로마인들이 더 많았는지도 모른다. 다음 장에서는 강해질수록 약해졌던 로마의 속사정을 들여다보자.

읽을거리 마음거리 – 전쟁의 일상성

전쟁이 인류에게 미친 영향은 어마어마하다. 전쟁을 통해 수많은 국가와 문명이 나타나거나 사라졌으며, 전쟁에서 승리하기 위해 최첨단 무기를 만들면서 과학과 기술을 발전시켰다. 전쟁에서 진 나라는 경제적으로 큰 타격을 입지만, 승리한 나라는 경제적으로 풍요로워지게 마련이다. 때로는 전쟁으로 새로운 교역로가 생기면서 인적·물적 교류가 활발해지고, 자연스레 문화와 예술의 발전과 융합, 문명의 전파로 이어지기도 했다. 전쟁으로 엄청난 사람이 죽기도 하고, 또 전쟁 이후에는 출산율이 급격하게 늘어나는 베이비붐 현상이 나타나기도 한다. 기원전 6세기에 활동했던 그리스의 철학자 헤라클레이토스(Heraclitus of Ephesus, 대략 BC 535~475)는 이를 간결하고 명쾌하게 표현했다.

"전쟁은 만물의 아버지이며, 만물의 왕이다."

이 말은 섬뜩하지만 부인할 수 없는 진실일지도 모르겠다. 이에 못지않게 전쟁을 통찰한 충격적인 표현이 있다.

"자연스러운 상태는 전쟁 상태이다." –칸트

"인류가 존재하는 한 전쟁은 사라지지 않을 것이다."

–아인슈타인

많은 사람들은 전쟁이란 비정상적이고 부자연스러운 상태이며, 인류가 언젠가는 평화라는 정상적이고 자연스러운 상태에 도달할 것이라고 믿는다. 그러나 전쟁에 대하여 깊이 생각해 본 사람들은 이 막연한 믿음이 틀렸다고 말한다.

정말 칸트와 아인슈타인의 말처럼 전쟁은 자연 상태이며, 인류가 존재하는 한 사라지지 않을까? 이에 대하여 논리 실증주의를 유일한 진리 판단기준으로 삼는 과학자들은 명쾌한 대답을 제시하지 못한다. 전쟁이란 실험과 조사 같은 과학적 방법을 사용하기가 어렵기 때문이다. 그러나 인간사를 이해하는 데 있어서 굳이 '과학'이라는 잣대를 들이대지 않는 사람들은 나름의 이유를 제시한다. 대표적인 사람이 프로이트이다.

프로이트는 전쟁에 대한 원인은 인간의 무의식에 있는 공격적인 추동 혹은 타나토스(Thanatos) 때문이라고 말한다. 프로이트는 정신분석 이론을 펼치면서 사람에게는 성적인 추동 혹은 에로스(Eros)가 있음을 줄기차게 주장했는데, 전쟁을 경험하면서 또 다른 추동이 있음을 천명한 것이다. 더 나아가 이 두 추동은 상반된 것처럼 보이지만, 사실 그 본질은 하나라고 주장한다. 미움과 사랑, 죽음과 생명의 본질은 동일하다는 것이다. 따라서 전쟁과 죽음, 공격성을 막기 위해서는 사랑과 생명의 힘을 키워야 한다고 말한다(이에 대해서는 필자의 전작 『누다심의 심리학 블로그』에서 자세히 언급한 바 있다).

원형심리학(Archetypal psychology)을 창시한 학자 제임스 힐먼(James Hillman)은 『전쟁에 대한 끔찍한 사랑』에서 전쟁이 인류에게 정상적인 것이라고 주장한다. 여기서 잠깐 원형심리학을 알아보

자. 힐먼의 원형심리학은 사람의 마음을 이해하기 위해서 판타지나 신화에 관심을 가질 것을 주장한다. 이유인즉 판타지나 신화가 우리의 마음으로부터 형성되었고, 또 한편으로는 판타지나 신화가 우리의 마음을 형성하기 때문이라는 것이다. 1장에서 언급한 융이 생각날지도 모르겠다. 융 역시 인간의 마음에 핵심을 이루고 있는 집단무의식을 이해하기 위하여 신화를 알 필요가 있다고 역설했다. 사실 힐먼은 스위스 취리히에 위치한 융 분석심리연구소 소장을 역임할 정도로 융의 사람이었으며, 원형(archetype)이란 개념 역시 융의 이론에서 핵심적인 역할을 했다. 이런 점에서 원형심리학은 분석심리학과 매우 밀접한 관계에 있다.

전쟁을 정상으로 보는 이유로 힐먼은 전쟁이 인류 역사에서 단 한 번이라도 완전히 그친 적이 없을 정도로 항구적이었다는 점과 세상 어느 곳에서도 발생했을 정도로 보편적이라는 점을 들고 있다. 멀리서 찾을 필요도 없이 우리나라가 바로 전쟁 중이 아닌가! 1950년 6월 25일에 시작된 한국전쟁은 끝나지 않았다. 1953년 7월 27일 소련과 유엔군이 맺은 것은 휴전협정이지 종전협정은 아니다. 그리고 전 세계 곳곳에서 지금도 크고 작은 전쟁이 일어나고 있다.

그런데 오해하지 말아야 할 것이 있다. 전쟁이 정상적이라는 말은 전쟁이 바람직하다거나 전쟁을 해야 한다는 말이 결코 아니다. 영국의 철학자 무어(George Edward Moore)는 이처럼 어떤 현상과 사실을 당위로 착각하는 것을 가리켜 자연주의적 오류라고 했다. 일례로 인류 역사에 일부다처제가 보편적인 현상이었기 때문에, 일부다처제가 가장 바람직한 결혼문화라고 주장하는 것은 자연주의적 오류이다. 또한 당위가 사실을 왜곡하는 정반대의 오류도 있다. 일부일처제가 바람직하기 때문에 일부다처제 자체를 인정하지 않는 것이다. 하버드 의대에서 미생물학을 가르쳤던 데이비스(Bernard Davis)는 이를 도덕주의적 오류라고 했다. 당위가 사실을 왜곡하는 것은 역사 왜곡에서 자주 나타나는 문제로서, 분명히 이 둘은 구분되어야 한다. 특별히 전쟁을 다루는 문제에 있어서는 그렇다.

힐먼은 전쟁이 정상적이긴 하나 한편으로는 비인간적이라고 말한다. 비인간적이기 때문에 전쟁을 합리적으로나 이성적으로 이해한다는 것은 불가능하다고 하면서 네 가지 이유를 들고 있다. 첫째, 전쟁은 인간의 신체와 영혼, 문명을 철저히 손상시키고 파괴한다. 둘째, 전쟁에서는 광분한 행위들이 나타난다. 구체적으로는 무모하거나 미친 지도자들 및 지휘관들의 집착과 강박, 그리고 전쟁에 맛들인 기자들이나 전쟁에 중독된 용병들을 꼽는다. 셋째, 전쟁은 무기와 군복, 군번(숫자)과 같은 상징성을 동원하여 인간을 기계 같은 수단으로 전락시킨다. 넷째, 전쟁 자체가 인간이 통제할 수 없는 일이다.

전쟁이 비인간적 혹은 반인간적이라면 인간이 그것을 어떻게 이해할 수 있을까? 힐먼은 전쟁이 신화적 사건이라면서, 전쟁의 기원을 인간이 아닌 신화에서 찾고 있다.

> 전쟁을 이해하기 위해서는 그리스신화에 다가가야 하며 전쟁은 신화적 사건임을, 전쟁의 와중에 처한 인간들은 신화적 존재로 전이됨을, 전쟁으로의 복귀는 이성적으로 설명할 수 없는 것임을, 전쟁에 대한 사랑은 신들에 대한 사랑, 곧 전쟁의 신들에 대한 에로스임을

깨달아야 한다는 뜻이다.

전쟁의 원인을 인간 세상이 아닌 인간 영역 바깥, 즉 신의 세상 또는 신화에서 찾는 힐먼의 논리를 보면 인간은 전쟁에 대하여 아무것도 할 수 없는 것이 아닌가 하는 의구심도 든다. 그러나 신화란 것도 인간의 마음(집단무의식)이 투영된 결과가 아닌가. 그렇다면 신화의 원인이 인간에게 있다고 할 수 있고, 이렇게 생각해 본다면 전쟁에 대한 책임과 원인은 다시 인간에게 돌아온다.

보편적이고 항상적이지만, 결코 바람직하지 않은 전쟁을 멈추기 위해서 무엇을 해야 할까? 우선 외면이 아닌 직면이 필요하다. 왜곡이 아닌 이해가 필요하다. 의사들은 바이러스를 박멸시키기 위하여 바이러스의 생리를, 경찰은 범죄자를 잡기 위해서 범죄자의 마음을, 상담심리학자들은 심적 고통을 치유하기 위해서 심적 고통을 공감하고 이해하려고 애쓴다. 어떤 현상을 제대로 이해하지 않으면 우리는 아무것도 할 수 없다.

전쟁을 이해하고 멈추기 위한 노력을 앞으로 얼마나 오랫동안 해야 할지 모른다. 그러나 인류가 이 문제에 대하여 함께 고민하고 해결책을 모색한다면 방법이 없지는 않을 것이다. 미국의 35대 대통령이었던 케네디의 말을 잊지 말아야 할 것이다.

"인류가 전쟁을 끝내지 않으면, 전쟁이 인류를 끝낼 것이다."

4장

진보와 보수로 살펴보는 갈등의 심리학

예상치 못한 혼란의 시작

대부분의 전쟁은 경제적 이유와 연관되어 있다. 고대에는 고질적인 식량문제를 해결하기 위한 전쟁이 많았고, 현대의 전쟁 역시 석유 같은 자원 확보나 시장 확대 등 경제적 측면과 무관하지 않다. 한때 이념 대립이 전쟁의 주된 원인으로 부각되었지만, 그 속을 들여다보면 경제적 측면이 있음을 부인하기 어렵다.

로마의 전쟁은 어땠을까? 도시국가로 시작한 로마는 순전히 경제적 이득만을 위해 전쟁을 일으킨 적은 없었다. 적어도 포에니전쟁 이전까지는 그랬다. 풍요롭지는 않았지만 티베리스 강 하류에서 먹고살 정도의 식량은 얻을 수 있었다. 자신들의 영역이 침범당하지만 않는다면 굳이 전쟁을 벌일 이유가 없었다. 그러나 포에니전쟁 이후로는 달라졌다. 지중해의 패권을 장악한 로마는 상당한 경제적 이득을 얻었다. 문제는 그 이득이 로마 시민 모두가 아닌 원로원 귀족을 비롯하여 부유한 사람들에게만 돌아갔다는 것이다. 군대에 징집되는 기간이 길어지면서 자영농이었던 평민들은 오히려 몰락했다.

로마는 수많은 전쟁을 통해 지배권을 확대하면서 전쟁에서 패한 상대 나라를 멸망시키지 않고, 소키(socii)라는 동맹국으로 삼아서 자치를 허용해 주었다. 대신 두 가지 조건이 있었다. 첫째는 로마의 요청이 있을 경우 병력을 제공해야 하고, 둘째는 토지의 일부를 로마에 할양해야 했다. 로마는 그 토지를 시민들에게 임대했다. 전쟁에서 취득한 토지는 타인에게는 양도가 불가능한 국유지였지만, 상속이 가능하고 임차 기간이 정해져 있지 않다는 점에서 사유지나 다름없었다.

이렇게 좋은 기회를 이용할 수 있는 사람들은 평민이 아니었다. 공화정 후기로 갈수록 로마군의 전쟁터는 로마에서 멀어졌고 자연스럽게 징집 기간이 길어질 수밖에 없었다. 원래 고대 사회의 전투는 대부분 단기전이었다. 지금처럼 물자와 자원, 무기와 장비, 식량이 넉넉하지 않았을뿐더러 보급로를 확보하는 것이 어려웠기 때문에 장기전은 드물었다. 로마의 영토가 이탈리아 반도에 국한되어 있을 때는 며칠간의 전쟁이 끝나면 집으로 돌아와서 일을 할 수 있었다. 그러나 지중해 전역으로 로마의 영역이 확장되면서 장기전이 빈번해졌다. 또한 거리가 멀어서 휴전 기간에도 집에 돌아가기 어려웠다.

반면 원로원 귀족들은 본인이 전쟁에 나가도 집안과 농사일을 맡아서 해 줄 사람이 있었고, 관리들과도 친분이 있어서 좋은 땅을 임차할 기회가 많았다. 1인당 임차 가능한 토지 규모가 정해져 있었으나 주변 사람들의 명의를 빌려서 많은 땅을 확보할 수 있었다. 세 낸 토지에서는 로마의 패권 확대에 따라 늘어난 노예들을 부려서 대농장을 운영했다. 게다가 노예는 병역의 의무가 없으니 이보다 더 좋을 수는 없었다.

이에 더하여 속주(프로빈키아)에서는 수입의 십 분의 일을 로마에 직접세로 납부해야 했는데, 그 형태는 화폐일 수도 있고 곡물일 수도 있었다. 제1차 포에니전쟁으로 로마의 속주가 된 시칠리아를 비롯하여 여러 지역에서 밀로 세금을 납부하기 시작하면서, 로마에는 밀이 넘쳐났다. 자연스레 자영농들의 밀농사는 경쟁력을 잃을 수밖에 없었다.

밀농사의 경쟁력이 떨어졌다면 포도나 올리브로 종목을 바꾸면 되지 않을까? 농사 경험이 있는 사람이라면 이것이 얼마나 비현실적인지 알 것이다. 그렇다면 농업을 포기하고 상업으로 업종을 바꾸면 되지 않을까? 상업은 기사계급이 장악하고 있었기 때문에 이마저도 쉽지 않았다.

로마에서 기사계급이란 군단에 기병을 제공할 의무를 가진 평민 자산가를 의미한다. 이들은 귀족처럼 정치 입문을 통한 명예나 권력보다는 경제활동에 주력하는 시민들이다. 이들은 전쟁을 치르는 로마군단에 무기와 장비의 납품을 도맡았으며, 각종 건축에도 참여하면서 수입이 엄청나게 증가했다. 무엇보다 기사들의 주력 활동은 각 속주에서 세금을 대신 거두는 것이었다. 로마는 속주에서 세금을 걷는 업무를 관리들에게 시키지 않고, 경매를 통하여 일반인들에게 하청을 주었다. 속주에서 걷을 세금을 미리 국고로 납부하는 방식 때문에 당연히 돈이 많은 기사계급만이 징세권 경매에 참여할 수 있었다.

높은 가격을 제시하고 징세권을 따낸 기사는 속주에 가서 법에 명시된 십 분의 일만 세금으로 걷을까? 당연히 그렇지 않다. 얼마를 걷든 상관없었기 때문에 자신들의 이익을 위하여 지독한 방법을 썼다. 기사들이 속주민들을 상대로 직접 세금을 걷으러 다녔던 것은 아니다. 속주의 사정을 잘 모르기도 할뿐더러 신변의 안전도 지켜야 하니, 현지인들에게 하청을 주었다. 현지 사정을 잘 아는 이들은 가장 악랄하게 세금을 걷을 수 있었다. 신약성경에서 유대인들이 세리를 창기와 같은 죄인으로 보고 있는 것은 바로 이 때문이다.

> 예수께서 길을 가시다가, 알패오의 아들 레위가 세관에 앉아 있는 것을 보시고 "나를 따라오너라." 하고 말씀하셨다. 레위는 일어나서, 예수를 따라갔다. 예수께서 그의 집에서 음식을 잡수시는데, 많은 세리와 죄인들도 예수와 그의 제자들과 한자리에 있었다. 이런 사람들이 많이 예수를 따르고 있었기 때문이었다. 바리새파의 율법학자들이, 예수께서 죄인들과 세리들과 함께 음식을 잡수시는 것을 보고, 예수의 제자들에게 "어찌하여 저 사람은 세리와 죄인들과 어울려서 음식을 먹습니까?" 하고 말했다. 예수께서 그 말을 듣고 그들에게 말씀하셨다. "건강한 사람에게는 의사가 필요하지 않으나, 병든 사람에게는 필요하다. 나는 의인을 부르러 온 것이 아니라 죄인을 부르러 왔다."

법치를 중요시한다는 로마에서 어떻게 이러한 불법이 자행될 수 있는 것일까? 게다가 속주는 로마에서 파견한 총독이 있지 않은가? 물론 그렇다. 그런데 바로 이것 때문에 불법이 가능했다. 속주 총독으로 파견되는 원로원 의원들은 기사들이 마음껏 횡포를 부릴 수 있도록 배려를 해 주었고, 기사들은 아낌없는 뇌물로 보답을 했다. 이들에게 받는 뇌물로 만족하지 못한 원로원 의원들은 해방노예를 앞세워서 경제활동에 직접 참여하거나 중간 거래상들에게 투자하여 돈을 벌었다. 사실 원로원 의원들은 법적으로 상업에 종사할 수 없었으나 교묘하게 법망을 피해 갔다.

상황이 이렇다 보니 빈익빈 부익부 현상이 가속화되었다. 오랫동안 전쟁터에서 병역의 의무를 지던 평민들이 집으로 돌아와서 겪는 경제적 어려움은 말할 수 없을 정도였다. 시련을 딛고 일어서기 위해 빚이라도 얻으면, 결국에는 엄청난 이자를 갚지 못해 남아 있는 집마저도 빼앗기기 일쑤였다. 이들은 무산자로 전락하여 로마 전역을 떠돌아다니는 걸인이 되거나 빈민촌을 형성했다. 자연히 이로 인한 크고 작은 사회문제들이 발생했다.

몰락하는 평민들이 많아지자 그 불똥이 군대에까지 튀었다. 로마는 모든 시민들이 병역의 의무를 지는 제도이다. 이때 병역 의무가 모두에게 동일하지는 않았다. 17세부터 60세까지의 남자들 중 재산에 따라 5등급으로 구분했고, 이 등급에 따라서 차별적으로 병역을 감당해야 했다. 전쟁 장비와 식량 등을 각자가 해결해야 했기 때문에, 최소한의 경제적 능력이 없는 무산자들은 병역이 면제되었다. 그런데 자영농의 몰락으로 인해 면제 대상이 급격히 증가한 것이다. 결국 끊이지 않는 전쟁에 대비하기 위하여 로마는 징집 대상의 기준이 되는 재산의 하한선을 내리는 조치를 취했다. 이로 인해 징집 대상이 아니었던 무산자들도 전쟁에 동원되는 일이 발생했다. 병역의 기준은 수차례 하향 조정되었는데, 이는 로마의 빈익빈 부익부 현상이 얼마나 심각해졌는지를 보여 주는 단적인 예이다.

병역 기준의 하향 조정은 로마 군인들의 질적 하락을 초래했다. 전쟁에 징집된 가난한 시민들은 불만에 가득 찼다. 먹고사는 것도 빠듯한데 몇 달 혹은 몇 년씩 전쟁에 나가야 하는 입장이니 말이다. 지켜야 할 재산이 많은 것도 아니고, 전쟁에서 전리품을 마음껏 얻을 수 있는 것도 아니며, 월급이 나오는 직업군인도 아니니 당연히 열심히 싸울 마음이 생기지 않았다.

그러던 중 기원전 137년에는 히스파니아에서 반란이 일어났다. 반란을 진압하기 위하여 소(小)스키피오가 출정했는데, 그는 로마의 정규 군단이 아니라 자신이 직접 군단을 꾸렸다. 정규 군단을 데리고 갔다가는 반란을 진압하지 못할 것이 너무나 뻔했기 때문이었다. 2년 후에는 스파르타쿠스(Spartacus, 대략 BC 109~71)가 주도하는 최초의 노예 반란이 일어났다. 로마에 노예가 많지 않았을 때는 가정마다 소수가 거주하여 처우가 좋았다. 그러나 대규모 농업이 일반화되어 노예들이 집단생활을 하면서 처우가 급격히 나빠졌고, 이에 대한 불만이 폭동으로 발전한 것이다. 진압군은 고전을 면치 못했다. 그 이유는 우선 주동자 스파르타쿠스를 비롯하여 반란 가담자 중에 검투사 출신 노예들이 많았기 때문이다. 이들은 반란에서 패하면 죽음밖에 없다는 사실을 알았기에 목숨을 걸고 싸웠고, 검투사 출신답게 싸움 실력도 굉장했다. 그러나 진압이 힘겨웠던 더욱 근본적인 원인은 로마군단의 질적 하락이었다.

이러한 총체적 난국을 어떻게 풀어가야 할 것인지에 대하여 공론이 분분했다. 공화정은 혼란에 빠졌고, 결국 100년 이상 계속된 내분과 내전으로 이어졌다. 그 시발점에 그라쿠스 형제가 서 있었다.

로마의 영웅, 개혁의 깃발을 들다

통상 그라쿠스 형제로 불리는 티베리우스와 가이우스는 대(大)스키피오의 손자였으며, 소(小)스키피오와는 처남과 매부지간이었다. 이들의 집안 배경이 좋은 이유는 아버지 티베리우스 셈프로니우스 그라쿠스(Tiberius Sempronius Gracchus, BC 217~154) 덕분이다. 아버지 티베리우스가 위기에 몰린 대스키피오를 용감하게 나서서 변호해 준 것이 계기가 되어 그의 둘째 딸 코르넬리아(Cornelia Scipionis Africana, BC 190~100)와 결혼에 성공했다. 원로원의 특별대우 덕분에 한니발을 꺾고 영웅이 되었던 스키피오는 포에니전쟁이 끝났지만 여전히 자신이 특별하다고 생각했는지, 전쟁 배상금을 임의대로 유용한 사실이 드러났다. 이로 인해 스키피오는 대(大)카토로 알려진 마르쿠스 포르키우스 카토(Marcus Porcius Cato, BC 234~149)를 비롯해 평소 그를 못마땅하게 여기던 사람들로부터 고발을 당했다. 참고로 대카토는 카이사르와 대적하면서 공화정을 고수하고자 했던 소(小)카토(Marcus Porcius Cato Uticensis, BC 95~46)의 증조부이다.

영웅 알레르기라고 표현해도 지나치지 않을 정도로 영웅에 대한 혐오감이 심한 로마인들이 아니었던가! 이런 점에서 카토의 일방적 승리는 명백했다. 원로원 의원들 중 누구도 스키피오를 변호할 생각을 하지 못했다. 잘못 나섰다가는 자신의 정치적 생명까지 끝날 수도 있는 상황이었기 때문이다. 그러나 티베리우스는 잘못에 대한 책임 추궁은 필요하지만 스키피오에 대한 공격이 도를 넘었다고 판단했다. 자신이 옳다고 생각한 일은 하고야 마는 그는 용감하게 스키피오를 변호했고, 이로 인해 원로원의 분위기는 상당히 누그러졌다. 스키피오가 적절하게 책임을 지는 선에서 일이 마무리 된 것이다.

이를 계기로 스키피오의 딸 코르넬리아와 결혼을 한 티베리우스는 두 아들을 얻었으며 큰아들에게 자신의 이름을 물려주었다. 이후에 코르넬리아는 자신의 딸 셈프로니아(Sempronia Gracchae)를 소스키피오에게 시집보냈다. 이로써 그라쿠스 형제는 외조부로 대스키피오를, 매부로 소스키피오를 둘 수 있었다. 그러나 '인간지사 새옹지마'라고 하지 않던가. 이들이 장성하기 전에 아버지 티베리우스는 일찍 세상을 떠난다. 과부가 된 코르넬리아는 여러 사람으로부터 청혼을 받았다. 그중에는 로마와 동맹관계에 있는 나라의 왕들도 있었다. 당시에는 과부의 재혼이 당연하게 여겨졌기 때문에 가능한 일이었다. 그러나 그녀는 두 아들의 온전한 양육을 위해서 모든 청혼을 거절했고, 그녀의 노력과 바람대로 두 아들은 훌륭하게 성장해 주었다.

「두 아들을 자신의 보물이라고 했던 그라쿠스 형제의 어머니 코르넬리아」,
카우프만(Angelica Kauffman, 1741~1807).

장성한 큰아들 티베리우스는 소스키피오를 따라 제3차 포에니전쟁에 참전하여 카르타고의 멸망을 목격했고, 속주 히스파니아에서 일어난 반란을 진압하기 위하여 파견된 군단에서 회계감사관(콰이스토르, Quaestor)으로 활동했다. 로마 전역을 다니면서 평소에 볼 수 없었던 로마의 현실을 직시한 그는 로마가 이대로 가다가는 멸망할지도 모른다고 생각했고, 개혁의 선봉장으로 나섰다.

오랫동안 고대로마사를 연구했던 허승일은 『로마 공화정 연구』에서 티베리우스의 개혁이 폴리비우스의 영향을 받은 것이었다고 주장한다. 2장에서 언급했던 것처럼 폴리비우스는 집정관과 원로원, 그리고 민회가 서로 견제하는 로마의 공화정을 지상 최고의 정치제도로 보았다. 이런 폴리비우스가 티베리우스와 함께 제3차 포에니전쟁에 참전했을뿐더러 소스키피오를 매개로 서로 왕래가 잦았을 것이라고 한다. 당연히 폴리비우스와 여러 이야기를 나누면서 그 영향을 받았을 수 있다. 그뿐만 아니라 티베리우스 역시 그리스 출신의 가정교사로부터 아리스토텔레스를 비롯하여 그리스의 철학과 정치사상들을 배웠을 것이므로 이 주장은 신빙성이 있다. 그는 같은 책에서 이렇게 말하고 있다.

티베리우스 그라쿠스는 귀족가문 출신으로서 별다른 정치활동을 하지 않아도 자동으로 콘술이 될 유망한 청년이었다. 그럼에도 30세의 젊은 나이로 온갖 위험을 무릅쓰고 농지분배를 단행하려 했다. 그는 폴리비우스의 혼합정체 사상의 영향을 받았다. 그래서 로마가 현재 중소 자영농민층의 몰락으로 민주정적 요소가 약화되어 혼합정체의 균형이 깨지고 있다고 보았다. 그러므로 농지분배를 통해 중소 자영농민층을 재육성하고, 군사력을 강화하고, 곡물 위기 등의 근본 문제들을 한꺼번에 해결해서 다시 온전한 혼합정체의 원상회복을 기해야 한다고 판단했다.

티베리우스는 아버지로부터 이름만 물려받은 것이 아니다. 옳은 일이라면 자신의 영달이나 안위를 개의치 않고 실행하는 성품도 물려받은 듯하다. 누구나 알지만 결코 나서지 않는 일을 하기로 결심하고 기원전 134년 호민관에 출마했다. 평민들의 고통을 해결하기 위해서는 개혁이 필요하다면서 자신에게 중책을 맡겨 달라고 호소했다. 명문가의 자제가 자신들을 위해서 일하겠다고 하니 표를 주지 않을 사람이 없었다. 호민관에 당선된 그는 농지개혁 법안을 평민회에 제출했다. 그는 임차 가능한 국유지의 상한선을 정하고, 이 기준보다 많이 보유한 사람은 반환하여 농민에게 재분배하자고 주장했다. 이는 분명히 원로원 귀족들을 겨냥한 것이었다. 이들은 심기가 불편했지만 드러내 놓고 반대하지는 못했다.

가난한 이들에게 땅만 빌려 준다고 빈부격차가 당장 해결되지는 않는다. 농사를 짓기 위해서는 초기 투자비용이 절실한데, 가난한 이들은 이마저도 없었다. 티베리우스는 고민 끝에 국고에서 이 비용을 빌릴 수 있도록 법안을 발의하려고 했다. 이제 원로원 귀족들의 인내는 한계에 달했다.

그러나 로마는 법치 국가이고, 티베리우스가 법으로 밀어붙이면 어떻게 할 수 없었다. 그의 개혁을 막기 위해서는 합법적인 수단이 필요했다. 그런 원로원 의원들 눈에 띈 사람이 있었으니 티베리우스의 죽마고우이자 또 다른 호민관이었던 옥타비우스(Marcus

Octavius)였다. 귀족들은 그에게 티베리우스의 개혁을 반대하도록 사주했다. 호민관이 한 명이라도 반대하면 법안은 성립되지 못한다는 조항을 이용한 것이다. 티베리우스는 옥타비우스와의 논쟁에서 언제나 이겼지만, 옥타비우스는 끝까지 자신의 의견을 굽히지 않았다. 티베리우스는 배후에 원로원이 있는 이상 설득은 불가능하다고 판단하여, 친구의 호민관 해임건의안을 평민회에 제출했다. 이는 평민회를 양분시켰다. 불가피한 조치였다고 말하는 사람도 있었지만 티베리우스가 너무 심하다고 주장하는 사람도 있었다. 어찌 되었든 투표 결과 옥타비우스는 해임되었고, 티베리우스의 농지법도 가결되었다.

이렇게 티베리우스의 개혁 방식이 과격해지자 티베리우스를 옹호했던 일부 원로원 의원들도 등을 돌리기 시작했다. 그러던 중 지금의 터키 지역에 위치하고 있던 페르가몬(Pergamon) 왕국의 아탈로스 3세(Attalos III, BC 170~133)가 왕국을 로마의 속주로 편입시켜 달라는 유언을 남겼다는 소식이 전해졌다. 티베리우스는 속주에서 들어올 직접세를 평민들의 영농자금으로 지원하자고 제안했다. 원로원 의원들은 참을 수 없는 살기를 느꼈다. 속주에 대한 모든 결정 권한은 원로원에 있었는데, 티베리우스의 이러한 생각은 원로원을 부정하는 것과 다름없다고 판단했다. 그러나 더 중요한 이유는 원로원 의원들이 입을 경제적 손실이었다. 속주에서 원로원이 직간접으로 벌어들일 수 있는 수입이 결코 적지 않았는데, 지금 티베리우스가 그것을 통째로 빼앗으려 하는 것이다.

평민회의 분위기도 예전 같지 않았다. 전례 없는 호민관 해임사건으로 평민들의 마음도 조금씩 개혁에서 멀어지기 시작했다. 게다가 농지개혁은 본궤도에 오르지도 못했는데, 티베리우스의 호민관 임기는 벌써 반이나 지나가 있었다. 티베리우스는 재선을 위해 특단의 조치를 감행할 수밖에 없었다. 바로 병역기간을 단축하고 배심원을 원로원 의원과 기사계급으로 양분하는 법안을 발의하는 것이었다. 로마에서 열리는 평민회에 참여하여 의결권을 행사하는 사람들은 농지개혁법의 혜택을 직접적으로 보는 농민들보다 기사계급이 많았기 때문에 이 방법은 효과가 있었지만, 여전히 그를 반대하는 사람들도 많았다. 한편으로 그를 지지하는 사람들은 그를 영웅처럼 생각했다.

영웅? 그렇다. 로마인은 생래적으로 영웅을 싫어하지 않는가! 원로원 귀족들은 이를 적극 활용하여 그가 왕이 되려 한다는 소문을 퍼뜨렸다. 이 소문은 티베리우스의 찬성파와 반대파의 갈등을 극대화시켰다. 고성과 욕설이 오가고 마침내 몸싸움도 산발적으로 벌어졌다. 어느새 평민회는 아수라장이 되었고, 원로원 의원들도 티베리우스 일당으로부터 공화정을 지켜야 한다면서 노예들과 함께 몽둥이를 들고 평민회장으로 달려왔다. 결과는 참담했다. 변화를 원하는 이들과 거부하는 이들의 충돌은 극단으로 내달려 티베리우스를 비롯한 그의 지지자 수백 명이 맞아 죽었다. 이것도 성에 차지 않았는지, 그들의 시체를 티베리스 강에 버렸다. 그야말로 개죽음을 당한 것이다. 이 사건 이후 티베리우스의 개혁은 흐지부지되었다. 마치 모두가 침묵하기로 약속한 것처럼 이 일에 대하여 공식적으로 언급하는 사람은 아무도 없었다.

꿈으로 끝나 버린 형제의 개혁

형의 끔찍한 죽음을 알게 된 동생의 마음은 어땠을까? 그 마음을 알 수 있는 사료는 남아 있지 않다. 그러나 20대 청년이었던 동생은 분명 형이 이루지 못했던 것을 이루어야겠다는 결심을 했을 것이다. 이는 가이우스가 형이 호민관에 당선된 지 10년이 지난 기원전 124년에 호민관에 출마했다는 사실로 알 수 있다. 호민관에 당선된 그는 형처럼 농지개혁법을 재추진하기에 이른다.

그것은 시작에 불과했다. 형보다 더 급진적인 법안들을 차례로 발의했다. 우선 군복무 중에 장비와 무기, 식량을 국가가 전적으로 부담하도록 하는 법안을 발의했다. 스스로 장비와 무기를 구입할 수 없을 정도로 가난한 이들을 위한 배려이자 군대의 질적 하락을 막기 위한 방법이었다. 그리고 배심원의 절반이 아니라 전부를 기사계급으로 구성하는 법안을 내놓았다. 더욱 공정한 재판을 위해서이기도 했고, 기사계급의 영향력을 무시할 수 없기 때문이기도 했다. 투표제도에도 손을 대었다. 로마에서는 재산에 따라 병역의 의무와 이에 상응하는 투표권이 주어졌다. 그동안은 재산이 많은 사람들부터 투표를 하되, 과반수가 넘으면 더 이상 투표를 진행하지 않는 방식이었다. 그런데 가장 재산이 많은 사람들만으로도 과반수가 넘었기 때문에 민회 역시 부유층의 뜻대로 움직였다. 가이우스는 모든 사람이 동시에 투표하도록 하는 법안을 발의했다.

가이우스는 다양한 일자리 창출을 위해서도 새로운 법안을 만들었다. 사실 로마는 더 이상 농경민족이라고 볼 수 없었다. 초기의 로마인들은 대다수가 농민이었지만, 공화정 말기에는 다른 업종에 종사하는 사람들도 상당수 있었다. 자영농이 몰락하기 시작한 것은 어제오늘의 일이 아니었다. 이런 측면에서 개혁은 다양하게 진행될 필요가 있었다. 특히 로마의 영토가 이탈리아를 넘어 지중해 전역에 미치지만 여전히 미개발 지역이 많다는 점에 착안했다. 그래서 도로와 다리, 수도교 등 다양한 사회간접자본을 건설하도록 하여 일자리를 늘리고, 입지가 좋은 지역에 식민시를 건설하여 원하는 사람들이 살 수 있는 현실적인 기반을 마련하고자 했다.

가이우스가 호민관에 당선되었을 때 형을 죽였던 원로원 의원들은 무슨 생각을 했을까? 개혁의 필요성을 인정하면서도 한편으로 자신들의 이권과 이익이 침해당하지 않기를 원했던 이들은 동생의 방법이 좀 더 온건하기를 바라지 않았을까. 그러나 기대는 무너졌다. 동생은 형보다 더 급진적이었다. 원로원 의원들은 10년 전의 악몽이 재현되는 듯했을 것이다. 그러던 중 가이우스가 아주 민감한 사항을 건드렸고, 이 일로 원로원 의원들은 본격적으로 가이우스와 대립각을 세우게 된다. 바로 시민권 개혁법이었다.

로마연합에는 다양한 시민권이 있었다. 우선 로마 출신이 가지는 로마 시민권이 있고, 로마와 동맹관계에 있는 국가 출신에게 주어지는 라틴 시민권이 있다. 더 넓게는 이탈리아 반도에 사는 모든 사람들을 가리켜서 이탈리아인이라고 했다. 이탈리아 반도 바깥쪽으로는 로마가 직접 통치하는 속주가 있었고, 로마와의 전쟁에 패했지만 자치를 보장받는 동맹국이 있었다. 초기 로마인들은 로마 시민권을 나눠 주는 데 전혀 주저하지 않았다. 오히려 병역의 의무가 있는 시민권자들이 많아야 로마가 주변의 강한 부족들 사이에서 살아남을 수 있었기 때문에 적극적으로 이민족을 받아들였다. 어디 병역의 의무만인가. 포에니전쟁 때처럼 국가 재정이 바닥날 때는 의

무적으로 국채를 사야만 했으며 군복무 중 받는 급료도 라틴 시민권자들과 이탈리아인들보다 더 적었다. 반면 전리품은 동등하게 분배받았다. 라틴 시민권자들이나 이탈리아인들은 로마 시민권이 달갑지 않았다. 그러나 포에니전쟁 이후로 달라졌다. 속주가 늘어나면서 국가 재정은 탄탄해져서 국채 발행은 사라졌으며 전리품 역시 로마 시민들에게만 주어졌다. 당연히 로마 주변의 라틴 시민권을 가진 사람들과 이탈리아인들이 로마로 몰려들었고, 급기야 로마는 이들에게 시민권을 주지 않기로 했다. 이들에게 시민권을 주면 이웃나라들과의 관계가 악화될 것이 뻔했기 때문이다.

그러나 가이우스는 농지법을 비롯하여 모든 개혁 법안이 성공적으로 실현되기 위해서는 시민권의 확대가 불가피하다고 생각했다. 일례로 국유지를 임차한 사람들 중에는 라틴 시민권자들이 포함되어 있었다. 농지개혁을 위해서는 부정 임차된 땅을 회수해야 하는데, 로마인들이 아닌 이들에게 법을 적용할 수는 없었다. 게다가 가이우스의 개혁은 로마의 영향력이 미치는 모든 곳에 적용되는 광범위한 것이었다. 개혁을 효과적으로 수행하기 위해서는 시민권의 개방이 필수적이었다. 그래서 가이우스는 라틴 시민권을 로마 시민권으로 바꾸고, 이탈리아인들에게는 라틴 시민권을 주는 법을 발의했다.

그런데 평민회에서조차 이 법안은 부결되었다. 왜 그랬을까? 자신들의 이익이 침범당할 것이라고 판단했기 때문이다. 기사계급은 시민권자들이 많아지면 세금의 면제 대상과 함께 경제활동에 참여하는 사람들이 많아질 것을 염려했다. 평민들은 자신들에게 돌아올 좋은 땅을 빼앗길 수도 있다는 생각을 하지 않을 수 없었다. 이 말은 가이우스의 개혁이 가난한 평민들도 받아들이기 어려울 정도로 급진적이었다는 뜻이다. 원로원 의원들이 펄쩍 뛰었음은 두말할 필요도 없었다. 그나마 다행스러운 것은 시민권을 제외한 다른 법안들은 모두 가결되었고, 형이 이루지 못했던 호민관 재선도 이루어 냈다는 사실이다.

원로원은 티베리우스를 방해하기 위하여 옥타비우스를 대리자로 내세웠던 것처럼, 가이우스를 저지하기 위해 드루수스(Marcus Livius Drusus)를 내세웠다. 언뜻 비슷해 보이지만 방식은 정반대였다. 옥타비우스에게 티베리우스를 반대하게 했다면, 드루수스에게는 더 개혁적이고 더 친평민적인 법안을 발의하게 했다. 예를 들면 국유지의 임차비용을 면제해 주겠다는 식이었다. 이제 드루수스의 인기가 더 높아졌다. 이 모든 일은 가이우스가 카르타고 식민시 건설을 위해 로마를 잠시 떠나 있었을 때 진행되었다. 또한 형에게 그랬던 것처럼 원로원 의원들은 가이우스가 스스로 왕이 되려 한다는 소문을 퍼뜨리기 시작했다. 카르타고에 도시를 세우면 저주를 받을 것이라는 소문도 함께 나돌았다. 마침내 카르타고 식민시 건설을 반대하는 법안이 제출되었다. 로마로 돌아온 가이우스는 평민회의 분위기가 달라져 있음을 직감했다.

호민관의 3선에 실패한 그는 남은 임기 몇 개월 동안이라도 자신의 정책이 현실화될 수 있도록 노력했고, 그중 가장 빠르게 실현할 수 있고 개혁의 효과가 금방 나타날 수 있는 것은 카르타고에 식민시를 세우는 일이라고 생각했다. 그러나 식민시 건설을 반대하는 법안이 올라온 만큼 평민회는 이를 두고 다시 표결을 해야만 했다. 표결 당일의 분위기는 형 티베리우스의 재선 투표 때와 비슷했다. 사람들은 극단적으로 변해 양분되었다. 끼리끼리 모여서 논쟁을 벌였

「가이우스의 죽음」, 토피노 르브랭(Jean-Baptiste Topino-Lebrun, 1764~1801).

고, 고성과 욕설이 오갔다. 그러던 중 평민집회를 시작하기 전에 관례적으로 진행하는 제사에서 문제가 터졌다. 제사를 돕는 관리 한 명이 무례하게 행동하다가 흥분한 가이우스 지지자의 손에 죽은 것이다. 반대파는 시신을 원로원 회의장 앞에 가져다 놓았고, 이를 본 원로원은 비상사태를 선포하고 가이우스 일파를 폭도로 규정했다.

폭도로 규정했다는 것은 사형선고를 의미했다. 집정관은 군단을 동원하여 폭도들을 잡으러 갔다. 가이우스의 지지자들 역시 무장한 채로 맞서 싸웠지만 상대가 되지 못했다. 또다시 일방적인 살육이 벌어졌다. 형이 당했던 것처럼 가이우스는 물론 그를 따르던 사람들 수천 명이 죽임을 당했다. 형을 죽였던 원로원은 시체를 강에 버렸지만, 동생을 죽인 후에는 그 시체를 포로 로마노에 효수했다. 원로원의 분풀이는 여기서 끝나지 않았다. 티베리우스 때는 개혁 법안까지 되돌리지 않았지만, 가이우스를 죽인 후에는 모든 것을 원점으로 되돌렸다.

자, 형제의 개혁에 대한 원로원의 반응이 어떤가? 지나칠 정도로 과격하다. 비합리적이다. 몰상식하다. 로마인들이 누구인가? 전장에서 목숨을 걸고 싸웠던 적이라도 전쟁 후에는 동화시킬 정도로 합리적인 사람들이 아닌가. 그런데 적도 아닌 동족을 어떻게 저렇게 대할 수가 있단 말인가! 형은 때려죽인 후에 강에 던지고, 동생의 시체는 광장에 효수하기까지 했으니 로마인도 별 수 없는 야만인인 걸까? 더구나 형제는 로마의 대표적인 명문가 자제들 아닌가! 더 충격적인 사실은 이들이 호민관의 임기 중에 죽었다는 것이다. 신변불가침의 명백한 조항이 있었는데도 법치를 중요시했던 로마 사람들이 어떻게 이런 끔찍한 일을 저지를 수 있었는지 쉽게 이해가 가지 않는다.

인간은 언제나 합리적일까?

많은 사학자들은 두 형제의 실패 원인을 시기상조에서 찾는다. 시대가 받아들일 수 없을 정도로 개혁적이고 진보적이었다는 것이다. 그러나 법을 중요시하는 로마인들이 법을 어기면서까지 전도유망한 청년 둘을 잔인하게 짓밟은 것을 단지 지나친 시기상조로만 설명할 수 있을까?

우선 원로원 의원들과 반개혁파 사람들이 카피톨리노 언덕으로 올라가서 형과 동생, 그리고 지지자들을 잔인하게 죽이는 장면만 놓고 본다면 탈개인화(deindividuation)로도 설명이 가능하다. 탈개인화란 개인에서 벗어나 집단으로 행동하는 현상으로, 극단적인 일도 서슴지 않아서 전쟁이나 폭동을 설명하는 데 자주 인용된다. 2002년 월드컵 때 엄청난 사람들이 함께 모여서 길거리 응원을 하고, 그 후에 청소까지 말끔하게 했던 일도 역시 탈개인화의 한 예라고 할 수 있다. 탈개인화를 위해서는 개인이 잘 드러나지 않아야 하므로 비슷한 옷을 입을 때나 어두울 때 잘 일어난다. 월드컵 응원 때는 모두가 붉은 계통의 옷을 입었고, 군대에서는 군복을 입히고 머리를 짧게 깎도록 한다. 폭동이 주로 밤에 일어나는 것도 같은 이유다. 또한 사람들이 흥분할 때 탈개인화가 잘 일어나는데, 군대와 폭동, 월드컵 응원은 모두 고성이나 함성, 음악과 북소리를 사용한다는 공통점이 있다.

탈개인화
개인을 벗어난다는 의미의 탈개인화는 무리 속에 있을 때 개인보다는 집단으로 행동하는 현상을 지칭한다. 탈개인화 자체가 나쁜 것은 아니지만 대체로 긍정적인 사건보다는 부정적인 사건에서 탈개인화가 언급된다.

그러나 탈개인화로는 설명이 충분하지 않다. 탈개인화는 상황적이고 순간적인 측면이 강하다. 다시 말해 집단이 함께 모여서 흥분했을 때 적용될 수 있다. 그런데 개혁을 반대하는 사람들은 두 형제가 죽은 후에도 개혁을 좌초시키려는 온갖 노력을 기울인다. 도대체 이들을 그토록 화나게 한 것은 무엇일까? 특히 원로원 의원들을 행동에 나서게 했던 두 가지 사건, 페르가몬 왕국의 양도와 시민권 개혁 법안이 분명한 손익과 연관이 있다는 점에서 경제학적인 설명을 참고할 필요가 있다.

경제학은 모든 인간을 합리적 판단 주체로 본다. 특히 고전 경제학에서 그러하다. 사람들은 항상 다양한 선택 중에서 예상되는 대가(기대값)가 더 큰 것을 선호하고 기대값이 커질수록 그 선택의 효용을 더욱 크게 느낀다. 이를 기대효용 이론(Expected Utility

Theory)이라고 한다. 학창시절에 배웠던 최소한의 비용으로 최대의 만족을 얻으려는 기본적인 경제원칙(최소비용의 원칙과 최대효과의 원칙)과 일맥상통하는 이론이다.

기대효용 이론
행동의 결과가 불확실한 상황에서 합리적인 경제 주체는 결과에 대한 효용의 기대치에 근거하여 판단하고 선택한다는 경제학 이론이다. 미래는 언제나 불확실성으로 가득 차 있기 때문에 그 가운데서 가장 최선의 선택을 하려는 인간의 모습을 단적으로 보여 준다.

예를 들어 당신이 서점에서 책을 구입한다고 치자. 사람의 마음에 대한 궁금증이 생겨서 심리학과 관련된 책을 사려고 관련 코너에 서 있다. 마음에 드는 책을 골라 보니 『누다심의 심리학 블로그』와 『심리학으로 보는 조선왕조실록』이 손에 잡혔다. 주머니 사정상 한 권밖에 살 수 없다면 어떤 책을 사겠는가? 누구나 더 재미있거나 유익할 것으로 기대되는 책을 구입할 것이다. 이 기대효용 이론을 필두로 하여 고전 경제학에서는 인간을 이렇게 본다. 최선의 방법으로 효용의 극대화를 추구하는 합리적 존재이자 일관성 있는 존재, 그리고 결국 자신에게 이득이 되는 선택을 하는 이기적 존재.

이러한 가정 하에서 다시 로마로 돌아가 보자. 로마의 패권이 확대되면서 시장이 넓어지고, 경작할 수 있는 땅도 많아졌다. 게다가 많은 노예들이 유입되어 값싸고 안정된 노동력도 얻을 수 있었다. 로마의 원로원 귀족들을 비롯하여 경제적으로 부유한 사람들은 날마다 호황이었다. 그런데 이 모든 경제적 이득은 로마라는 울타리가 존재해야만 가능한 것이다. 만약 로마가 이민족의 침입을 받아 무너진다면 아무것도 보장받을 수 없기 때문이다. 그런데 로마라는 울타리 역할을 해 주던 막강 군대가 허약 군대가 되어 가고, 도시에는 걸인들이 넘쳐나기 시작했다. 이렇게 계속 가다가는 울타리가 무너질지도 모른다. 당신이 원로원 귀족이라면 어떻게 할 것인가? 돈을 내서라도 울타리를 고칠 것인가, 아니면 당장 돈이 아까워서 울타리를 고치지 않을 것인가? 사람들은 당연히 울타리를 고쳐야 한다고 말할 것이다. 아깝지만 편법으로 임차했던 국유지를 평민들에게 나눠 주도록 반납하고, 국고를 털어서라도 평민들이 자영농으로 돌아가 성공적으로 자리를 잡을 수 있도록 지지해 주는 것이 마땅하다고 생각할 것이다. 그러나 원로원 의원들은 이렇게 판단하지 않았다.

이런 비난에 원로원 의원들이 억울해할 수도 있다. 아마도 자신들이 그라쿠스 형제의 개혁을 반대한 것은 그깟 경제적 이익에 연연해서가 아니라, 폴리비우스의 표현대로 지상 최고의 정치제도인 공화정을 그들이 깨뜨리려고 했기 때문이라고 말할지도 모른다. 그들은 인기주의에 영합하여 왕이 되려는 음모를 꾸미다가 죽임을 당한 것이라고. 그러나 원로원 의원들의 주장은 설득력이 부족하다. 사실 공화정이 유지되기 위해서는 평민층이 건재해야 하기 때문이다. 또한 이들이 해방노예를 앞세워 막대한 경제적 이득을 챙겼다는 것은 모두가 다 아는 사실이 아닌가.

그렇다면 이들은 왜 당장의 이익 때문에 장기적인 이익을 놓친 것일까? 이들이 고대 사람들이라 합리적이지 못해서? 아니다. 인간의 심리 때문이다. 현대인들이 저 시대의 부유한 원로원 의원이 된다고 하더라도 선택은 별반 다르지 않을 것이다. 지금도 얼마나 많은 사람들이 두 형제를 비참하게 죽인 원로원 의원들처럼 행동하고 있는가!

경제학자들의 가정에 따르면 모든 사람들은 기대효용 이론에 따라서 선택해야 하지만, 실제로는 그렇지 않은 경우가 많다. 이 부분을 지적한 사람들이 꽤 많은데, 그중 대표적인 사람으로 프랑스의 경제학자이자 1988년 노벨경제학상을 수상한 모리스 알레(Maurice Allais)를 꼽을 수 있다. 그는 1953년 '알레의 역설'로 불리는 문제를 제기했다. 불확실성이 존재하는 상황에서 사람들의 선택이 반드시 기대효용을 따르지는 않는다. 즉, 소득(기대값)이 높아지더라도 효용은 높아지지 않을 수 있다는 것이다.

자, 합리적인 당신은 돈을 벌기 위해서 투자를 하려고 자문을 구했다. 그 결과 두 가지 선택이 가능함을 알게 되었다.

A) 100만 원을 벌 확률 100%

B) 500만 원을 벌 확률 10%, 100만 원을 벌 확률 89%, 한 푼도 벌지 못할 확률 1%

당신은 어느 쪽을 선택하고 싶은가? 여기서 기대값을 계산하면 A는 100만 원이고, B는 113만 원(500×0.1+100×0.89+0×0.01)이다. 기대효용 이론에서는 기대값과 효용이 비례하기 때문에 기대값이 높은 쪽을 골라야 합리적인 선택이다. 이 문제에서는 B가 합리적 선택이다. 그러나 당신은 아마 A를 선택했을 것이다. 당신뿐만 아니라 대부분의 사람들은 A를 선택한다. 불확실한 상황에서 사람들은 기대값을 따지지 않고 확률을 따르기도 한다.

또 다른 투자 상황을 보자. 이번에도 두 가지 선택이 가능하다.

C) 100만 원을 벌 확률 11%, 한 푼도 벌지 못할 확률 89%

D) 500만 원을 벌 확률 10%, 한 푼도 벌지 못할 확률 90%

당신은 어느 쪽을 선택하고 싶은가? 아마 D를 선택했을 것이다. 대부분의 사람들도 D를 선택한다. 왜 그럴까? 앞서 언급한 것처럼 이것도 불확실한 상황이니 기대값보다는 확률을 따라야 맞을 것이고, 그렇다면 C가 더 유리한데 말이다. 이 문제에서 사람들이 D를 선택하는 이유는 돈을 벌 확률의 차이가 1퍼센트밖에 나지 않기 때문이다. 이런 경우에 확률은 고려 대상이 되지 못하고 사람들은 기대값을 따른다. C의 기대값은 11만 원이고, D는 50만 원이다.

위의 두 가지 투자에서 선택에 영향을 미친 요인은 서로 다르다. 둘 다 불확실성이 존재하는 상황이었는데, 첫 번째 투자에서 사람들은 확률에 따라 선택을 했고, 두 번째 투자에서는 기대값에 따라 선택을 했다. 선택의 기준이 일관되지 못한 것이 바로 알레의 역설이다.

개혁을 좌절시킨 잠재적 손실에 대한 두려움

알레는 기대효용 이론에 대하여 문제 제기만 했을 뿐이지, 구체적으로 사람들이 불확실한 상황에서 어떠한 기준으로 선택을 하는지에 대해서는 밝히지 못했다. 이 문제를 밝히려고 시도한 사람들 중에 2002년 노벨 경제학상을 수상한 이스라엘의 심리학자 대니얼 카네만(Daniel Kahneman)도 있다. 심리학자가 경제학상을 수상했다고 하니 의외라고 생각하기 쉽지만, 사실 심리학은 인간의 사고와 행동 전반을 연구하기 때문에 어느 분야든지 접목할 수 있다는 장점이 있다.

심리학자인 그가 노벨상을 수상할 수 있었던 이유는 동료 트버스키(Amos Tversky)와 함께 알레의 역설을 검증하기 위해서 실시했던 실험 덕분이었다. 이 실험으로 행동경제학이라는 새로운 분야가 생겨났다. 행동경제학은 인간의 실제 경제활동을 설명하기 위하여 심리학적 관점을 받아들인다는 점이 기존 경제학과 다르다. 바로 이 두 사람의 연구가 1979년 경제학 분야에서 최고의 잡지 중 하나로 평가받는 「이코노메트리카」에 실렸다. 바로 이 해가 행동경제학의 원년이라고 할 수 있다.

그렇다면 실험의 내용을 살펴

행동경제학의 시발점이 된 기념비적 논문 첫 페이지.

ECONOMETRICA

VOLUME 47 MARCH, 1979 NUMBER 2

PROSPECT THEORY: AN ANALYSIS OF DECISION UNDER RISK

BY DANIEL KAHNEMAN AND AMOS TVERSKY[1]

This paper presents a critique of expected utility theory as a descriptive model of decision making under risk, and develops an alternative model, called prospect theory. Choices among risky prospects exhibit several pervasive effects that are inconsistent with the basic tenets of utility theory. In particular, people underweight outcomes that are merely probable in comparison with outcomes that are obtained with certainty. This tendency, called the certainty effect, contributes to risk aversion in choices involving sure gains and to risk seeking in choices involving sure losses. In addition, people generally discard components that are shared by all prospects under consideration. This tendency, called the isolation effect, leads to inconsistent preferences when the same choice is presented in different forms. An alternative theory of choice is developed, in which value is assigned to gains and losses rather than to final assets and in which probabilities are replaced by decision weights. The value function is normally concave for gains, commonly convex for losses, and is generally steeper for losses than for gains. Decision weights are generally lower than the corresponding probabilities, except in the range of low probabilities. Overweighting of low probabilities may contribute to the attractiveness of both insurance and gambling.

1. INTRODUCTION

EXPECTED UTILITY THEORY has dominated the analysis of decision making under risk. It has been generally accepted as a normative model of rational choice [**24**], and widely applied as a descriptive model of economic behavior, e.g. [**15, 4**]. Thus, it is assumed that all reasonable people would wish to obey the axioms of the theory [**47, 36**], and that most people actually do, most of the time.

The present paper describes several classes of choice problems in which preferences systematically violate the axioms of expected utility theory. In the light of these observations we argue that utility theory, as it is commonly interpreted and applied, is not an adequate descriptive model and we propose an alternative account of choice under risk.

2. CRITIQUE

Decision making under risk can be viewed as a choice between prospects or gambles. A prospect $(x_1, p_1; \ldots; x_n, p_n)$ is a contract that yields outcome x_i with probability p_i, where $p_1 + p_2 + \ldots + p_n = 1$. To simplify notation, we omit null outcomes and use (x, p) to denote the prospect $(x, p; 0, 1-p)$ that yields x with probability p and 0 with probability $1-p$. The (riskless) prospect that yields x with certainty is denoted by (x). The present discussion is restricted to prospects with so-called objective or standard probabilities.

The application of expected utility theory to choices between prospects is based on the following three tenets.

(i) Expectation: $U(x_1, p_1; \ldots; x_n, p_n) = p_1u(x_1) + \ldots + p_nu(x_n)$.

[1] This work was supported in part by grants from the Harry F. Guggenheim Foundation and from the Advanced Research Projects Agency of the Department of Defense and was monitored by Office of Naval Research under Contract N00014-78-C-0100 (ARPA Order No. 3469) under Subcontract 78-072-0722 from Decisions and Designs, Inc. to Perceptronics, Inc. We also thank the Center for Advanced Study in the Behavioral Sciences at Stanford for its support.

263

보자. 그가 실험에 사용했던 문제들은 다양하지만 그 패턴은 모두 동일하다. 다시 투자 상황으로 돌아가서 다음의 두 가지 선택이 가능하다고 가정하자. 당신은 어느 것을 선택하겠는가?

A) 3,000만 원을 벌 확률 100%

B) 4,000만 원을 벌 확률 80%, 아무것도 받지 못할 확률 20%

두 번째 투자 상황이다. 이번엔 어떤 것을 선택하겠는가?

C) 3,000만 원을 잃을 확률 100%

D) 4,000만 원을 잃을 확률 80%, 아무것도 잃지 않을 확률 20%

이 실험에서 카네만은 80퍼센트의 사람들이 A를, 92퍼센트의 사람들이 D를 선택한다는 사실을 발견했다. 비슷한 패턴에서도 모두 마찬가지였다. 당신의 선택은 어떠했는가? 심리학을 비롯하여 대부분의 과학적 학문들은 통계를 이용한 평균을 중심으로 이론을 펼치기 때문에 혹시 당신이 B를 선택한 20퍼센트라거나 C를 선택한 8퍼센트라도, 책을 내던지지 말고 끝까지 읽어 주기를 바란다.

카네만은 불확실한 상황에서의 선택은 잠재적 이익뿐 아니라 잠재적 손실과도 연관이 있음을 밝혀냈다. 좀 더 구체적으로 보자면 이익과 연관된 상황에서는 위험보다는 안전을 선택하고, 손실과 연관된 상황에서는 안전보다는 위험을 선택한다는 것이다. 그래서 돈을 벌 수 있다면 모험을 하지 않지만, 돈을 잃을 수 있다면 모험을 감내한다.

왜 손실과 연관된 상황에서는 모험을 선택하는 것일까? 이에 대하여 카네만은 손실에 대한 심리적 고통은 이익에 비하여 2.5배나 크다고 지적한다. 어떻게든지 손실을 피하려고 하는 손실 혐오 현상이 생기게 마련이다. 따라서 적지만 확실한 손해(C의 경우)보다는 크지만 불확실한 손해(D의 경우)를 선택한다는 것이다.

이것이 바로 카네만에게 노벨상을 안겨 준 전망 이론(Prospect Theory)의 개략적 내용이다. 불확실한 상황을 앞에 두고서, 혹은 불확실한 상황에서 잠재적 이익과 손실이 전망된다면 이 둘에 대한 반응이 다르다는 것이다. 이를 아래 그림처럼 표현할 수 있다.

당신이 투자를 하는 사람이라면 이 현상을 몸소 체험한 적이 있을 것이다. 투자의 대상이 주식이든 펀드이든 집이든 모두 같은 원리이다. 주식이 100만 원 올랐을 때의 기쁨과 100만 원 떨어졌을

이익과 손실에 대해 느끼는 반응 곡선.

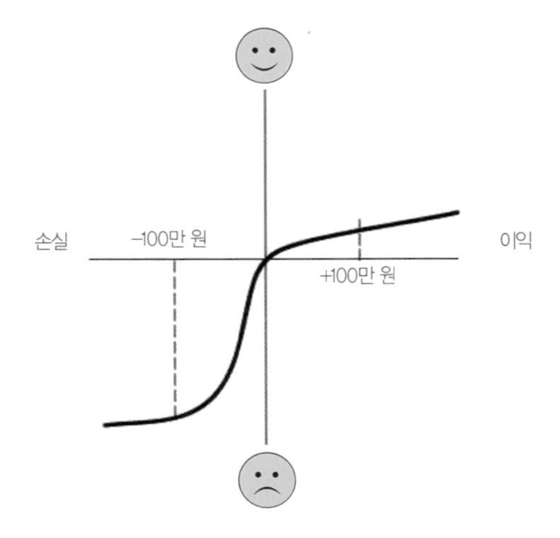

때의 슬픔은 동일하지 않다. 기쁨이 10이라면 슬픔은 25가 된다. 그래서 손실을 최소화하기 위하여 더 큰 손실을 볼 수 있는(물론 가능성은 적지만 돈을 벌 수 있는) 종목에 무리한 재투자를 한다.

기대효용 이론에 따르면 기대값에 따라 선택을 하기 때문에 더 큰 손실을 보기 전에 확실한 작은 손실로 마무리를 지어야 한다. 물론 이렇게 합리적으로 판단하는 사람들도 있지만, 대부분의 사람들은 아무것도 잃지 않을 확률 20퍼센트 때문에, 4,000만 원을 잃을 80퍼센트의 확률을 감내한다. 그렇게 해서 결국 끊임없는 악순환에 빠지고 만다.

전망 이론

기대효용 이론은 불확실한 상황에서 사람들이 언제나 자신에게 이득이 되도록 선택한다고 예측한다. 그러나 전망 이론에서는 불확실한 상황에서 사람들의 선택이 잠재적인 이득뿐 아니라 잠재적인 손실을 고려하는 경향이 있다고 말한다. 구체적으로 보면 이득의 경우에는 위험보다는 안전, 손실의 경우에는 안전보다는 위험을 선택한다는 것이다. 투자가 도박으로 이어지는 것은 바로 원금을 회복할 수 있는 작은 가능성(즉 더욱 손해를 볼 수 있는 큰 가능성) 때문이다.

모든 인류 사회에서 부의 불평등은 문제가 되었다. 이를 해결하기 위하여 많은 제도와 이론들이 등장했지만, 여전히 이것은 인류에게 큰 숙제로 남아 있다. 함께 일하고 함께 나누자는 공산주의는 역사의 한 페이지를 장식했던 실험으로 끝나 가고 있다. 이론적으로는 완벽하게 보이지만 실천에서 많은 허점을 드러낸 공산주의는 여러 국가들에서 유기되거나 수정되었다. 그렇다면 자본주의는 어떠한가? 자본주의는 부의 불평등과 이로 인한 사회문제를 해소하기 위하여 복지라는 개념을 도입했다. 복지의 주된 목적 중의 하나가 바로 부의 재분배임을 생각할 때, 자본주의도 완벽하다고 할 수 없다. 이처럼 이론과 현실의 괴리가 생기는 이유는 공산주의와 자본주의 모두 인간을 완벽한 합리적 판단 주체로 보기 때문이다.

자유주의 시장경제에서 부유한 사람들로부터 많은 세금을 걷어서 모두를 위한, 특히 가난하고 약한 이들을 위한 서비스를 한다고 반대할 사람은 없을 것이다. 합리적이고 이성적인 판단으로는 그럴 필요가 있다고 생각하기 때문이다. 그러나 속마음은 다르다. 부유한 사람들이 자발적으로 자신의 부를 내놓지 않는 이상 누군가에 의하여 자신의 재산권이 침해당한다고 느낀다면 그 심리적 고통은 생각보다 훨씬 클 것이다.

심리학의 여러 이론은 인간이 생각보다 합리적이지 못하다고 주장한다. 이런 측면에서 행동경제학도 맥락을 같이하고 있다. 그러나 행동경제학이 인간의 합리성과 일관성을 주장하는 고전경제학에 도전한다고 해서 인간의 비합리성과 비일관성을 주장한다고 생각하면 안 된다. 우리는 때로 전부 아니면 전무(全無)로 생각하는 오류를 범할 수 있다. 행동경제학의 주장은 '인간은 비합리적이고 비일관된 존재'라기보다는 '인간은 언제나 합리적으로 판단하는 것은 아니며, 모든 상황에서 일관되지는 않은 존재'라고 볼 수 있다. 이를 다른 말로는 제한된 합리성(limited rationality)이라고 한다.

그라쿠스 형제는 인간을 어떻게 보았을까? 고전경제학자들처럼 합리적인 판단을 할 수 있는 존재라고 본 것은 아닐까. 그래서 자신의 개혁으로 손해를 보는 사람들이 있어도 한번 추진해 볼 만하다고 생각하고, 부유층도 결국엔 자신의 생각에 동의할 것이라고 생각했는지도 모르겠다. 게다가 그라쿠스 형제는 호민관으로서 개혁을 추진하려고 했기 때문에 평민들은 자신들에게 표를 던질 것이라고 믿었을 것이다. 물론 평민들은 그들을 지지했다. 그러나 현실적으로 투표장에 참석할 수 있는 로마 거주 평민들 중에는 농업에 종사하는 사람들이 많지 않았다. 개혁의 필요성을 느끼긴 하지만 정작 자신들의 생계와는 큰 상관이 없었다.

형 티베리우스는 이것을 의식하여 재선을 위해 투표에 참가하는 평민들에게도 이득이 될 만한 병역과 배심원단 구성을 건드렸던 것이다. 동생 가이우스는 여러 개혁 법안을 통과시키긴 했지만, 정작 중요한 시민권 문제에 있어서는 실패했다. 평민회에서 부결된 것이다. 로마 시민권이 있는 평민들은 시민권 개혁을 하면 자신들에게 잠재적 손실이 초래될 것이라고 생각했기 때문이다.

결국 개혁과 변화를 싫어하는 부유한 사람들은 물론, 이를 원하는 사회적 약자마저도 잠재적 손실에 너무나 민감하게 반응했다. 손실의 고통과 그로 인한 혐오. 손실이 예상될 때 안전보다는 모험을 선택하는 사람들의 심리. 포에니전쟁을 승리로 이끌면서 지중해의 패권을 장악하는 데 효율적이고 합리적으로 작동했던 원로원의 모습은 막상 자신들에게 임박했다고 생각한 잠재적 손실 앞에서 흔적도 찾아볼 수 없었다. 그들은 너무나 짐승처럼 행동했다. 그라쿠스 형제를 제거하는 과정을 보면 도저히 천 년 로마의 근간을 닦은 지성인들의 무리가 아니었다. 고통 분담은 결코 쉽지 않은 일이다. 정력적이고 용감했던 두 청년은 비참한 죽음을 맞이했고, 로마는 다시 혼란 속으로 빠져들었다.

두 형제의 뒤를 이어 로마의 혼란을 수습하려고 나선 사람은 두 명의 장군이었다.

협력과 배반의 게임, 마리우스의 시대

가이우스가 죽은 지 2년 후인 기원전 119년, 무명에 가까운 마리우스가 호민관에 당선되었다. 일찍이 군에서 여러 공을 세운 전력 때문에 군 경험이 있는 사람들은 그를 알지만, 호민관에 당선될 정도로 유명하지는 않았다. 그러나 군대에서 상관으로 모셨던 메텔루스(Quintus Caecilius Metellus Numidicus)가 많은 평민들을 동원해 주었기에 호민관에 당선될 수 있었다.

마리우스와 메텔루스의 인연은 기원전 109년 유구르타전쟁에 사령관과 부사령관으로 참전하면서 계속되었다. 북아프리카에 위치한 유구르타는 로마가 한니발을 물리치는 데 일조한 덕분에 줄곧 로마와 긴밀한 관계를 맺고 있었다. 그러던 중 왕국의 후계자 문제 때문에 내전이 일어났고 이를 수습하기 위하여 원로원은 군단을 파병하기로 했다.

당시에는 아무도 전쟁이 오래가지 않을 것이라고 생각했지만 이는 오판이었다. 로마의 정규 군단은 실력이 형편없었다. 상황이 이렇게 되자 사령관 메텔루스는 마리우스의 반대에도 불구하고 장기전으로 가는 전략을 택했다. 마리우스는 로마로 돌아가서 전쟁을 조기에 마무리 짓겠다는 공약을 내세워 기원전 107년 집정관에 당선되었고 동시에 북아프리카 사령관으로 선출되었다. 마리우스 입장에서는 불가피한 선택이었을지 몰라도, 메텔루스에게 마리우스의 행동은 신의를 저버린 배반이었다.

메텔루스를 밀어내고 북아프리카의 사령관이 된 마리우스는 군사적 재능이 뛰어났다. 그러나 전쟁에서 때로는 군사력보다 중요한 것이 있다. 바로 외교력이다. 유구르타의 경우 주변 부족들과 긴밀한 협조를 맺고 있었기 때문에, 로마가 승리하기 위해서는 주변 부족들을 설득해야 했다. 이때 회계감사관이었던 술라(Lucius

Cornelius Sulla Felix, BC 138~78)가 주변 부족들을 잘 설득하여 전쟁은 승리로 끝났다.

마리우스는 집정관에 당선되자마자 로마의 전통이자 자랑이었던 징병제를 모병제로 바꾸고, 재산 정도나 출신에 따라 존재하던 역할과 임무, 무기와 장비의 차별을 없앴다. 그리고 총사령관이 부하 장교들을 임명할 수 있도록 했다. 그 결과 총사령관의 권력이 강화되고 병사들의 충성도가 더욱 높아졌다. 마리우스는 이로써 그라쿠스 형제가 하지 못했던 일자리 창출과 군단의 질적 강화라는 두 마리 토끼를 잡을 수 있었다. 게다가 귀족들의 반발도 없었으니 그야말로 금상첨화가 아닐 수 없었다.

마리우스의 개혁으로 결속력이 강화되어 더욱 강력해진 군대는 기원전 102년 식량을 위해 남하하던 게르만족을 물리침으로써 그 효과를 증명했다. 그런데 아이러니하게도 전쟁에서 승리하고 평화가 찾아오자 문제가 발생했다. 군대를 더 이상 유지할 필요가 없어져서 다시 실업자들이 발생한 것이다. 개혁의 효과가 개혁의 한계를 초래한 꼴이었다.

이 문제를 해결하기 위하여 당시 호민관이었던 사투르니누스(Lucius Appuleius Saturninus)가 나섰다. 그는 퇴역병들이 정착할 수 있도록 카르타고를 비롯한 여러 지역에 식민시를 만들겠다고 했고, 마리우스는 이를 적극 지원하기로 했다. 식민시 법안에 대한 소식을 듣고 원로원 의원들은 가이우스의 망령이 되살아난 듯했을 것이다. 그들은 집정관 마리우스에게 반대 의사를 분명히 밝혔으나 통할 리가 없었다. 마리우스는 원로원 의원들 사이에서 고립되기 시작했다.

개혁을 지속하기 위해서 사투르니누스는 호민관 선거에 재출마했는데 강력한 경쟁자가 선거운동 중에 변사체로 발견되는 사건이 터졌다. 조사 결과 사투르니누스의 하수인이 죽인 것으로 드러났고, 원로원은 기다렸다는 듯이 비상사태를 선포한다. 가이우스 때처럼 원로원이 실력 행사를 할 수 있게 된 것이다. 사투르니누스는 집정관이었던 마리우스를 믿고서 농성에 들어갔지만, 마리우스는 원로원의 집요한 요청에 굴복하여 사투르니누스 일당을 진압하러 나섰다. 사투르니누스는 배반을 당했다고 느꼈겠지만, 이는 원로원도 마찬가지였다. 마리우스가 사투르니누스의 일당을 잡기만 하고 처형은 하지 않았기 때문이었다. 결국 마리우스는 평민과 귀족 모두에게 버림을 받는 신세로 전락한다.

개혁은 다시 흐지부지되었다. 농지개혁도, 퇴역군인들을 위한 식민시 건설도 없었다. 또한 큰 전쟁이 없었기 때문에 군대를 모집할 일도 없었다. 로마는 다시 혼란 속으로 빠져들었다. 이때 호민관 드루수스(Marcus Livius Drusus, BC 대략 128~91)가 사태를 수습하기 위하여 나섰다. 이 사람은 가이우스의 개혁을 방해하기 위해 원로원이 내세웠던 드루수스의 아들로서 이름이 동일하다. 이름도 직책도 동일했지만, 아버지와 달리 아들은 진정한 개혁적 호민관이었다. 그는 가이우스가 이루지 못한 시민권 개혁 법안을 발의했다. 그런데 가이우스보다 더 급진적으로 모든 이탈리아인들에게 로마 시민권을 주자고 했다.

그럴 수밖에 없었던 이유는 마리우스의 군제개혁으로 로마 시민권자와 비시민권자 사이의 불평등이 더욱 심해졌기 때문이었다. 로마 시민은 병역의 의무가 없어졌지만 라틴 시민과 이탈리아인들에게는 여전히 남아 있었다. 그리고 군대 내에서 맡는 역할과 임무는 모두 동일했지만 전리품은 로마인들에게만 돌아가고 있었다. 당연히 주변 동맹시들의 불만이 높을 수밖에 없었고, 드루수스는 이러한 맥락에서 시민권 개혁을 발의한 것이다. 위협을 느낀 반대파는 드루수스를 살해했다. 이를 알게 된 동맹시들은 로마에 대하여 전쟁을 선포하였고 이른바 동맹시전쟁(Social War)이 일어났다.

기원전 90년 카이사르의 큰아버지인 루키우스 율리우스 카이사르(Lucius Julius Caesar III, 대략 BC 135~87)가 집정관으로 전쟁을 지휘했고, 역전의 명장인 마리우스와 술라, 폼페이우스(Gnaeus Pompeius Magnus, BC 106~48)와 크라수스(Marcus Licinius Crassus, BC 115~53)를 비롯하여 로마의 내로라하는 장군들이 모두 전쟁에 참가했다. 250년 동안 같은 편에서 함께 전쟁을 치렀던 사람들이 서로에게 창을 겨누었으니 모두에게 고통스러운 전쟁이었다. 그제야 시민권 문제의 심각성을 깨달은 로마인들은 시민권 개혁을 인정하지 않을 수 없었다. 동절기 휴전 기간에 집정관 카이사르는 모든 이탈리아인들에게 로마 시민권을 취득하도록 하는 법안을 통과시켰고, 이로써 전쟁은 끝났다.

동맹시 전쟁은 시민권 개혁으로 인한 갈등을 해결해 주었지만, 또 다른 갈등의 빌미를 제공했다. 바로 마리우스와 술라의 갈등이다. 로마와 동맹관계에 있던 폰토스 왕국이 로마에 반기를 들자, 기원전 89년 술라는 집정관에 당선되어 오리엔트 전선으로 파견되었다. 그런데 술라의 상관이기도 했던 마리우스는 동맹시전쟁에서 이렇다 할 공적을 세우지 못하여 자존심에 상처를 입고 있던 차였다. 그는 자신이 오리엔트 전선을 맡고 싶다는 생각이 들었다. 그래서 당시 호민관 술피키우스(Publius Sulpicius Rufus, BC 121~88)와 거래를 했다. 술피키우스는 새롭게 로마 시민권을 취득한 사람들이 거주 지역 어느 곳에서나 투표를 할 수 있도록 하는 법안을 발의했는데, 이는 기존의 시민들과 원로원의 큰 반발을 샀다. 새로운 시민들이 기존의 시민들보다 두 배나 많기 때문에 투표 지역을 제한하지 않을 경우 정책이나 선거 결과가 이들에 의해 좌지우지될 수 있다는 걱정에서였다. 마리우스는 술피키우스에게 평민들을 동원하여 법안을 지지해 줄 테니, 평민회에서 자신을 오리엔트 사령관으로 선출해 달라고 부탁했다. 결국 바람대로 마리우스는 술라의 자리를 빼앗는 데 성공했다.

술라는 마리우스에게 배반당했다는 느낌을 지울 수 없었다. 마리우스는 자신 덕분에 유구르타전쟁에서 승리할 수 있지 않았는가! 호의를 악의로 갚고, 은혜를 배반으로 갚는 이에게 사람들은 복수로 대응한다. 술라도 마찬가지였다. 이전에 한 번도 깨지지 않았던 금기를 깨면서까지 복수에 나서게 된다. 그는 기원전 88년 오리엔트에서 군대를 되돌려 로마로 쳐들어왔다. 예상치 못한 반격에 마리우스는 황급히 국외로 도망쳤고, 미처 도망치지 못한 술피키우스는 살해당했다. 평민회가 악용될 수 있다는 점에 주목한 술라는 기원전 287년 제정된 호르텐시우스법을 뒤집는 법안을 발의했다. 평민회에서 의결한 사항이라도 원로원의 승인을 얻어야 한다는 내용이었다. 어느 정도 사건을 수습한 술라는 이듬해 집정관에게 자신이 발의한 법을 지키겠다는 맹세를 받고, 다시 오리엔트 전선으로 떠났다.

그러나 술라가 떠나자 집정관 킨나(Lucius Cornelius Cinna)는 곧바로 배반하고 마리우스의 명예를 회복하려고 시도했다. 이때 다른 집정관이 반대했고, 두 집정관의 갈등이 무력사태로 발전한다는 소식이 퍼졌다. 소식을 들은 마리우스는 병사들과 함께 귀국하여 무력으로 로마를 장악하고 수천 명을 살해했다. 70대 노장의 복수는 그야말로 무시무시했다. 복수를 끝낸 마리우스는 기원전 86년 킨나와 함께 집정관으로 출마하여 선출된다. 그러나 임기가 시작된 지 얼마 지나지 않아 갑작스러운 죽음을 맞이한다. 마리우스가 죽었지만, 그의 동료 킨나는 마리우스의 분신처럼 행동했다. 마리우스가 추진하려고 했던 여러 개혁들을 실행했고, 술라를 오리엔트 사령관에서 해임하여 국외 추방을 명령했다. 그리고 마리우스의 후임 집정관을 오리엔트의 총사령관으로 보냈다.

메텔루스와 마리우스, 마리우스와 술라, 술라와 킨나의 관계는 공통점이 있다. 협력과 배반이 가능한 상황에서 협력보다는 배반을 선택하고, 그 결과 양쪽 모두가 큰 피해를 입었다는 것이다. 이것은 로마 공화정 후기의 특징처럼 보이기도 한다. 로마가 공화정에서 제정으로 넘어가는 과도기의 삼두정치(Triumvirate)에서도 배신과 술책은 빠지지 않는다. 왜 사람들은 모두에게 이익이 되는 협력보다는 모두에게 손해를 끼치는 배반을 택하는 것일까?

게임의 심리학, 게임의 딜레마

우리는 살아가면서 끊임없이 선택을 한다. 점심 메뉴를 고르는 사소하고 일상적인 선택부터 배우자나 직업 같은 중요한 선택에 이르기까지 매 순간 선택해야 한다. 특히 인간관계에서 만남을 지속할 것인지 말 것인지, 함께 사업을 할 것인지 말 것인지, 친구로 지낼 것인지 거리를 둘 것인지처럼 개인적인 결정과 선택도 하지만, 전쟁과 다름없는 외교와 수많은 생명이 달려 있는 전쟁, 엄청난 돈이 거래되는 경제계에서처럼 더 크고 중요한 결정과 선택을 해야 할 때도 있다. 그중에서도 정말 어려운 것은 이익과 손해가 명백하지 않을 때 선택을 내리는 일이다. 이렇게 인간 사회에서 일어나는 다양한 경쟁과 갈등 상황 속에서 사람들이 어떤 전략을 택하여 협상하고 의사결정을 하는지 연구하는 분야를 게임 이론(Game Theory)이라고 한다.

게임 이론
경쟁과 갈등 상황에서 사람들이 어떻게 의사결정을 하는지를 연구하는 응용수학의 한 분야이다. 우리의 삶 자체가 경쟁과 갈등 상황이기 때문에 게임 이론의 적용은 학문의 경계를 넘어서 전방위로 적용 가능하다.

응용수학의 한 분야라고 할 수 있는 게임 이론은 노이만(John von Neumann, 1903~1957)이 1944년 오스카 모르겐슈테른(Oskar Morgenstern, 1902~1977)과 함께 쓴 〈게임과 경제행동 이론〉이라는 책에서 시작했다. 책 제목에서도 알 수 있듯이 게임 이론은 경제학과 매우 밀접하게 연관이 있으며, 지금까지 8명의 게임 이론 연구자들이 노벨 경제학상을 수상했다고 한다. 이제는 심리학을 비롯하여 경제학과 철학, 컴퓨터 공학과 생물학 등 다양한 학문에서 연구되고 있고, 군사와 경영 등 실제 영역에서 적용되고 있다. 우리는 일상생활에서 크고 작은 갈등과 경쟁에 직면하며, 어려운 상황을 타개하기 위해 끊임없이 의사결정을 하고 있기 때문이다.

게임 이론 중에서 가장 많이 알려진 것이 바로 죄수의 딜레마(Prisoner's Dilemma)이다. 죄수의 딜레마는 경쟁과 협력 중에서 상대방의 협력을 확신하지 못할 때 경쟁을 선택해 결국 모두에게 손해를 초래한다는 내용으로, 원래는 미국의 저명한 수학자 두 명이 처음으로 제시했다. 그러나 프린스턴 대학교의 앨버트 터커(Albert W. Tucker, 1905~1995)가 죄수를 예로 들어서 설명하면서, 죄수의 딜레마라는 이름으로 유명해졌다. 그 내용은 다음과 같다.

죄수의 딜레마
게임 이론의 대표적인 예인 죄수의 딜레마는 경쟁과 협동이 모두 가능한 상황에서 사람들은 협동하기보다는 경쟁을 선택한다는 것이다. 다른 식으로 표현하자면 모두가 'Win-Win'하기 위해서는 일단 'Lose'를 선택해야 하는데, 사람들은 자기가 'Win'하려고 하기 때문에 결국 모두가 'Lose-Lose'하게 된다는 것이다.

두 명의 공범을 잡은 검사가 이들을 기소하려고 했으나 증거가 불충분했다. 만약 이 상태로 기소한다면 재판에서 분명 낮은 형량을 받을 것이 뻔했다. 이들이 자신들의 죗값을 제대로 받기 위해서는 자백이 필요했다. 검사는 자백을 받아내기 위해서 두 명의 죄수를 다른 방에 배치하고 취조를 시작했다. 서로 다른 방에 있기 때문에 의사소통은 불가능한 상태였다. 검사는 두 사람 모두에게 이렇게 말했다.

		범인 A	
		자백	침묵
범인 B	자백	A=5년 / B=5년	A=10년 / B=석방
	침묵	A=석방 / B=10년	A=6개월 / B=6개월

"만약 너희 둘 중에 한 사람만 자백을 하고 나머지는 끝까지 무죄를 주장한다면, 자백을 한 사람은 무혐의 처리를 해 주고 끝까지 무죄를 주장한 사람은 10년 형을 살게 된다. 두 사람 모두 자백을 한다면 각각 5년 형을 살게 될 것이고, 둘 다 자백을 하지 않으면 6개월 형만 살게 된다. 자백을 하겠는가?"

만약 두 죄수가 서로 의사소통이 가능하다면 당연히 자백을 하지 않을 가능성이 크다. 그러나 상대방이 자신을 배반할지 어떨지 알 수 없는 상황이라면 이야기는 달라진다. 만약 내가 자백을 하지 않더라도 상대방이 자백을 해 버리면 혼자서 10년 형을 살아야 한다. 결국 협력과 배반이 모두 가능한 상황에서 상대방을 완전히 믿을 수 없다면 두 죄수의 선택은 어떻게 될까? 당신이라면 자백을 하겠는가, 안 하겠는가? 이것이 바로 딜레마이다. 자백을 안 하자니 상대방을 믿을 수 없고, 자백을 하자니 자신의 범죄를 인정해 높은 형량을 받을 수 있다. 이 상황에서 대부분의 사람들은 침묵보다는 자백을 선택한다. 분명 협력을 하면 모두에게 좋지만 상대방의 협력을 믿을 수 없기 때문에 배신을 하는 것이다.

왜 사람들은 협력보다는 배신을 선택할까? 단지 인간이 도덕적으로 훌륭하지 못하기 때문일까, 아니면 내가 망하고 다른 사람이 흥하면 배가 아프기 때문일까? 터커의 제자이자 1994년 노벨경제학상 수상자이고, 영화 〈뷰티풀 마인드〉의 실제 주인공으로 잘 알려진 존 내쉬(John Forbes Nash, Jr., 1928~)는 이를 논리적으로 설명했다. 보통 갈등과 대립의 상황에서는 서로가 자신의 선택을 바꾸려고 하지 않는 균형 잡힌 지점이 존재한다. 상대방이 현재의 선택을 고수한다면 자신 역시 굳이 선택을 바꿀 이유가 없는 것이다. 만약 자신의 선택을 바꾼다면 더 큰 손해를 본다. 이렇게 사람들이 서로 협력할 마음이 없거나 협력을 위한 자유로운 소통이 불가능한 상황에서 발생하는 덫이 존재한다. 이를 가리켜서 '내쉬 균형'이라고 한다.

잘 살펴보면 우리 사회에서는 죄수의 딜레마처럼 수많은 딜레마가 있다. 몇 가지 예를 들어 보자. 먼저 생물학자 가렛 하딘(Garrett Hardin, 1915~2003)이 1968년 발표한 논문에서 제시한 공유지의 비극(Tragedy of the Commons)을 들 수 있다. 이는 실제 영국에서 일어났던 일이기도 하다. 주인이 따로 없는 공동 방목장에서 농부들은 마음껏 소를 끌고 나올 수 있었다. 시간이 흘러 농부들은 경쟁적으로 더 많은 소를 끌고 나오기 시작했다. 그 결과 방목장은 황폐화되었고 더 이상 소들에게 풀을 먹일 수 없었다. 각자가 자신에게 주어진 적절한 몫만 가지면 모두가 풍족할 수 있지만, 모두가 당장의 이익을 위하여 많은 것을 가지려 하다 보니 결국 누구도 아무것도 가질 수 없는 사태가 되고 말았다. 이를 다른 말로 공공재화의 딜레마(Public Good Dilemma)라고 한다. 죄수의 딜레마가 일대일의 상황이라면, 공유지의 비극은 다수의 상황이라고 할 수 있다.

대학이나 기업에서 팀으로 과제나 프로젝트를 진행하다 보면 모든 구성원이 동등하게 과제에 기여하는 것은 아니다. 열심히 하는 사람들도 있으나 다른 사람들의 노력에 편승해서 가려는 사람들도 있다. 이를 무임승차(Free-rider)라고 한다. 다른 사람이 모두 제값을 주고 버스를 탄다면 자기 한 명쯤이야 공짜로 버스를 타도 아무런 문제가 없다는 생각이다. 사실 무임승차는 그 누구에게도 피해를 주지 않는 것처럼 보인다. 그러나 모두가 무임승차를 기대한다면 버스는 출발하지도 못할 것이다. 이것이 바로 딜레마이다. 무임승차 성향을 제어하지 못하면 집단에 참여하는 불특정 다수가 무임승차자로 전환할 가능성이 있기 때문에 그 집단은 유지되기 어려울 수 있다.

또 다른 딜레마는 치킨게임(Chicken Game)이다. 치킨은 속어로 겁쟁이란 뜻이다. 이 용어는 제임스 딘이 출연했던 1950년대 미국 영화 〈이유 없는 반항〉에서 착안되었다. 두 주인공이 자동차를 타고 낭떠러지를 향해 달리면서, 자동차에서 먼저 뛰어내리는 사람을 겁쟁이라고 부르기로 하는 일명 치킨 런 게임을 한다. 치킨게임의 또 다른 형태는 두 대의 자동차가 마주보고 달리면서 누가 먼저 뛰어내리는지를 보는 것이다. 이렇게 치킨게임은 갈 데까지 가 보자는 식의 끝이 보이지 않는 상황을 일컫는 말이다. 내가 포기하자니 겁쟁이가 되고, 포기하지 않자니 파멸을 맞는 딜레마에 빠진다. 결국 어느 한쪽이 포기하지 않으면 둘 다 파멸을 맞이한다.

비극으로 치달은 공화정 말기의 게임 상황

개인적으로는 분명 이득이 되는 상황을 선택했지만, 전체적으로는 손해가 되어서 결국 자신도 손해를 입는 딜레마의 상황이 바로 공화정 말기의 로마에서 벌어졌다. 강한 군사력으로 패권이 확장되자 로마의 국유지는 점점 넓어졌다. 분명히 법으로는 1인당 임차할 수 있는 땅이 한정되어 있었으나 일부 부유층이 이를 독점했다. 자영농은 몰락했고 이것은 로마 군대의 약화로 이어졌다. 이대로 가다가는 공멸이 뻔했다. 공유지의 비극을 염려했던 여러 호민관들은 개혁을 추진했다. 그러나 개혁은 번번이 좌절되었다. 부유한 귀족들이 전체의 이익보다는 자신의 이익을 중요하게 여겼기 때문에 다 같이 이길 수 있는 길을 버린 셈이었다. 그라쿠스 형제의 개혁이 그랬고, 그 이후에 사투르니누스와 드루수스, 술피키우스의 개혁이 그랬다.

부유층이 원했던 것은 바로 무임승차였다. 일반 시민들이 전장에서 목숨을 걸고 싸워 로마의 패권이 확대되면, 부유층은 강국 로마의 일원으로 평화를 누리면서 부를 계속 축적할 수 있는 상황인 것이다. 사실 무임승차를 원한 것은 로마의 부유층만은 아니었다. 로마의 평민들도 어떤 면에서는 무임승차를 원했다. 로마의 깃발 아래서 함께 싸운 라틴 시민권자와 이탈리아인들에게 로마 시민권을 주는 것을 반대했기 때문이다. 로마가 징병제에서 모병제로 바꾸면서 군대 내에서 보병의 역할과 장비의 구분이 사라졌는데도 전쟁의 전리품은 로마 시민들에게만 돌아가니 당연히 비로마 시민권자들이 들고 일어났다. 일반 평민들의 노력과 수고에 무임승차하려는 부유층 귀족들이나, 비로마 시민권자와 이권을 공유하지 않으려 하는 로마 시민들이나 별다르지 않다.

동맹시전쟁 직후 터진 마리우스와 술라의 대결은 치킨게임을 극명하게 드러낸다. 협력보다는 배신을 선택하기 시작한 마리우스와 술라의 대립, 변화를 원하는 개혁파와 기득권을 지키려는 보수파의 대립은 결국 끔찍한 무력 충돌로 발전했다. 무력 충돌의 결과는 영화 〈이유 없는 반항〉의 치킨 런 게임처럼 참혹했다. 영화에서 제임스 딘은 낭떠러지로 떨어지기 전에 먼저 뛰어내려서 목숨을 건졌지만, 친구는 옷소매가 자동차 문고리에 걸리는 바람에 뛰어내리지 못하고 결국 차와 함께 낭떠러지로 떨어져 죽는다.

마리우스와 술라가 복수에 복수를 거듭하면서 죽인 사람들은 그 수를 헤아리기 어렵다. 일부 부유층 귀족이 개혁적인 호민관과 그 무리들을 죽였던 때와는 차원이 다르다. 그때는 그라쿠스 형제를 지지하던 당사자들만 죽였지만, 마리우스와 술라는 상대편의 가족들까지 모두 찾아내 죽였다. 그리고 직접 가담하지 않았더라도 정치적 성향이 자신과 반대라면 서슴지 않고 죽였다. 패자까지 동화시킨다는 로마의 유연성과 개방성은 사라지고 철저히 자신들의 이득만을 위해 낭떠러지를 향해 달리는 꼴이 된 것이다.

이 딜레마 상황을 해결할 방법은 없을까? 많은 학자들이 이러한 고민을 했다. 죄수의 딜레마가 사실이라면 우리의 현실은 너무 암담하지 않은가! 그런데 누군가가 우리의 실제 현실은 죄수의 딜레마처럼 언제나 최악의 상황으로 치닫는 것은 아님을 지적했다. 죄수의 딜레마 자체는 단 일회적인 상황이지만, 우리의 현실은 그렇지 않기 때문이다. 누군가와 경쟁과 협력이 가능한 상황은 여러 번 반복될 때가 많다.

이 점에 착안하여 1970년대 미국 미시간 주립대학교의 로버트 액셀로드(Robert Axelrod, 1943~)는 컴퓨터 체스 대회와 비슷한 '컴퓨터 죄수의 딜레마 대회'를 열었다. 죄수의 딜레마에서 가장 효율적인 전략이 무엇인지 알기 위하여 정치학자, 경제학자, 심리학자, 수학자 등 게임 이론에 관심 있는 사람들을 대상으로 프로그램을 공모했다.

액셀로드는 죄수의 딜레마 내용을 수정하여, 형벌을 감하는 대신 많은 점수를 얻을수록 이익인 상황으로 바꾸었다. 죄수의 딜레마에서 자백은 상대를 배반하는 행위이고, 침묵을 지키는 것은 협력을 의미한다. 만약 둘 다 자백을 해서 배반을 했다면 모두 1점을 받고, 둘 다 침묵을 지켜서 협력을 했다면 모두 3점을 받는다. 그런데 한 사람은 침묵을 지켜서 협력을 하고 다른 사람은 자백을 해서 배반을 했다면, 침묵을 지킨 사람은 0점을 받고 다른 사람은 5점을 받는다. 형벌을 이익(점수)으로 바꾸긴 했지만, 죄수의 딜레마와 같은 패러다임이다.

		범인 A	
		자백(배반)	침묵(협력)
범인 B	자백(배반)	A=1점 / B=1점	A=0점 / B=5점
	침묵(협력)	A=5점 / B=0점	A=3점 / B=3점

액셀로드는 모든 프로그램들을 둘씩 짝지어서 겨루게 했다. 자신과 똑같은 쌍둥이 프로그램과도 겨루게 했고, 반반의 확률로 협력이나 배반을 선택하는 무작위 방식과도 겨루게 했다. 각 게임은 정확하게 200회 반복되었고, 점수의 정확도를 위해서 대회 전체를 5회 반복했다. 그래서 종합적으로는 12만 번의 게임, 즉 24만 번의 선택이 이루어졌다. 총 14개의 프로그램이 심리학과 경제학, 정치학, 수학, 사회학의 다섯 분야에서 출품되었다. 프로그램을 출품한

사람들은 게임 이론이나 죄수의 딜레마와 관련된 논문을 발표한 적이 있는 이 분야의 전문가들이었다.

어떠한 전략이 가장 많은 점수를 땄을까? 그 결과는 놀라웠다. 아주 단순한 전략, 바로 래포포트(Anatol Rapoport, 1911~2007)의 팃포탯(Tit for tat), 즉 맞받아치기 전략이 가장 뛰어났다. 그렇다! 우리가 너무나 잘 아는 '눈에는 눈 이에는 이' 방식이다. 최초 선택은 협력이지만 상대방이 배반으로 나오면 그 다음에는 배반으로 나간다. 그리고 상대방이 협동으로 나오면, 그 다음엔 협동으로 나간다. 바로 상대방의 전략을 따라하는 식이다.

200번의 시행에서 아주 잘한 점수는 600점인데, 이는 항상 서로 협력했을 때 얻는 점수에 해당한다. 반면 가장 나쁜 점수는 서로가 한 번도 협력하지 않아서 받는 점수인 200점이다. 물론 이론적으로는 0점에서 1,000점까지 나올 수 있지만, 대체로는 200점에서 600점 사이에 분포하게 되어 있다. 1등을 차지한 팃포탯 방식은 놀랍게도 평균 504점을 받았다. 어떻게 상대방의 반응을 그대로 따라하는데 1등을 할 수 있었을까? 그 이유는 여러 번 시행하는 상황에서는 상대방의 협력을 끌어내기 때문이라고 한다. 상대방이 협력으로 나오면 그 다음 상황에서 이 전략 역시 협력을 선택한다. 상대방이 협력이라는 전략을 바꾸지만 않는다면 끊임없는 협력으로 이어지기 때문이다.

'눈에는 눈 이에는 이' 전략은 함무라비 법전이나 구약성경에 나와 있지만, 굳이 이러한 가르침을 받지 않아도 자연스럽게 터득하는 생존전략이다. 어린아이들을 보면 잘 알 수 있다. 아이들은 자신이 당한 대로 꼭 갚아 주려는 경향이 있다. 한 대 맞았으면 한 대를 때리는데, 맞은 부위와 방식까지 동일하게 되돌려 주려고 한다. 마리우스와 술라의 경우도 그랬다. 마리우스의 배반을 술라가 갚고, 술라의 도발을 마리우스가 갚았으며, 마리우스의 살육을 술라가 갚아 주었다.

분명 액셀로드의 대회에서는 이 전략이 상대방의 협력을 끌어내어 가장 좋은 성적을 거두었는데, 마리우스와 술라의 게임에서는 전혀 통하지 않았다! 사실 현실적으로 맞받아치기란 어려운 일이다. 누군가가 실수로 친구를 밀었을 때, 밀린 친구는 동일하게 갚아 준다면서 상대를 밀게 된다. 그러나 보통의 경우는 당한 것보다 더 많이 갚아 준다. 넘어질 정도로 더 세게 밀어 버린다. 그러면 상대는 그렇게 세게 밀지 않았다면서 또다시 복수가 일어나고, 결국엔 애들 싸움이 집안싸움으로 발전한다. 컴퓨터 게임에서는 팃포탯 전략이 상대방의 협력을 이끌어 냈는지 몰라도 실제 상황에서는 이와 다르게 진행되는 경우가 많다.

인간은 감정의 동물이다. 상대방이 계속 배반으로 나오면, 팃포탯 전략 역시 선택의 여지없이 계속 배반으로 대응한다. 이렇게 되면 누구도 이기지 못한다. 결국 이 전략은 이기는 게임을 적극적으로 하는 것이 아니라, 지는 게임을 하지 않도록 소극적으로 설계된 것이다. 이른바 물귀신 작전이라고 할까? 마리우스와 술라의 갈등은 그 어느 누구도 화해의 손길을 내밀지 않았고, 이것이 모두에게 최악의 결과를 가져다주었다. 정말 딜레마를 극복할 수는 없는 것일까?

딜레마 극복은 가능한가

팃포탯 전략의 우수성이 알려진 이후에 더 많은 사람들이 죄수의 딜레마 전략을 연구했다. 그리고 마침내 소극적으로 지지 않는 게임이 아니라, 적극적으로 이길 수 있는 전략이 개발되었다. 노바크(Martin Nowak, 1963~)와 지크문트(Karl Sigmund, 1945~)가 그 주인공들이다. 이들의 전략은 '이기면 머물고 지면 움직이는 방식(Win-Stay, Lose-Shift)'이다. 팃포탯처럼 첫 시행에서는 협력을 제안하는데, 상대방이 협력을 제안했다면 둘 다 이긴 것이므로 머무른다. 즉, 다음 시행에서 다시 협력을 제안한다. 그러나 자신은 협력을, 상대가 배반을 선택했다면 자신이 졌으므로 움직인다. 기존의 방식인 협력을 버리고 배반을 선택한다. 자신은 배반을, 상대도 배반을 선택했더라도 둘 다 졌으므로 움직인다. 그 다음에는 협력을 선택한다. 만약 이때 상대가 협력으로 나오면 이긴 것이므로, 그 다음에도 협력을 선택한다. 많은 학자들이 연구한 결과 이 전략은 팃포탯보다 현실에 더 가깝다는 평가를 받았다.

그러나 이러한 전략들을 사용하기 위해서는 두 가지 조건이 필요하다. 우선 갈등이 개인 대 개인이어야만 하고, 상대의 배반으로 인한 부정적 결과가 갈 데까지 가 보자는 식의 치킨게임이 아니어야 한다. 만약 집단 대 집단의 갈등이라면, 협력과 배반 중에서 협력보다는 배반으로 기울어지기 쉽다. 특히 상대방의 배반으로 인해 보복감에 불타고 있다면 더더욱 그렇다. 집단은 개인보다 극단적이고 감정적인 경향이 있기 때문이다. 2장에서 언급한 집단극화와 이번 장에서 언급한 탈개인화가 바로 이런 경우이다.

또한 이러한 전략은 상대방의 배반이 곧 나의 죽음으로 연결되는 것처럼 극단적인 상황일 때는 적용할 수 없다. 한 번 지는 것이 영원히 지는 것일 경우에는 이기려는 전략보다는 지지 않으려는 전략인 배반을 택하게 된다. 이것이 바로 공화정 말기의 현실이었다. 몇 차례 배반과 보복을 당했던 개혁파는 더 이상 보수파를 신뢰하지 않았고, 급기야 마리우스와 술라의 목숨을 건 대결로 발전했다.

그렇다면 영영 해결할 방법이 없을까? 아니다. 과학계에서 대중적 글쓰기로 유명한 렌 피셔(Len Fisher, 1942~)는 『가위 바위 보』에서 죄수의 딜레마와 같은 상황을 해결할 수 있는 한 가지 방법으로 권위자의 중재와 명령을 제시했다. 갈등과 배반으로 대립되는 두 사람이나 두 집단의 문제를 해결하기 위해서는 양쪽 모두에게 권위가 있는 사람이 나타나서 중재나 명령을 하면 해결된다는 것이다. 술라는 이후 독재관이 되어서 이 방법을 사용했다. 최고의 권위를 가진 독재관의 입장에서 개혁파와 보수파의 갈등을 해결하고자 했다. 먼저 독재관이 되는 과정을 살펴보자.

마리우스와 킨나 때문에 전쟁을 위해 오리엔트로 떠났던 술라의 군대는 졸지에 무적(無籍) 군대가 되었다. 그러나 맞서 싸울 적은 둘이나 있었다. 원래의 적인 폰토스와 새로운 적인 로마의 정규군. 그가 믿을 수 있는 것은 자신의 판단과 자신에게 충성을 맹세한 병사들뿐이었다. 로마의 정규군이 아니기 때문에 공식적 지원도 받지 못했다. 예전처럼 군대를 이끌고 로마로 돌아가서 복수를 하고 싶어도 바다를 건널 수 있는 배가 없었다. 그러나 술라는 포기하지 않았다. 우선 그리스 신전에 있는 보물을 약탈하여 군비를 마련한 후에 전열을 가다듬어서 뛰어난 전술과 리더십으로 3만 명밖에 안 되는 병력으로 무려 12만 명이나 되는 폰토스 군대를 격파했다. 그의 군대는 무적(無敵)이었다.

군사력으로는 술라를 당해 낼 수 없다는 사실을 깨달은 폰토스 왕 미트라다테스 6세(Mithradates VI, BC 132~63)는 술라에게 강화를 제안했다. 로마는 원래 패자와는 동맹이나 강화를 맺지 않는다는 원칙이 있었으나 지금 술라는 로마의 정규군이 아니었을뿐더러, 강화를 맺어야 로마의 정규군을 상대할 수 있었다. 적이 둘인 쪽은 술라만이 아니었다. 미트라다테스도 술라와 로마의 정규 군단을 모두 상대할 수 없었기 때문에 둘의 강화는 이론의 여지가 없었다.

미트라다테스와 강화를 맺은 술라는 이제 그리스에 도착한 로마의 정규 군단을 상대해야 했다. 그러나 술라는 전쟁을 원치 않았다. 같은 동족끼리 전쟁을 치러야 한다는 사실에 비애를 느꼈기 때문이 아니었다. 술라에게 진짜 적은 로마에 있는 자들이었기 때문에 전력 손실을 최소화할 필요가 있었다. 그러나 그는 전력 손실을 최소화하는 정도가 아니라 전력을 보충하는 방법을 사용한다. 우선 로마의 정규 군단 옆에 진지를 구축했다. 그리고 병사들로 하여금 로마 정규 군단 병사들이 다가오면 자연스럽게 말을 붙이고, 함께 작업과 식사를 하면서 조금씩 우리 편으로 끌어들이라고 명령했다. 시오노 나나미는 『로마인 이야기』 3권에서 이렇게 묘사하고 있다.

> 마음이 느긋해진 핌브리아 휘하 병사들은 무기도 갖지 않고 갑옷도 입지 않은 채 작업 중인 동포에게 다가갔다. 다가가면 작업 중인 병사들이 말을 건다. 거기에 이끌린 그들은 작업까지 도와주었다. 도와주면, 식사를 함께하러 가자고 권한다. 그 권유도 받아들이는 동안, 술라 진영에서 자고 가라는 권유까지 받았다. 자연스러운 형태로 집단 탈주가 이루어진 것이었다. 총사령관 핌브리아가 알아차렸을 때, 아군 진영은 이미 텅 비어 있었다.

병법의 관점에서 보자면 고대 중국의 『손자병법』에 나오는 '싸우지 않고 적을 굴복시키는 최상(不戰而屈人之兵 善之善者也)'을 이룬 셈이고, 심리학의 관점으로 보자면 '문간에 발 들여놓기(Foot-in-the-door)' 기법을 사용한 것이라고 볼 수 있다. 이 전략은 상대방을 설득하는 전략으로도 종종 언급된다. 먼저 상대방이 쉽게 들어줄 수 있는 작은 부탁을 하고, 그 후에 좀 더 큰 부탁을 하면 상대방이 들어줄 가능성이 높아진다는 것이다. 용어에서 알 수 있듯이 처음부터 방에 들어가려고 하면 어렵지만, 발 한쪽만 먼저 들여놓은 다음 조금씩 들어가면 가능하다.

결국 뛰어난 군사적·심리적 전략을 사용하여 두 적군을 모두 물리친 술라는 소아시아에 대한 로마의 패권을 확실히 잡았다. 그리고 전열을 가다듬은 후에 이탈리아로 건너와서 로마로 진격했다. 집정관 킨나는 반역자 술라와 그 부하들을 상대하기 위하여 정규군단을 12만 명으로 구성했다. 이탈리아 반도에서는 다시 2년 동안 동족끼리 죽고 죽이는 전쟁이 벌어졌다. 마침내 술라의 무적(無敵) 군대는 로마를 차지했고 더 이상 무적(無籍)이 아니었다. 술라는 더 이상 반역자가 아니었다. 지배자였다. 그리고 마리우스 때보다 더 끔찍한 살육을 시작했다. 현상금을 걸고서 수천 명을 잡아 죽였으며 재산은 경매로 넘겼다.

복수를 마무리한 그는 혼란과 갈등을 잠재우기 위해 원로원을 압박하여 독재관에 취임했다. 그것도 무기한 독재관이었다. 수만의 병력을 지휘하고 있는 술라의 뜻을 막을 사람은 아무도 없었다. 독재관에 취임한 그는 다방면에서 로마를 개혁하기 시작했다. 우선 시민권자라면 35개 행정구 어느 곳에서나 투표가 가능하도록 했으며, 식민시 건설 사업을 활발히 전개했다. 또한 원로원 개혁을 위해서 정원을 300명에서 600명으로 늘렸다. 호민관의 반란을 막기 위하여 호민관을 지낸 사람이 다른 관직에 선출될 수 없도록 했으며, 재선은 10년의 간격이 필요하다고 못을 박았다.

독재관 술라는 최고의 권위를 가지고 공화정 로마의 갈등, 즉 개혁파와 보수파의 갈등을 해결하려고 했다. 그러나 그의 접근은 개혁보다는 보수(保守)를, 변화보다는 보수(補修)에 가까웠다. 사실 그가 한 일은 갈등을 해결한 것이 아니라 잠시 덮어둔 것에 불과했다. 결국 술라의 죽음과 함께 터져나오기 시작한 공화정 로마의 갈등과 사회 혼란은 종신 독재관 카이사르가 나타날 때까지도 계속되었다.

읽을거리 마음거리 – 로마의 사회간접자본

유럽 여행을 하다 보면 로마시대 건축물이나 유적을 쉽게 만날 수 있다. 수도 로마와 이탈리아는 말할 것도 없고, 로마의 영토였던 유럽과 북아프리카, 소아시아 지역까지 분포하고 있다. 도시로 물을 끌어오기 위한 수도교와 로마군단을 위한 각종 시설들, 또한 로마제국의 경계를 표기하기 위한 하드리아누스 방벽(Hadrianus Wall)과 게르마니아 방벽, 각종 경기장을 비롯한 오락시설들과 판테온과 같은 신전, 전시에는 로마군단의 이동을 돕고 평시에는 활발한 인적·물적 자원의 교류가 가능했던 수많은 가도들.

로마는 어떤 제국보다 사회간접자본을 많이 남겼다. 이는 관리와 보존이 뛰어났기 때문이라기보다는 로마가 사회간접자본을 구축하는 데 열을 올렸기 때문이라고 볼 수 있다. 오랜 시간 많은 전쟁이 치러졌는데 누가 로마의 유적이라고 특별 보호를 하겠는가. 그렇다면 로마가 이렇게 많은 사회간접자본을 구축한 이유는 무엇일까? 두 가지 유익을 중심으로 살펴보자.

첫 번째 유익은 로마 군대와 연관된다. 우선 로마제국 전역에 연결되어 있는 수많은 가도는 군단의 빠른 이동을 위해서 만들어진 것이다. 지금도 로마에 가면 로마 최초의 가도인 아피아 가도(Via Appia)를 비롯하여 여러 가도의 유적을 볼 수 있다. 도시국가에서 벗어나면서 로마는 여러 지역에서 일어나는 침입과 반란에 발 빠르게 대응할 필요가 있었다. 이를 위해서는 정보 수집과 군단의 출동이 빨라야 했다. 공화정 로마 때는 상비군이 없었고 필요할 때마다 군단을 조직했다. 상비군이 있다면 국경 지역에 상주시켜 놓으면 되겠지만, 로마에서 군단을 조직하여 전장으로 파견해야 했기에 가도는 필수적이었다.

당연히 도로 건설의 몫은 군대에 있었다. 고대 시대의 전쟁은 현대의 전쟁과 달리 때와 장소, 시간과 계절의 영향을 많이 받았다. 먹을 것을 구하기 쉬운 여름과 해가 떠 있는 낮에 주로 전쟁을 했다. 따라서 은근히 남는 시간들이 있었는데, 바로 이런 시간에 로마 군대는 토목공사를 실시했다. 공사는 길에만 국한되지 않았다. 군단의 주둔지 건설은 필수적이었는데, 상비군 체제가 되면서 나중에는 벽돌로 주둔지를 건설하여 작은 도시를 만들었다. 주변에 물이 없으면 수원에서 물을 끌어올 수 있는 수도교를 만들기도 했고, 물길을 바꾸어 놓는 운하를 건설하기도 했다.

기원전 103년 집정관 마리우스는 게르만족으로부터 갈리아 남쪽 지역을 지키기 위하여 군대와 함께 출동했다. 그런데 게르만족이 움직일 기미를 보이지 않자 론 강 어귀에 운하를 파게 했다. 이 운하로 물길이 새로 나면서 강의 수위가 낮아졌다. 덕분에 로마군단의 도강이 훨씬 용이해졌을 뿐만 아니라 해안과 내륙의 물자유통이 많아졌다.

이렇게 로마의 사회간접자본은 군대의 실용적 목적을 위해 만들어진 경우가 많았다. 그러나 실용성이 유일한 이점은 아니다. 더 중요한 이점은 군대에서 일어날 수 있는 사고를 막을 수 있다는 것이다. 군대에 다녀온 사람들은 알겠지만 지휘관들은 병사들에게 최소한의 휴식시간만 준다. 정규훈련을 한 후에 남는 시간은 다양한 노역을 시키곤 하는데, 오죽하면 '군대 삽질'이라는 말이 있을까. 어느 날은 삽을 한 자루씩 나눠 주고 멀쩡한 땅을 파라고 하고, 그 다음 날은 다시 메우라고 한다. 이것은 모두 불필요한 사고를 막기 위한 오랜 전통이다. 군인들은 혈기 왕성한 남자들이다. 그러다 보니 전쟁이나 훈련이 없을 때는 싸움과 탈영, 폭행과 구타 같은 사고가 일어날 가능성이 매우 높다. 그래서 하루 종일 정신없이 바쁘게 만들고 힘을 쓰게 하는 것이다.

그냥 가만히 쉬게 하는데 사고가 왜 나느냐고 따질 사람이 있을지 모르겠다. 그러나 심리학의 연구 결과 사람은 자극을 추구하는 존재임이 밝혀졌다. 자극을 추구한다는 것은 심심한 상황을 참기 어렵다는 것이다. 1951년 캐나다 맥길 대학교의 헤브(Donald O. Hebb)는 대학생들에게 일당 20달러(지금의 100달러 정도)를 주겠다고 약속한 후 자극을 박탈했을 때 얼마나 오래 견디는지 실험을 한 적이 있다. 피험자들이 할 일은 그저 '아무것도 하지 않는 것'이었다. 물론 잠은 잘 수 있고, 식사도 제공하며, 화장실도 갈 수 있었다. 다만 시각과 청각 자극의 박탈을 위해 안대와 귀마개를 착용해야 했고, 손과 발을 통에 넣어 촉각마저 차단했다. 실험 결과 첫날에는 조용한 상태에서 대부분 잠을 잤지만, 두 번째 날부터는 자극이 매우 줄어든 상황을 지루하고 불쾌하게 여겼다. 결국 세 번째 날에는 실험을 거의 포기했는데, 이들은 일시적이지만 환청, 환시 등의 환각을 경험했다고 한다. 마치 외부의 자극을 박탈하니 마음속에서 내적인 자극을 만들어 내는 것 같았다.

로마 군대는 엄청난 훈련으로 병사들 한 명 한 명이 살인병기였다. 이들을 가만히 두었다가는 사고가 터지는 것은 시간문제였다.

어차피 가만히 있지 못할 것이라면 유익한 일에 병사를 동원할 필요가 있었다. 게다가 노역을 통하여 체력을 기를 수도 있으니 얼마나 좋은가.

사회간접자본 건설의 또 다른 유익은 위대한 로마제국을 홍보할 수 있다는 것이다. 현대 사회에서는 광고와 홍보의 중요성을 모두가 인식하고 있어서 엄청난 비용을 지불한다. 기업은 사람들에게 좋은 인상을 남길 수 있는 로고를 가지려고 하며, 국가도 하나의 브랜드로 자리 잡기 위하여 부단히 애를 쓴다. 이는 매출의 상승이나 여행객의 증가로 이어지기도 하는 등 유무형의 이익을 창출하기 때문이다. 이런 측면에서 로마인들은 뛰어났다. 로마제국 전역에 이전에 없었던 다양한 건축물과 사회간접자본을 구축함으로써 사람들의 관심과 찬사를 끌어냈다.

단지 로마식 건축물을 보는 것만으로도 로마에 대하여 긍정적인 이미지를 갖게 된다고 할 수 있을까? 단연 그렇다. 사람들은 어떤 사물이나 대상을 반복적으로 볼 경우 긍정적인 이미지를 형성하는데, 이를 단순노출효과(Mere Exposure Effect)라고 한다. 현대인들은 원하든 원치 않든 광고에 쉴 새 없이 노출되고, 기업들은 광고에 말 그대로 돈을 쏟아붓는다. 익숙한 것을 좋아하고 선호하는 현상 때문에 광고의 효과는 결코 무시할 수 없다.

미국의 워싱턴 주에서는 바로 이 단순노출효과 때문에 재미있는 일이 벌어졌다. 1990년 당시 대법원장이었던 케이스 캘로우(Keith Callow)는 이듬해 대법원장 선거에 재출마했다. (참고로 미국은 각 주의 대법원장도 주민투표로 선출한다.) 이 사람은 워낙 존경받는 법조인인지라 아무도 그를 이길 수 없을 것이라는 판단하에 유력한 후보들은 선거에 출마하지 않았다. 그런데 사소한 범죄나 이혼소송을 담당하던 무명의 변호사인 찰스 존슨(Charles Johnson)이란 사람이 후보로 등록했다.

드디어 선거 날이 밝았다. 두 명의 이름이 투표용지에 기록되어 있었다. 누가 당선되었을까? 놀랍게도 53대 47로 존슨이 대법원장에 당선되었다! 무명의 변호사가 대법원장에 당선되자 신문은 이 사건을 대서특필했다. 어떻게 이런 일이 벌어졌을까? 어느 신문사의 기자는 그 원인이 단순노출효과인지 확인하기 위하여 지역의 전화번호부를 분석한 결과 동명이인 혹은 찰리 존슨 같은 비슷한 이름을 가진 사람들이 많다는 것을 발견했다. 또한 재판관 중에도, 인접 도시의 TV 앵커 중에도 동명이인이 있었다. 특히 이 방송은 케이블 TV를 통하여 워싱턴 주 전역에 방송되고 있었다고 한다. 당연히 사람들은 케이스 캘로우라는 생소한 이름보다는 찰스 존슨을 더욱 편안하고 친숙하게 느꼈을 것이고, 이것이 투표로 이어진 것이라고 할 수 있다.

단순노출효과의 또 다른 예는 파리의 에펠탑이다. 지금은 거의 모든 사람들이 파리의 아름다운 건축물이라고 생각하지만, 어떻게 보면 아름답지 않다. 약 320미터나 되는 거대한 철골 구조물이 예술과 낭만의 도시 한복판에 버티고 서 있지 않은가! 에펠탑은 1889년 프랑스 혁명 100주년 기념 박람회를 위하여 건축가 귀스타프 에펠(Gustave Eiffel, 1832~1923)이 만든 작품인데, 초기에는 미학적으로도 건축기술상으로도 큰 반대를 받았다고 한다. 모파상과 에밀 졸라 등 당대의 지식인 300여 명이 탄원서를 제출할 정도였다. 특히 가장 많은 반대를 했던 모파상은 에펠탑이 완공된 후에는 그 내부에 있는 식당에 자주 들르곤 했는데, 그 이유는 그곳이 에펠탑을 보지 않고 식사를 할 수 있는 유일한 곳이었기 때문이라고 한다. 그러나 지금은 누가 에펠탑을 흉물스럽다고 하겠는가? 에펠탑이 아름답고 멋있게 변한 것이 아니라 그것을 자주 본 사람들의 눈과 인식이 변한 것이다.

로마제국의 전역에 퍼져 있는 수도교와 가도, 원형경기장과 다리, 심지어 로마 군인들의 주둔지와 방벽까지도 로마를 홍보하고 좋은 이미지를 심어 주는 광고 수단이었다. 게다가 엄청난 건축기술을 확인한 사람들은 로마의 위대함에 적잖이 놀라기도 했다. 실제로 갈리아 전쟁 4년째인 기원전 55년 카이사르는 라인 강을 넘어서 도망간 게르만족을 추격하기 위하여 라인 강에 다리 건설을 명령한다. 라인 강은 수심이 깊고 물살이 빨라서 다리가 없이는 건너갈 수 없었다. 이때 라인 강에 처음으로 다리가 놓였는데, 강 건너에서 이 놀라운 모습을 보던 게르만족의 일부는 숲 속으로 도망가고 일부는 카이사르에게 항복하기도 했다.

카이사르는 라인 강을 건넜다가 돌아온 후에 다리를 파괴하라고 지시했다고 한다. 게르만족의 남하를 막기 위한 조치였을 것이다. 그러나 이 경우를 제외하고 대부분은 군대가 철수한 이후에도 그대로 남아서 현지인들의 삶을 매우 편리하게 만들어 주었다. 로마에 대한 긍정적 이미지는 당연한 결과가 아닐 수 없다.

부록 1 읽어 볼 만한 로마사 관련 책들

번역서

『아이네이스』 | 베르길리우스 | 천병희 | 숲

로마의 대표적 서사시인 베르길리우스의 작품으로, 역자는 그리스어와 라틴어 고전 번역의 대가이다. 사실 서양의 고전을 우리말로 접하기는 쉽지 않다. 전문 지식과 번역 실력을 두루 갖춘 역자를 찾기도 쉽지 않을뿐더러, 타산이 맞지 않아 출판사들이 적극적이지 않기 때문이다. 이 책은 일반인이 읽어도 쉽게 이해할 수 있을 정도로 자세한 각주가 달려 있다.

『영웅전』 | 플루타르코스 | 이성규 | 현대지성사

여러 출판사에서도 번역된 바 있는 『영웅전』은 그리스와 로마의 영웅들 50명을 쌍으로 묶어서 독자들에게 설명해 주는 책이다. 무엇보다 저자가 당시에 수집할 수 있었던 자료들을 모아서 하나씩 소개해 주고 있다는 점에서 영웅들에 대한 다양한 전승을 엿볼 수 있다. 영웅들의 이야기라는 점에서 아이들을 위한 만화로도 만들어졌다.

『로마 공화정』 | 필립 마티작 | 박기영 | 갑인공방

로마사 연구로 학위를 받은 영국의 사학자가 쓴 이 책은 로마의 시작인 로물루스부터 제정으로 이행하기 전까지 공화정의 역사를 주요 인물 중심으로 엮어 놓았다. 무엇보다 다양한 그림 자료를 함께 실어 놓아서 로마 공화정 시대를 정치와 경제, 문화 등 다양한 측면에서 살펴볼 수 있다. 또한 고고학 연구로 밝혀진 여러 사실들을 언급하면서 기존에 알려진 것들의 사실성 여부를 타진하기도 한다. 참고로 같은 출판사에서 낸 『로마황제』라는 책은 크기와 디자인이 비슷하여 이 책과 시리즈일 거라고 생각하기 쉽지만 엄연히 다른 작가의 책이다.

『로마인 이야기』 | 시오노 나나미 | 김석희 | 한길사

일반인들이 쉽게 읽을 수 있는 대표적인 로마의 통사가 아닐까. 지금까지 나온 로마 역사책들은 전문적이거나, 지나칠 정도로 객관성을 유지하려고 해서, 교과서처럼 딱딱한 감이 없지 않았다. 그러나 이 책은 작가가 자신의 생각과 관점, 그리고 상상력을 발휘하여 로마의 역사를 한 편의 드라마처럼 서술해 놓고 있다. 물론 작가의 색깔이 분명하다는 점에서 독자들이 참고하고 읽어야 할 부분도 적지 않다.

『또 하나의 로마인 이야기』 | 시오노 나나미 | 한성례 | 부엔리브로

『로마인 이야기』를 주제별로 정리한 것 같은 느낌을 주는 이 책은 공화정에서 제정으로 넘어가는 시점까지를 주로 다룬다. 아무래도 로마의 역사에서 가장 흥미진진한 부분일 테지만, 어쩌면 시오노 나나미가 『로마인 이야기』를 집필하던 중에 발간된 책이어서 그런 것이 아닌가 싶다. 특히 부록인 '저자에게 듣는 로마 영웅들의 성적'은 다른 역사책에서 볼 수 없었던 새로운 시도여서 매우 흥미롭다.

『로마인에게 묻는 20가지 질문』 | 시오노 나나미 | 김석희 | 한길사

『로마인 이야기』 9권을 집필하던 중에 진행되었던 인터뷰를 책으로 발간한 것이다. 사람들이 일반적으로 로마에 대해 궁금해하던 부분이나 오해하고 있던 부분을 질의응답식으로 풀어냈다. 내용은 주로 제정 초기까지에 해당하는 것들이 많다.

『로마제국 쇠망사』 | 에드워드 기번 | 김영진 | 대광서림

워낙 그 양이 방대하여 역사학이나 영문학을 전공한 사람들이 아니

면 읽어 본 사람을 찾기 힘든 책이다. 우리나라에서는 대광서림에서 11권, 민음사에서 6권으로 완역되었다. 그러나 이 방대한 분량 때문에 힘들어하는 나 같은 사람을 위해 여러 출판사에서 중요한 부분만 발췌하여 출간하기도 했다. 이 책은 그 제목에서 알 수 있듯 로마제국의 쇠망을 논하고 있기 때문에 제정부터 동로마 멸망까지를 다룬다. 로마사의 고전이니 한 번쯤 도전해 볼 만하다.

『로마인의 흥망성쇠 원인론』 | 몽테스키외 | 박광순 | 범우사

계몽주의 시대를 살았던 몽테스키외는 자신이 살았던 시대의 흐름에 입각하여 로마사를 조명하고 있다. 로마 역사를 종종 자신의 시대와 비교하면서 로마의 흥망성쇠에 대한 원인을 밝힌다. 그리고 독특하게 로물루스로부터 동로마의 멸망에 이르기까지를 언급한다. 시오노 나나미의 책이 로물루스부터 서로마 멸망, 기번의 책이 제정부터 동로마 멸망까지 서술하고 있는 것과 재미있는 대조를 이룬다.

『마키아벨리 로마사 이야기』 | 마키아벨리 | 고산 | 을유문화사

한길사에서 『로마사 논고』라는 이름으로 번역되기도 한 이 책은 로마 역사가인 리비우스의 〈로마사〉에 대한 마키아벨리의 해설서라고 볼 수 있다. 조국 피렌체의 번영을 위하여 당시의 시대적 상황을 로마와 연관시켜서 자신의 생각을 펼치고 있다. 로마 역사 자체에 대한 내용보다는 마키아벨리의 생각을 엿볼 수 있다.

『공화국의 몰락』 | 톰 홀랜드 | 김병화 | 웅진닷컴

영국의 사학자인 저자는 헤로도투스의 『역사』와 호메로스와 베르길리우스의 서사시를 라디오용 방송원고로 각색할 정도로, 과거의 역사를 현재의 상황에 맞게 풀어내는 능력을 지닌 사람이다. 본서의 원제는 '루비콘'이라고 한다. 책 제목이 말해 주듯이 이 책은 공화정에서 제정으로 넘어가는 과도기 100년을 담고 있다.

『처음 읽는 로마의 역사』 | 사이먼 베이커 | 김병화 | 웅진지식하우스

영국의 국영방송국인 BBC는 훌륭한 다큐멘터리를 만드는 것으로 유명하다. 저자는 바로 BBC에서 역사 관련 다큐멘터리 제작에 여러 번

참여했으며, 특히 이 책은 그가 프로듀서로 참여했던 <로마제국의 탄생과 몰락>의 내용을 편집한 것이다. 로마 초기의 건국 과정과 공화정으로의 이행보다는 그라쿠스 형제의 개혁부터 시작하여 서로마제국의 멸망까지를 서술한다.

국내서

증보 『로마 공화정 연구』 | 허승일 | 서울대학교 출판부

저자가 그동안 여러 학술지에 실었던 논문을 모은 책이다. 논문을 그대로 실었기 때문에 서론과 본론, 결론으로 구성되어 있다. 논문이므로 그리 편하게 읽기는 어렵지만 엉터리 번역서보다는 읽기 쉽다. 내용은 크게 세 가지로 나눌 수 있다. 공화국의 행정 개혁과 그라쿠스 형제의 개혁, 공화국에서 제국으로의 이행. 이 주제들에 대하여 학문적으로 관심 있는 사람들은 읽어 보면 도움이 될 듯하다.

『강대국의 비밀』 | 배은숙 | 글항아리

로마사를 전공한 국내 사학자의 책으로, 로마 군대에 대한 내용이다. 국내 저자의 글답게 이해도 훨씬 빠르고, 상당한 양의 정보를 매우 꼼꼼하게 전달해 준다. 일반인들이 읽기에도 딱딱함을 느낄 수 없을 정도로 약간의 이야기 방식으로 구성되어 있다. 부록으로는 '로마가 벌인 전쟁의 승패 요인 분석'이 있는데, 로마의 주요 전쟁들을 대상으로 분석한 것이라서 로마 역사와 전쟁에 관심이 있는 사람들에게 매우 좋은 자료일 듯싶다. 이 책을 준비하면서 가장 마음에 들었던, 그리고 가장 추천하고 싶은 책이다.

『로마제국을 가다』 | 최정동 | 한길사

기자 출신인 저자가 과거 로마제국의 흔적이 남아 있는 지역을 여행하면서 쓴 여행기이다. 로마 역사가 여행기와 자연스럽게 맞닿아 있어서 독특하면서 흥미롭게 읽을 수 있다. 비록 로마제국의 흔적이 남아 있는 지역을 여행했지만, 로마와 무관하더라도 여행지에서 빼놓을 수 없는 장소나 유적도 언급하고 있다. 그리고 로마에 많은 영향을 주었던 그리스 여행기도 포함되어 있다. 로마에 관심이 있는 사람이 유럽 여행을 가기 전에 읽어 본다면 여행이 더욱 풍성해질 수 있겠다는 생각이 드는 책이다.

부록 2 역사를 보는 또 다른 눈, 심리학

관심(關心)

역사에 대한 관심이 뜨겁다. 출판시장에서 역사 서적은 베스트셀러 목록에서 빠지는 법이 없고, 방송계에서도 역사를 소재로 한 드라마나 다큐멘터리의 시청률은 제작자들의 기대를 저버리지 않는다. 물론 영화계도 마찬가지고, 얼마 전부터는 연극과 뮤지컬에도 역사 바람이 불고 있다.

역사에 대한 관심은 어디까지나 전체적인 것일 뿐, 개인으로 눈을 돌리면 이야기가 조금 달라진다. 역사에 관심을 갖는 사람들 못지않게 역사라면 손사래를 치는 사람들도 많다. 이들의 태도는 역사를 생소한 이름과 연도들의 조합이나 단지 옛날이야기로만 보는 경향과 무관하지 않다.

사실 중고등학교 시절에 역사는 그리 반가운 과목이 아니다. 사람들의 이름과 연도, 그리고 주요 사건의 배경과 이유까지 외워야 하는 대표적인 암기과목이다. 학생들에게 역사의 재미와 유익함을 전달하려는 교사의 노력도 시험이라는 현실의 벽 앞에서 무력해지기 일쑤다. 이러한 상황에서 학생들이 역사에 흥미를 가질 가능성은 소가 뒷걸음질 치다가 쥐를 잡을 가능성과 엇비슷하지 않을까. 게다가 역사는 소위 주요 과목도 아니다. 이처럼 학창시절의 역사는 잘해 봐야 그저 그런 과목, 자칫하면 머리만 복잡해지는 피곤한 과목일 뿐이다.

사정이 이러니 학교를 졸업하고도 상당 기간 역사에 눈길을 주지 않는 것은 해가 동쪽에서 뜨는 것처럼 자연스러운 일이다. 그러나 해가 뜨면 안개는 열어지는 법. 역사에 대한 부정적인 인식도 시간이 지남에 따라 조금씩 사라진다. 이때 우연하게 접한 역사 관련 책이나 드라마, 영화를 재미있다고 느낀다. 서점에 가서 역사 코너를 기웃거리기도 하고, TV에서 사극이나 역사 다큐멘터리를 챙겨보기도 한다. 모르던 것은 알게 되고, 알고 있는 것은 새로운 의미를 발견하면서 역사의 맛을 음미한다. 물론 이런 계기가 없었던 사람들은 중고등학생 때의 따분하고 지루한 역사의 이미지를 그대로 간직하고 있는지도 모르겠다.

그렇다면 역사를 즐기는 사람들의 심리는 무엇일까? 우선 재미와 즐거움을 꼽을 수 있다. 『논어』를 보면 '배우고 때때로 익히면 즐겁지 아니한가(學而時習之 不亦說乎)'라는 말이 있다. 물론 입시 스트레스에 시달리는 학생들은 기겁하겠지만, 사실 무엇인가를 배우고 안다는 것은 즐거운 활동이다. 학교 공부는 싫어하는 학생들도 새로운 게임이나 운동 혹은 자신이 자발적으로 관심 갖게 된 주제에 대하여 알고 배우는 것은 좋아하지 않는가.

그러나 이것만으로는 역사를 즐기는 심리를 충분히 설명하지 못한다. 배우고 익히는 것이 반드시 역사이어야 할 이유는 전혀 없기 때문이다. 분명 사람들이 역사를 즐기는 이유에는 재미와 즐거움 그 이상의 것이 있을 법하다. 무엇일까? 바로 '교훈'이다. 학교 역사 시간에는 물론이고, 역사 공부를 추천하는 부모님이나 선배들로부터 들었을 법한 이유이기도 한 교훈.

교훈을 역사의 목적으로 찾기 시작한 것은 비단 어제오늘의 일이 아니다. 투키디데스는 "과거 사건들로부터 현재에 관계되는 교훈을 얻기 위해서" 역사를 서술한다고 했고, 헤로도투스는 "일어났던 바들이 잊히지 않도록 후세에 전하기 위해서"라고 했고, 헤로도투스와 투키디데스를 잇는 그리스의 역사가 폴리비우스는 "과거 속에서 현재를 살아가고 미래를 예측할 수 있는 수단과 근거를 찾기 위해서"라고 했다. 결국 이 세 사람의 이야기를 정리하자면, 과거의 역사를 거울삼아 미래의 방향을 정하고 현재의 위기를 슬기롭게 극복하면서 이를 다음 세대로 전달하는 것이 역사의 목적이라고 할 수 있겠다. 이러한 역사의 목적을 철학자이자 로마의 국부(國父)로 일컬어지는 키케로(Marcus Tullius Cicero, BC 106~43)가 한마디로 정리했으니, 바로 '생의 교사(teacher of life)'이다.

반대(反對)

그러나 이렇게 역사를 실용적인 관점에서 접근해서는 안 된다는 입장도 있다. 역사의 사실(史實)은 사실(事實)로 구성되어야 하는데, 역사가가 사람들에게 어떤 교훈을 주기 위해서 사실(私實)을 개입시킬 수도 있다는 것이다. 그래서 과거에 정말 무슨 일이 일어났는지, '역사 그 자체'에 관심을 가져야 한다고 주장한다. 만약 과거의 역사보다 현재의 교훈을 더 중요시하면 역사가 왜곡될 수도 있다고 강조한다. 실제로 이러한 일은 얼마든지 있었다. 한 가지 예가 프랑스 시민혁명의 기폭제로 잘 알려진 바스티유 감옥 습격 사건이다. 이는 전작 『누다심의 심리학 블로그』에서 다룬 바 있다. 많은 이들은 바스티유 감옥이 전제정치를 반대하는 정치범들을 수용하던 곳으로, 시민들이 혁명의 불꽃을 살리기 위한 의도로 점령했다고 알고 있다. 그러나 이는 사실(事實)이 아니다. 바스티유 감옥에는 4명의 사기꾼을 비롯하여 총 7명의 죄수가 수감되어 있었다. 즉 전제정치와는 무관한 감옥이었다. 시민들이 감옥으로 몰려갔던 이유도 혹시나 있을지 모르는 전투에 대비하기 위하여 무기와 탄약을 구하기 위해서였다. 그런데 워낙 많은 시민들이 우왕좌왕하다 보니 예기치 않은 사고가 발생했고, 흥분한 시민들이 우발적으로 감옥을 점령해 버린 것이다. 흔히 구체제라고 번역되는 앙시엥 레짐(ancien régime)을 타도하고 시민혁명을 정당화하려고 했던 사람들이 사실(私實)을 사실(史實)로 둔갑시켰다.

이처럼 역사의 실용성이 강조되면서 역사의 본질 자체가 왜곡될 위험이 점점 증가하자, 19세기에는 이에 대한 반발로서 실증주의 역사관이 대두되었다. 근대 사학의 기초를 닦았다고 평가받는 랑케를 중심으로 한 실증주의 사가들은 역사를 있는 그대로, '역사 그 자체'로 보아야 한다고 주장했다. 랑케는 역사의 발전과 진보라는 명목하에 프랑스 혁명의 우월성이 강조되면서, 상대적으로 앙시엥 레짐이 평가절하되었다고 지적했다. 그는 어떤 시대든지 독자적인 성격과 의의를 인정해야 한다고 하면서, 역사를 지금의 시각이 아닌 그때의 시각으로 보자고 주장했다.

어떤 이들은 랑케를 비롯한 실증사가들이 '철저하게 객관적인 역사적 사실 그 자체'에만 강조점을 두어서 역사를 단순한 연대기로 인식한다고 생각한다. 그러나 이는 오해이다. 사실 역사적 사실들을 순서대로 배열하는 연대기는 이미 중세시대에도 존재했다. 랑케는 역사를 바라보는 관점이 시대마다 다양할 수 있음을 인정했다. 다만 관점이 사료의 객관성보다 우선되어서는 안 된다고 주장한 것이라고 봐야 한다.

따라서 역사로부터 교훈을 얻을 수 있다는 주장과 객관적인 역사가 우선시되어야 한다는 주장은 물과 기름처럼 섞일 수 없는 것이 아니다. 역사의 실용적 기능(교훈)을 주장하는 사람들도 객관적인 역사를 전제하고 있으며, 역사의 객관성을 주장하는 사람들도 실용적 기능을 인정하고 있다. 이러한 관점은 영국의 정치학자이자 사학자인 카(Edward Hallett Carr, 1892~1982)의 『역사란 무엇인가?』에 잘 나타난다. 그는 역사란 "역사가와 그가 접하는 사실 사이에 이루어지는 계속적인 상호관계의 과정이요, 현재와 과거 사이에 이루어지는 끊임없는 대화"라고 정의했다. 이런 정의를 끌어내기 위하여 그는 '역사적 사실'이란 무엇인지를 규명한다. 그에 따르면 역사적 사실이란 '과거에 대한 사실'이 아니라, 그 가운데서 의미 있다고 여겨지는 것들을 선택하고 일정한 질서로 배열할 때만 성립한다. 결국 역사의 실용적 기능을 위해서 과거의 사실이 왜곡되어서도 안 되고, 역사 그 자체만을 위해 현재의 필요성이 무시되어서도 안 된다. 둘은 함께 있어야 빛을 발하는 것이다.

조력(助力)

역사를 탐하는 이유를 크게 두 가지로 보았다. 즐거움과 유익함. 이 중에서 우리가 좀 더 많은 노력을 기울여야 할 부분은 바로 후자이다. 과거를 알아 가는 즐거움이야 지나치게 따분한 책만 아니라면 자연스럽게 얻을 수 있으나, 그것으로부터 현재 도움이 될 만한 교훈을 끌어낸다는 것은 쉬운 일이 아니기 때문이다.

역사로부터 유익한 무언가를 얻기 위해서는 과거의 사실이 왜곡된 것이 아니라는 전제가 필요하다. 그러나 역사를 업으로 삼는 학자들이라면 모를까, 일반인들은 이 부분을 알기가 쉽지 않다. 따라서 우리가 '생의 교사'로서의 역사를 마음껏 즐기기 위해서는 사학자들이 다양한 사료 발굴과 검증을 통하여 과거를 재구성하는 노력과 수고를 해 주어야 한다. 그 다음에 역사로부터 교훈을 얻는 것은 역사가가 아닌 우리에게 남은 과제이다.

이것을 과제라고 표현한 이유는 역사가 직접적인 교훈과 해결책을 제시하지 않기 때문이다. 먹을거리로 비유하자면 역사는 인스턴트식품보다는 재래시장 좌판에서 파는 식재료에 가깝다. 뜨거운 물만 있으면 바로 먹을 수 있는 것이 아니라, 적절한 요리법으로 직접 요리를 하는 어느 정도의 수고가 있어야 진미를 알 수 있다. 물론 사학자들이나 작가들이 역사를 빌어서 당면 과제에 대한 조언과 방법을 제시하기도 하지만, 이는 일반적이지 않을뿐더러 모든 사람들의 입맛을 맞출 수도 없는 노릇이다. 우리는 스스로 역사를 요리해서 자신이 원하는 맛을 찾아야 한다.

위인전집과 역사에서 빠지지 않는 두 인물, 나폴레옹과 링컨을 예로 들어 보자. 이 두 사람으로부터 얻을 수 있는 교훈은 각자가 처한 입장에 따라 다르다. 대통령이나 총리처럼 한 나라의 지도자라면 더욱 직접적인 교훈을 얻을 수 있다. 실제로 박정희 대통령은 나폴레옹을, 오바마 미국 대통령은 링컨을 역할 모델로 삼았다고 한다. 그러나 역사적 인물과 자신의 입장(대통령이나 지도자)이 같다 하더라도, 시대나 상황 그리고 당면 과제의 내용까지 일치할 수는 없다. 어느 정도 요리하는 수고가 필요하다.

대통령이나 총리가 아닌 회사의 CEO나 부서의 장이나 집안의 가장인 경우라면 어떠할까? 나폴레옹이나 링컨은 회사의 CEO이었던 적은 없고, 가장이긴 했지만 그들의 전기에서 이 내용이 잘 나타나지 않는다. 당연히 요리하는 수고가 더 많이 필요하다. 한 걸음 더 나아가 보자. 어떤 집단에서 리더를 해 본 적도, 앞으로 할 가능성도 없는 사람은 나폴레옹과 링컨으로부터 얻을 수 있는 교훈이 전혀 없을까? 그렇지는 않을 것이다. 어떠한 식재료든 자신의 입맛에 어울릴 만한 요리법만 알고 있다면 맛있는 음식을 먹을 수 있는 것처럼 말이다.

그런데 역사가 인물의 전기로만 구성되어 있다면 모를까, 역사에는 위인들 못지않게 사회와 국가적 차원에서 접근하는 거시적 내용도 많다. 이런 경우 우리는 역사로부터 무엇을 배울 수 있을까? 우리 대다수는 국가나 사회의 운명을 책임질 위치에 있지도 않은데.

조선사를 예로 들어 보자. 조선시대에는 각각 두 번의 왜란과 호란이 있었고 그 결과는 참담했다. 직접적이지는 않지만 외침으로 피해가 막대했던 이유 중 하나로 잦고 지나친 당파싸움을 들기도 한다. 각 당파의 이해득실을 따지느라 전쟁에 대비하지 못했다는 것이다. 이 역사에서 우리가 얻을 수 있는 교훈은 무엇일가? 우리 대다수는 국방을 책임지는 국방장관도 아니고, 국회의 국방위원회에서 활동하는 국회위원도 아니다. 군대에 다녀오지 않은 남자라면 국방의 의무를 성실하게 이행해야겠다는 교훈을 얻을 수 있을까? 국가의 안위보다 당리당략만 일삼는 국회의원이 다음 선거에서 재선되지 못하도록 낙선운동을 해야겠다는 교훈을 얻을 수 있을까? 물론 가능하겠지만, 왠지 이런 식의 교훈은 어색하기 짝이 없다.

이렇게 따져 보니 역사를 통해서 우리가 얻을 수 있는 교훈은 많지 않아 보인다. 이는 역사를 지루한 과거들의 묶음 정도로 여기는 이들의 생각이기도 하다. 그러나 결정적으로 역사 자체의 문제라기보다는 역사를 바라보는 우리의 시각 때문일 수도 있다. 우리는 일반적으로 사건과 사람을 대할 때 주로 외적인 조건과 상황, 역할에 초점을 맞추는 경향이 있다. 따라서 과거의 역사가 자신의 조건이나 상황, 역할에 어울리지 않으면 역사로부터 얻을 교훈이 없다고 생각한다. 바로 이때 심리학이 우리를 도울 수 있다. 역사를 보는 또 다른 시각을 제공하기 때문에 역사라는 식재료를 요리할 수 있는 색다른 방법을 알려 줄 수 있다.

공통(共通)

심리학은 어떤 학문인가? 여러 정의가 있을 수 있으나 분명한 것은 그 관심 대상이 인간이라는 것이다. 물론 더 구체적으로 말하자면 인간의 마음과 행동이다. 여기서 역사와 심리학의 접점이 생겨난다. 많은 역사가들 역시 역사란 시대와 상황을 초월하는 인간성에 근거하고 있다고 주장하기 때문이다. 앞서 언급했던 투키디데스는 『펠로폰네소스 전쟁사』를 통해 지난 일과 비슷할 수 있는 장래의 인간사에 교훈을 주고자 했다. 이는 인간성은 동일할 것이라는 믿음에서 비롯된 것이다. 이탈리아의 사학자 비코(Giambattista Vico, 1668~1744) 역시 인간성의 동질성을 기초로 역사를 이해하고 있다. 인간성이란 갑자기 변화하지 않으며 자취와 관습을 보유하고 있기에, 과거의 역사를 현재의 정신 속에서 이해하고 재구성할 수 있다고 말한다. 영국의 사학자 콜링우드(Robin George Collingwood, 1889~1943)는 역사를 '인간성의 과학'이라고 하면서, 역사의 대상은 과거에 행해졌던 인간들의 행동이고 역사적인 사건은 역사의 주체인 인간의 행위라고 했다. 프랑스의 사학자 브로델(Fernand Braudel, 1902~1985) 역시 역사를 '인간에 관한 학문'으로 정의하고 있다.

역사와 심리학의 공통분모가 인간이니 심리학적 관점에서 역사를 이해한다고 하면, 어떤 이들은 역사를 미시사 수준에서 이해하는 데 그친다고 비판할 수 있다. 우선 역사를 서술하고 이해하는 방법인 미시사와 거시사에 대하여 간략하게 살펴보자. 거시사는 역사를 국가나 민족 수준에서 접근하되, 정치와 경제 등 사회적 환경과 제도 변화를 주로 다룬다. 반면에 미시사는 개인이나 어느 지역의 공동체 수준으로 접근하면서, 사람들의 구체적인 생활상을 주로 다룬다. 거시사는 숲 전체의 지형과 모양으로, 미시사는 각각의 나무로 비유할 수 있다. 그러나 이러한 서술방법의 구분은 이분법적이 아니라 정도의 차이일 뿐 상호보완적 관계라고 할 수 있다.

근대 사학계에서는 미시사를 부정적인 시각으로 보는 사람들이 대다수였다. 이들은 세세하게 묘사되는 미시세계의 역사현실로부터 역사의 전체적 조망을 얻을 수 없다고 주장한다. 중세 봉건제나 근대 자본주의와 같은 거시 구조의 틀로부터 야기된 문제들을, 사람들의 삶을 자세히 들여다봄으로써 분석할 수는 없다는 것이다. 그러나 최근 사학계에서는 포스트모더니즘의 영향으로 미시사를 새롭게 조명하려는 흐름이 나타난다. 거시사를 통하여 정치와 경제, 사회구조라는 역사의 거대한 뼈대를 만들었다면, 이제는 그 사이사이에 살을 붙이는 작업이 필요하다는 논리이다. 그것은 미시사를 통하여 그동안 소홀히 취급되었던 개인의 삶을 다룸으로써 가능하다. 더 나아가 미시사는 자연과학의 카오스나 양자론처럼 역사학의 새로운 패러다임으로 받아들여지기도 한다.

이는 어디까지나 사학계의 흐름이고, 아직도 역사의 소비자인 대중들 중에는 '역사=거시사'라고 생각하는 사람들이 많다. 이들은 몇 년도에 누가 무슨 일을 했고 어떤 사건이 있었으며, 그때의 정치와 경제가 어떠했는지를 알아야 역사를 안다고 생각한다. 사람에게 관심을 갖는 것이 무슨 역사냐고 말하면서 심리학적인 접근을 근거 없는 성격 분석 정도로 치부해 버리기도 한다. 그러나 사람에게 관심을 두는 접근, 소위 미시사적인 접근을 한다고 해서 과거 인물의 성격만 분석한다고 생각해서는 안 된다. 이는 심리학을 정신분석이나 성격 연구와 동일시하기 때문에 생기는 오해이다. 현대 심리학은 사람의 마음과 행동을 이해하기 위하여 매우 다양한 접근법을 사용한다. 때로는 자연과학의 성과를 빌려 오고, 때로는 비과학적이라고 할 정도의 사변적 이론을 받아들인다. 동물을 대상으로 실험을 하는가 하면, 피험자들을 모집하여 기발한 방법으로 실험을 한다. 실험을 할 수 없는 경우에는 관찰을 하고 설문지를 사용한다. 심리학의 하위 분야는 끊임없이 늘어나고 있는데, 이는 사람을 이해하는 방법이 계속 다양해지고 있다는 증거이다.

그중 역사에 적용할 수 있는 내용이 많은 분야가 사회심리학(Social Psychology)이다. 사회심리학에서는 사람의 마음과 행동에 영향을 미치는 주변의 환경과 제도, 문화에 관심을 둔다. 다시 말해 기존 사학자들의 주요 관심 대상인 외적인 조건과 상황에 주목한다. 물론 외적인 조건과 상황 자체가 아니라, 사람에게 어떠한 영향을 미치는지 관심을 가진다. 사회심리학의 창시자라고 불리는 레빈(Kurt Lewin)의 생각은 다음과 같은 방정식으로 표현할 수 있다.

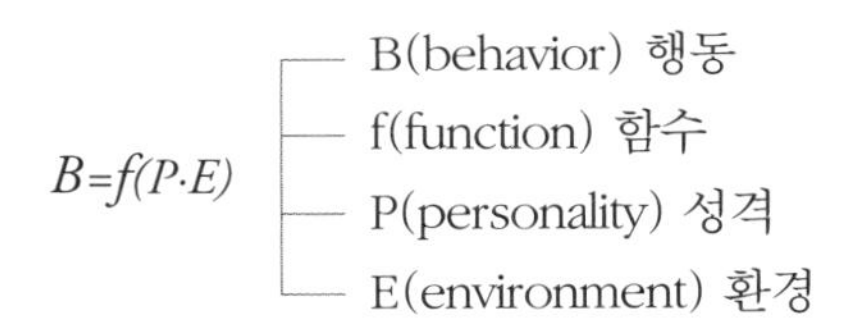

즉 사람의 행동은 성격과 환경의 함수라는 것이다. 레빈 이전의 많은 심리학자들은 개인 내적 부분(주로 성격)에 초점을 맞추고, 사회학과 역사학을 비롯한 다른 분야에서는 외적인 조건(환경)에 초점을 맞추어 사람의 행동을 설명하려고 하는 경향이 있었다. 레빈은 두 가지를 함께 고려해야만 사람의 행동을 잘 설명할 수 있다고 주장한다.

사회심리학적인 측면에서 역사에 접근하면 사람의 주변 환경을 고려하게 된다. 좁게는 소규모의 집단, 넓게는 사회구조적인 측면까지도 고려할 수 있다. 사실 따지고 보면 정치와 경제, 제도와 문화의 사회구조 역시 사람들의 작품이 아닌가? 사람들이 사회구조를 만들고, 그것에 영향을 받고, 때로는 바꾸기도 하면서, 역사는 끊임없이 발전한다. 따라서 사람을 중심으로 역사를 보는 것을 기존의 미시적인 접근으로 치부할 필요는 없다.

의미(意味)

역사를 심리학적 관점에서 살펴보기 위해서는 둘 사이에 '인간'이라는 접점이 존재한다는 사실 이외에 언급해야 할 것이 한 가지 더 있다. 바로 과거의 인간과 오늘의 인간, 그곳의 인간과 이곳의 인간은 본질적으로 같다는 '보편성'이다. 시대와 상황을 초월하는 인간의 보편성을 인정하면 과거의 역사로부터 오늘의 교훈을 풍부하게 얻을 수 있다. 인간의 보편성은 역사학계에서는 순환론으로 치부되어 많은 비판을 받기도 했다. 이 입장을 비판하는 사람들은 우리의 삶은 결코 순환하거나 되풀이되지 않는다고 주장한다. 토인비(Arnold Joseph Toynbee, 1889~1975)는 『역사의 연구』에서 '도전과 응전'이라는 패러다임을 통하여 문명의 흥망을 일반화했다. 이 책은 역사의 순환론과 일반화에 대하여 대체로 부정적이던 전문역사가들로부터 좋은 평가를 받지 못했다. 그럼에도 그가 어느 역사가도 누리지 못한 대중적 명성을 얻었다는 것은 생각해 볼 만한 일이다. 일반화하기 어렵다고 생각하는 것과 일반화를 멀리해야 한다는 것은 다른 차원의 문제인 것이다.

인간의 보편성과 동질성을 모든 상황에서 모든 인간이 동일하게 반응한다는 것으로 받아들일 필요는 없다. 그 누구도 마치 붕어빵 장수가 같은 모양의 붕어빵을 찍어 내듯이 역사가 기계적으로 반복된다고 생각하지는 않을 것이다. 물론 표면적으로 보기에는 유사한 사건들이 반복되기도 하지만, 내용에 있어서는 항상 새로운 것이라고 할 수 있다. 역사 속에서 독재자들은 깨어 있는 민중들의 심판을 받은 적이 많았는데, 그 과정이 동일하지는 않았다. 그러나 일련의 역사적 사건을 통하여 '자신의 사리사욕만 채우는 데 급급한 독재자들의 말로는 끔찍하다'는 교훈을 얻을 수는 있다. 이처럼 보편성의 강조와 순환론적 역사 이해는 역사 자체의 특성에 대한 논의라기보다는, 과거의 역사로부터 현재에 필요한 교훈을 얻어 내기 위한 가정이라고 보는 편이 더 적절할 듯싶다. 보편성에 주목하는 것이 특수성을 배제하거나 부인하는 것은 아니다. 인간의 보편성과 동질성을 가정함으로써 그때 거기서 일어났던 사건으로부터 의미 있는 교훈을 배우려는 것이다.

인간의 보편성에 근거하여 의미 있는 무언가를 얻으려는 논리는 심리학에서도 적용 가능하다. 심리학의 관심 대상은 '보편적인' 인간이다. 보편성을 전제로 하기 때문에 심리학의 여러 이론과 연구 결과를 특정 지역이나 시대에 국한시키지 않고 누구에게든 적용할 수 있다. 이것이 외국에서 진행된 수많은 심리학자들의 연구와 외국에서 만들어진 각종 심리검사가 우리나라에서도 활용될 수 있는 이유이다.

그렇다고 심리학이 특수성이나 개인차를 배제하지는 않는다. 하위 분야인 성격심리학은 바로 특수성에 초점을 맞추고 있다. 그러나 전체적으로 심리학은 특수성보다 보편성에 더 많은 관심을 가지고 있다. 심리학자들은 보편성과 특수성을 포함한 인간의 속성을 100퍼센트 설명할 수도 없으며, 그렇게 하려고 시도하지도 않는다. 다만 다양한 방법을 통하여 이론을 만들며, 자신들의 이론을 통하여 어떤 현상에 대하여 '유일한(sole)' 설명이 아니라, '유의미한(significant)' 설명을 하려고 한다. 이 두 표현의 차이는 매우 크다. 유일한 설명이 어떤 현상을 완벽하게 이해할 수 있는 설명이라면, 유의미한 설명은 다양한 원인을 인정하되 그중에서 생각해 볼 만한 설명임을 의미한다.

그렇기에 어떤 사람이나 사건에 대한 심리적 설명을 두고 틀린 혹은 불충분한 설명이라거나 심리적 환원주의의 오류, 즉 전체를 일부분으로 환원시키는 오류라고 비판하는 것은 또 다른 오류이다. 이런 주장을 하는 사람들은 심리학이 모든 것을 설명해 줄 수 있을 것이라는 지나친 기대를 했거나 혹은 심리학에 대한 이해가 없는 경우가 많다.

예를 들어 심각한 사회 문제 중의 하나인 자살을 이해함에 있어서 심리적인 설명으로 자주 등장하는 것이 바로 우울증이다. 만약 심리학자들이 자살이라는 현상을 100퍼센트 우울증으로 설명할 수 있다면, 이것은 심리적 환원주의의 오류를 범하고 있는 것이라고 할 수 있다. 그러나 그 어떤 심리학자도 자살의 유일한 원인이 우울증이라고 주장하지는 않는다. 심리학자들은 회귀분석과 같은 통계적 방법을 사용하여 우울증이 자살을 어느 정도(전체의 몇 퍼센트)로 설명하고 있는지를 계산하며, 이것이 유의미한지 아닌지를 판단한다.

분명히 역사의 여러 사건들은 다양한 원인들이 복합적으로 영향을 끼친 결과이다. 정치와 경제, 법률과 사회, 문화와 종교 등 그 어느 것도 소홀히 할 수 없다. 그러나 우리가 외적인 조건들 자체보다 인간의 보편적인 심리에 초점을 맞추어 유의미한 설명을 끌어내는 것도 필요하다. 왜냐하면 우리들 대부분은 정치와 경제 등 거시적인 조건들에 직접 영향을 미칠 수 있는 위치에 있지 않으며, 지금 우리의 삶 속에서 적용할 수 있는 교훈을 찾고 있기 때문이다.

프랑스의 사학자인 블로크(Marc Bloch, 1886~1944)는 '역사적 사실이란 본질적으로 심리적'이라고 했다. 물론 외적인 힘의 개입이 갑작스럽게 이루어진 경우가 있을 수 있으나 그러한 힘의 영향력은 인간의 정신에 의해서 방향을 부여받는다. 그에 따르면 흑사병이 유럽 전역을 휩쓸었던 것도 집단적 감수성의 특수한 경향성으로 설명될 수 있다. 이것이 바로 역사를 심리학적으로 이해하려는 이유이다.

발견(發見)

역사와 심리학에 보편적 인간이라는 공통분모가 있음을 생각해 보면, 분명히 역사와 심리학을 접목하려는 시도들이 있었을 것이다. 각종 자료를 조사한 결과 그런 시도들이 역시 있었고 매우 흥미로운 접근들을 발견했다. 그중에서도 가장 눈에 띄었던 책은 루마니아 태생의 바르부(Zevedei Barbu)가 쓴 『역사심리학』이었다. 그는 책 서문에서 이렇게 말하고 있다.

> 심리학과 역사학이라는 두 개의 학문이 서로 긴밀히 협력하면, 이 두 학문 영역의 양쪽을 이해하는 데 있어서 새롭고 보람 있는 전망이 펼쳐지리라는 확신이 있다.

심리학과 역사학의 접목에 관심을 갖고 있는 바르부는 사학자일까, 아니면 심리학자일까? 그는 어느 쪽도 아닌 사회학자였다! 사회학자인 그가 역사심리학 분야에 관심을 가진 이유는 좀 의외였다. 그는 아이디어를 인류학에서 얻었다고 한다. 인류학은 인류의 신체나 문화에 대해 관심을 가지면서 인류와 관련된 모든 것을 연구 대상으로 삼고 있으며, 시공간적인 측면에서 가장 폭넓고 총체적으로 접근하려는 경향이 있는 학문이다. 또한 인간의 보편성을 기초로 하여 인간의 마음과 행동을 과학적으로 분석하려는 심리학과 달리, 문화적 특수성과 상대성을 기초로 하여 과학이라는 틀에 얽매이지 않고 다양한 방법과 자료들을 활용한다는 특징이 있다.

바르부는 어떻게 인류학을 통하여 역사와 심리학의 접목인 역사심리학을 생각하게 되었는지 구체적으로 살펴보자. 그는 인류학자들이 어떤 공동체의 문화사회적인 제도와 구성원의 정신세계에 매우 밀접한 상관이 있다는 것을 밝혀냈다고 지적한다. 여기서 말하는 정신이란 기억이나 지각, 사고와 같은 의식적 수준에 국한되는 것이 아니다. 성격처럼 동기적이고 무의식적인 측면에까지 이르는 것이다. 일례로 발리 섬 사람들의 정신구조가 분열형이고, 독일 나치즘의 정신구조는 망상형이었다고 한다. 또한 거의 모든 인류학자나 사회학자는 사람들의 정신현상이 사회적인 측면에서 상대적이라는 사실, 그리고 정신구조가 사회의 역사적 발전에 의해서 규정되는 사회적 현상이라는 사실을 인정한다고 한다. 따라서 심리학자는 개인의 정신구조가 그가 속한 공동체의 역사적 상황과 어떠한 연관성이 있는지를 증명하기 위하여 역사학의 자료를 사용할 수 있다고 한다. 그는 역사심리학의 과제가 인간의 정신을 역사적 현상으로 연구하는 것이라 주장한다.

더 나아가 사회적 제도나 문화가 인간의 정신(성격)에 영향을 끼치기만 하는 데서 끝나지 않는다고 했다. 인간의 정신이 다시 사회에 영향을 줄 수 있으며 이것이 바로 '심리-사회적 사이클(psycho-social cycle)'인 것이다.

> 심리-사회적 사이클이라는 개념은 공동체의 역사적 발전이 사회적 조건과 심리적 조건에 의해 상호 번갈아 추진되어진다는 뜻으로 이해될 수 있다. 바꾸어 말하면 역사적인 인과관계가 심리적인 요인에서부터 비심리적인 요인으로 순환하면서 움직여 간다는 것이다.

그는 실제 사례로 독일의 나치즘을 들고 있다. 우선 나치즘의 출발은 심리적인 측면, 즉 히틀러의 망상적 성격이라고 말한다. 그러나 히틀러의 성격 역시 자연적으로 발생했다기보다는 사회적 조건에 기원을 둔다고 한다. 구체적으로는 제1차 세계대전 패배로 인한 경제적 위기와 낡은 사회제도의 붕괴, 그리고 정치적 또는 정신적 혼란이라는 현상을 지적한다. 경제적 · 사회적 · 정치적 현상들이 욕구불만과 불안, 의심의 원인이며, 이는 비단 히틀러만이 아니라 동시대의 독일인들에게도 영향을 미쳤다. 그래서 독일에 망상형 성격이 많아졌고, 이것이 히틀러의 망상형 행동을 지지하면서 사회적 조건에 집단으로 반응하는 분위기를 만들었다. 그 결과 권력에 토대를 둔 엄격한 사회조직이 만들어졌는데, 이 조직은 의심과 공격성, 강한 내집단(in-group) 우월성 등이 나타났다. 이처럼 사회적 조건은 심리상태의 원인이 되고, 심리상태는 다시 사회적 조건의 원인이 되는 순환 과정이 생겨날 수 있다.

바르부는 인류학에서 역사심리학의 가능성을 보았지만, 동시에 두 분야의 차이점도 지적하고 있다. 인류학이 정신구조에 있어서 같은 시대의 서로 다른 문화권을 비교하는 것이라면, 역사심리학은 같은 문화권 안에서 서로 다른 시대를 비교하는 것이라고 한다.

재고(再考)

인류학은 문화 간의 서로 다른 점을, 역사심리학은 문화 내의 서로 다른 점을 다룬다는 바르부 식의 접근은 과연 타당할까? 그가 역사심리학의 대표적 주제로 들고 있는 수치심과 죄책감 문제를 살펴보자.

> 오늘날의 인류학에 의해 기술되고 설명되고 있는 수많은 문화·심리적인 현상은 역사심리학의 관점에서 바라보면 새로운 의미를 띠게 된다. 가령 인류학자들은 보통 수치의 감정(수치심)에서 기인된 성격구조의 형성과 죄의 감정(죄책감)에서 기인된 성격구조의 형성을 전혀 다른 두 개의 사회와 문화에 결부시키고 있다. 사실 이 두 개의 성격구조는 한 사회의 역사적 발전 과정에서의 두 단계를 심리적인 차원에서 표현한 것일 수도 있다.

인류학에서 수치심과 죄책감은 중요한 개념 중의 하나로, 여러 문화를 비교할 때 비교적 자주 등장한다. 실제로 미국의 인류학자 베네딕트(Ruth Benedict, 1887~1948)는 미국인은 죄책감에, 일본인은 수치심에 약하다고 분석했다. 예를 들자면 약속을 어겼을 때 미국인은 상대의 시간을 허비했다는 죄책감(규범을 어겼을 때의 감정)을 느끼지만, 일본인은 이보다는 자신이 늦었다는 사실에 대하여 수치심(타인의 시선을 의식하는 감정)을 느낀다는 것이다.

이처럼 인류학자들이 수치심과 죄책감이 다른 문화권에서 나타나는 현상임을 주장했다면, 바르부는 한 사회와 문화의 역사적 발달 과정에서 나타나는 현상이라고 말한다. 그는 고대 아테네의 문화가 수치의 단계에서 죄의 단계로 발전했음을 지적하면서, 이것을 삐아제가 제시한 도덕발달 단계와 비교한다.

아동의 인지발달로 많이 알려진 삐아제는 도덕성발달에 대해서도 간단한 단계 이론을 제시했다. 타율적 도덕성과 자율적 도덕성의 두 단계가 그것이다. 4세까지는 도덕성의 개념이 없는 시기이고, 이 시기를 지나면 첫 번째 단계인 타율적 도덕성에 들어선다(5~7세). 이 시기는 선생님이나 부모님 등 외부의 권위자에 의해 옳고 그름을 판단하며, 행위의 의도보다는 결과를 더 중요하게 생각하는 경향이 있다. 다음 단계는 자율적 도덕성의 시기(8~11세)로서, 스스로 규칙을 정하여 옳고 그름을 판단할 수 있고 행위의 결과보다는 의도를 중요시하는 특징이 있다. 삐아제의 도덕발달 단계에서는 도덕규칙을 범했을 때 생기는 감정을 수치심과 죄책감으로 구분한다. 수치심은 타인의 시선을 의식하기에 타율적 도덕성, 죄책감은 자신의 판단기준에 따른 것이기에 자율적 도덕성과 연관된다. 바르부는 이러한 변화와 발달이 공동체 문화에서도 나타난다고 말한다. 가부장적이고 권위적인 공동체가 자율적이고 민주적인 공동체로 변화하고, 개성화되기 이전의 사회에서 개성화된 사회로 변화하는 것과 같은 현상을 예로 들 수 있다. 사실 수치심과 죄책감이라는 주제는 삐아제뿐만 아니라 에릭슨의 심리사회적 성격발달 이론에도 등장한다. 8단계로 구분한 전 생애 중에서 2번째 단계에 수치심이, 3번째 단계에 죄책감이 나온다.

어찌 되었든 바르부는 어느 사회 구성원들의 성격구조 발달을 삐아제의 이론에 근거하여 설명하고 있다. 그러나 심리학자들이 언급하고 있는 한 개인의 발달 이론을 사회문화적인 측면에서 역사적 발달에 적용하는 것이 과연 옳은 것일까? 여기에 대해서는 분명 많은 논란이 있을 수 있다. 그러나 이에 대한 논의를 차치하고서라도 바르부가 다루고 있는 문화 간 차이(수치심 vs. 죄책감)를 '발달'의 관점에서 보는 것은 잘못되었다고 볼 수 있다. 왜냐하면 심리학자들의 발달이라는 개념을 문화 간 차이로 적용시키면, 자칫 문화 간 우열 논쟁으로 비화될 여지가 있기 때문이다. 발달이라는 관점에서 보자면 타율적 도덕성은 자율적 도덕성보다 미발달된 상태이고, 시간이 지남에 따라서 자연히 발달해야 한다. 따라서 바르부의 주장처럼 어떤 문화의 정서가 초기에는 수치심이고 그 다음이 죄책감이라고 하면, 수치심의 문화는 죄책감의 문화에 비해서 덜 발달된 상태이다.

그뿐만 아니라 바르부는 심리학을 언급하면서 이를 주로 성격과 무의식, 동기에 국한시키는 경향이 있다. 이 책이 1960년 영국에서 출간되었음을 고려할 때 당연할 수 있겠다. 왜냐하면 영국은 정신분석의 창시자이자 유대인이었던 프로이트가 나치의 탄압을 피해서 말년을 보냈던 곳으로 정신분석의 영향력이 큰 곳이다. 게다가 1960년 이전의 심리학은 오늘날과 상당한 차이가 있다. 오늘날의 심리학에서 주요한 위치를 차지하고 있는 여러 하위 분야들(생리심리학, 사회심리학, 인지심리학 등)과 여러 학파들(인간주의, 실존주의, 인지치료 등)은 모두 1960년대부터 쏟아져 나왔다. 바르부가 『역사심리학』을 썼을 당시만 해도 많은 심리학자들의 연구 대상이 성격이나 본능(동기)에 국한되는 경향이 없지 않았기 때문에 그가 말하는 심리학이 오늘날의 심리학자들에게 낯설게 느껴지는 것은 당연하다. 심리학은 다른 어떤 학문보다 빠르게 변화하는 학문이다. 바르부의 집필 시기와 지금은 불과 50년밖에 차이가 나지 않지만 학문의 흐름과 성격은 너무나 많이 변했다.

이러한 한계가 있다고 해서 아기를 목욕물과 함께 버릴 수는 없다. 바르부의 접근 방식 중 사회 · 문화적인 조건이 인간의 성격에 영향을 미치고, 인간의 성격이 다시 사회적 조건에 영향을 줄 수 있다는 심리-사회적 사이클은 분명히 눈여겨볼 필요가 있다. 그뿐만 아니라 독일의 나치즘과 히틀러의 예처럼 역사를 이해하는 데 있어서 큰 영향을 미친 지도자의 개인 성격을 이해하는 것이 중요하다는 점도 심리학으로 역사를 이해할 때 참고할 만하다.

기존(旣存)

그렇다면 정통 심리학자들 중에는 심리학적인 틀로 역사를 이해하려고 했던 사람들이 없을까? 물론 있다. 우선 꼽을 수 있는 사람은 에릭슨이다. 에릭슨은 자신의 심리사회적 발달 이론을 적용시키기 위해서 역사 속에서 두 사람을 꼽았다. 바로 종교개혁자인 루터와 인도 독립운동의 지도자인 간디이다. 루터에 대해서는 자신이 누구이고 앞으로 어떻게 살아가야 할지 고민하던 청소년기의 위기(정체성 vs. 역할 혼란)가 결국 그를 종교개혁자로 살게 한 시발점이 되었다고 분석했다. 간디에 대해서는 사회와 후손들에게 무엇을 남겨 줄 수 있을지를 고민하던 중년기의 위기(생산감 vs. 정체감)가 그의 삶의 중심을 이루고 있다고 분석했다. 두 사람에 대한 에릭슨의 분석은 『청년 루터』와 『비폭력의 기원—간디의 정신분석』으로 출판되었는데, 에릭슨은 간디에 대해서 글을 쓰려고 실제로 인도에 가서 간디의 행적을 추적했다고 한다.

에릭슨처럼 역사 속 인물의 성격이나 심리분석을 했던 심리학자들을 찾는 것은 어려운 일이 아니다. 많은 사람들에게 알려진 심리검사인 MBTI(Myers-Briggs Type Indicator)를 만든 마이어(Isabel Briggs Myers)와 브릭스(Katharine Cook Briggs) 역시 여러 위인들과 역대 대통령들의 자서전을 통하여 그들의 성격을 분석했다.

그러나 심리학자들의 역사에 대한 관심은 이렇게 어떤 인물의 성격이나 심리분석에만 그치지 않는다. 레빈 이후로 많은 심리학자들이 사람을 둘러싼 환경에 관심을 가지면서, 과거 역사에서 일어났던 일들을 이해하기 위하여 많은 연구와 실험을 했다. 그중 대표적인 두 가지가 바로 2장에서 언급했던 제니스의 집단사고와 밀그램(Stanley Milgram)의 복종 실험이다.

제2차 세계대전 중 유대인 수백만 명이 학살당했던 사건을 홀로코스트라고 한다. 전쟁이 끝나고 홀로코스트에 가담했던 많은 독일군 장교들 중 일부는 전범재판을 받았다. 그중 한 사람이 아이히만인데, 그는 1961년 법정에서 자신은 그저 상부의 지시를 따랐을 뿐이기에 무죄라고 항변했다. 물론 재판부는 그에게 사형을 선고했고, 그는 이듬해에 형장의 이슬로 사라졌다. 밀그램은 아이히만의 항변을 보면서 '홀로코스트에 동참했던 아이히만과 그의 동료들은 정말 단순히 명령을 따른 것이라고 할 수 있을까? 사람은 권위에 대하여 얼마나 복종하는가?'라는 궁금증을 품었고, 이를 실험으로 알아보았다. 결과는 충격적이었다. 지극히 정상적인 실험 참가자들이 다른 사람에게 끔찍한 피해가 가는 상황에서도 권위에 복종하는 일을 멈추지 않았다. 이에 대해서는 『누다심의 심리학 블로그』에서 자세히 다루었다.

사회심리학자들은 이처럼 사람의 마음과 행동을 이해함에 있어서 사회적인 환경을 중요시하기 때문에 실제로 일어난 사건에서 연구의 모티브를 얻는다. 실제로 일어난 사건 중에서도 제법 사회적 관심을 끌 만한 것들이 그 대상이 되며, 이것은 시간이 지나면서 역사의 한 페이지를 장식한다. 이 연구들은 자연스럽게 역사적인 사건을 심리적으로 분석한 결과가 된다.

시도(試圖)

지금까지 언급했던 것과 또 다른 역사적 접근을 시도한 심리학자가 있다. 바로 긍정심리학의 대부라고 할 수 있는 셀리그만(Martin Seligman)이다. 앞에서 언급했던 심리학자는 과거의 인물이나 사건을 분석하는 일을 했지만, 셀리그만은 과거의 분석과 함께 미래를 예측하려는 시도를 했다는 점에서 주목할 만하다.

셀리그만은 자신의 책 『학습된 낙관주의』에서 새로운 역사심리학적인 접근을 소개한다. 그는 어린 시절 공상과학 소설가 아시모프(Isaac Asimov, 1920~1992)의 『파운데이션』 시리즈를 읽으면서 깊은 인상을 받았다고 한다. 이 소설의 주인공이 미래를 예측할 수 있는 역사심리학을 발명한 것으로 나왔기 때문이다. 그러나 셀리그만은 시간이 흘러 심리학 교수가 된 후에 현실적으로 역사심리학이라고 할 만한 것은 에릭슨의 루터나 간디의 정신분석 정도였음을 알고 실망했다고 한다. 그러면서 그는 역사심리학이라고 칭하려면 단지 과거의 개별 사례를 설명하는 정도가 아니라, 과거의 여러 사례에 근거하여 미래를 예측할 수 있을 정도로 정확해야 한다고 주장한다.

셀리그만은 자신의 낙관주의 연구를 통하여 새로운 역사심리학을 시도하는데, 우선 셀리그만이 주장하는 낙관주의를 알아보자. 그는 다양한 장면에서 오랜 연구를 통하여 낙관주의의 영향이 얼마나 굉장한 것인지를 알아냈다. 낙관적인 학생이 성적이 좋고, 낙관적인 운동선수가 승리하며, 낙관적인 사람이 직장에서 성공하기 쉽고 더 오래 산다는 것이다. 사변적 이론이 아닌 실제 증명을 최고의 가치로 두는 실험심리학자 셀리그만은 체계적이고 과학적인 접근으로 자신의 주장을 증명하고 있다. 더 나아가 정치인들의 낙관주의를 연구하면서, 낙관주의가 선거 당락에 영향을 미친다는 사실을 밝혀냈다. 1900년부터 1984년까지 미국 대통령 선거에 출마했던 후보들의 연설문을 분석한 결과, 낙관적인 표현을 많이 사용한 후보가 대통령이 되었다는 것이다.

셀리그만은 이 사실에 근거하여 자신이 어렸을 적 소설 속에서 읽었던, 미래를 예측하는 역사심리학이 가능하리라는 기대를 했고, 실제로 1988년 대선에서 공화당과 민주당 예비경선의 결과와 41대 대통령 조지 부시의 당선을 정확히 예측하는 놀라운 성과를 거두었다. 그뿐만 아니라 같은 해 치러졌던 상원의원 33명을 뽑는 선거에서 29개 선거전에 참여했던 후보들의 연설문을 분석하여 25개를 정확하게 예측했다. 셀리그만은 이것이 사회과학자가 중요한 역사적 사건을 예측한 첫 번째 사례이며 역사심리학의 새로운 시도라고 자평하고 있다.

이처럼 역사와 심리학의 만남은 다양하게 이루어질 수 있다. 역사에서 중요했던 인물들의 성격이나 역사적 사건들을 분석할 수도 있고, 셀리그만이 시도했던 것처럼 다양한 자료들을 낙관주의와 같은 특정 틀을 가지고 분석함으로써 새로운 결과를 도출해 낼 수도 있다.

심리학이 역사에 도움을 줄 수 있는 다른 방법도 있다. 우선 사료 비판 작업에서 심리학이 어떤 역할을 할 수 있는지 살펴보자. 사학자들은 역사를 알기 위하여 사료를 연구한다. 사료는 마치 고고학의 유물들처럼 단편적일 수 있으며, 기록한 사람에 따라서 주관적이거나 당파적인 관점이 포함될 수도 있다. 따라서 사학자들은 사료를 수집, 정리, 비판, 해석하는 데 있어서 전문적인 지식과 연구 방법론을 터득해야만 하는데, 바로 이 부분에서 심리학이 도움을 줄 수 있다.

현대 심리학은 인식론의 질문에 답하기 위해서 시작되었다고 볼 수 있다. 인식론이란 사람들이 어떻게 외부의 정보를 받아들여서 지식을 얻고 그것을 활용하는지에 대한 철학의 한 분야였다. 따라서 현대 심리학의 주된 관심사는 성격이나 동기, 무의식이 아니라 인지와 학습, 감각과 지각처럼 인간 정신세계의 조직과 구성이다. 사람들은 일반적으로 자신은 언제나 정확히 보고 들으며 기억한다고 생각하지만, 심리학자들은 인간의 정보처리 능력이 상당히 부정확할 수 있음을 보여 준다. 따라서 심리학적인 이론을 잘 활용하면 사료를 비판하는 과정에서 도움을 얻을 수 있을 것이다.

그리고 사료와 그것을 만든 사람의 심리적 연관성에 대해서도 생각해 볼 여지가 있다. 사학자들은 역사 속의 인물을 연구할 때 그 인물의 정치적 입장(당파)이나 개인의 이득만을 고려하는 경향이 있다. 그러나 이런 식의 설명은 사실 엉성하게 느껴질 때가 많은데, 정치적 입장과 개인적 이득이 동일한 사람들이라도 전혀 다르게 반응하는 경우가 있기 때문이다. 이런 측면에서 역사적 인물의 성격이나 동기적 측면에서 접근해 보는 것이 좋을 것이다. 물론 역사적 인물에 대한 자료가 부족하겠지만 전혀 불가능한 것도 아니다. 이것은 정도의 문제이지, 여부의 문제가 아닌 것이다.

좀 더 넓게는 사관을 이해함에 있어서 심리학이 도움을 줄 수 있다. 사관이란 인류 역사 전체를 통일적으로 관찰하는 사고체계를 갖춘 사상이라고 할 수 있다. 이것은 우리가 사물을 관찰할 때 의식적 · 무의식적으로 영향을 미치는 일정한 관찰양식 또는 사고의 틀이며, 대상에 관한 일정한 이해를 가능케 해 준다. 역사에서 중요한 이슈가 되는 여러 사관들이 있는데, 그 사관은 주창자의 개인적 일생과 매우 밀접한 관련이 있다. 물론 기존의 사학자들도 사관을 주창한 사람의 일생과 사관의 관련성에 대해서 언급하고 연구하지만, 아직까지는 사상적인 측면의 접근이 주를 이루고 있다. 따라서 심리학적 접근방식을 활용하면 더 풍성한 이해가 가능할 것이다.

논쟁(論爭)

역사와 심리학의 접목을 위해 넘어야 할 산이 있다. 바로 역사학계에서도 논쟁거리가 되었던 과학성의 문제이다. 현대 심리학의 정체성을 한마디로 말하자면 '과학'이다. 과학이라는 말에는 여러 의미가 있겠지만, 어떤 현상에 원인(종속변인)과 결과(독립변인), 즉 인과관계가 존재한다는 결정론을 전제로 한다. 그래서 적어도 어떤 학문이 과학이라고 할 때는 그 학문에서 관심을 갖고 있는 대상의 인과관계를 명확히 밝히는 것이 연구 목적이라는 것을 의미한다. 마치 자연과학자들처럼 법칙을 만드는 것이다. 따라서 현대 심리학이 과학으로서의 정체성을 가진다는 것은 심리학자들이 사람의 마음과 행동에 대하여 연구할 때 그 원인을 밝히고 이에 근거하여 미래를 예측하고 통제하는 것을 목적으로 함을 의미한다.

그러나 역사에서는 다르다. 심리학을 비롯한 거의 모든 사회과학 분야가 인과관계를 밝히는 자연과학의 방법론을 추구하는 경향을 보일 때 사학자들은 이러한 추세에 거의 영향을 받지 않았다. 아니 대다수의 역사가는 이러한 추세조차 몰랐다고 하는 것이 더 맞는 말이다. 물론 역사결정론에 근거하여 역사에서의 사건이나 흐름의 원인을 파악하고자 했던 헤겔(Georg Wilhelm Friedrich Hegel, 1770~1831)과 마르크스(Karl

Marx, 1818~1883) 같은 이들이 있기는 했지만 말이다.

역사에서 인과관계의 문제가 주요한 논의의 대상으로 부상한 계기는 『역사란 무엇인가?』를 쓴 카의 주장이었다. 그에 따르면 "역사의 연구는 원인의 연구"이고, 역사가는 새로운 사물이나 새로운 상황에 대해 '왜'라는 의문을 제기하는 사람이다. 더 나아가 역사가들은 역사적 사건의 합리적인 원인을 제시해야 한다. 그가 말하는 합리적 원인이란 다른 나라, 다른 시기, 다른 조건에서도 언젠가 적용될 가능성이 있는 일반적인 원인을 말하며, 결국 그것으로부터 유익한 교훈을 얻을 수 있다. 반면 우발적 원인은 아무런 교훈이나 결론을 주지 못한다. 합리적 원인이 일반화될 수 있는 원인이 된다는 것은 자연과학에서 말하는 결정론을 역사에 적용하려는 시도라고 볼 수 있다.

그러나 이러한 논리는 많은 비판을 받는다. 우선 역사가는 독립변인과 종속변인이라는 개념에 따라 사고하지 않으며, 여러 변인들이 시간의 흐름에 따라 서로 영향을 주고받는 상호종속성을 가정한다는 것이다. 그리고 카가 구분한 합리적 인과관계와 우발적 인과관계의 구분도 명확하지 않으며, 우발적 인과관계가 역사에서 무의미하다는 주장 역시 설득력이 떨어진다고 한다. 왜냐하면 역사라는 것은 대부분이 우연의 집합체이고, 우연의 일치에 의해 좌우될 뿐만 아니라, 돌연적인 원인의 소치라고 밖에 볼 수 없는 사건의 연속이기 때문이다. 실제로 레닌이 뇌졸중으로 사망한 것은 소련의 역사를 바꾼 계기가 되었다. 이에 대하여 카 역시 우발적 사건이 역사를 바꾸었다는 사실을 인정할 수밖에 없었다고 한다.

최근에는 '역사의 법칙'이라는 말이나 '원인'이라는 말이 조심스럽게 사용되는 경향이 있다. 이 개념들이 역사에서 무엇을 의미하는지 너무나 애매하고 모호하기 때문이다. 사실 카 역시 역사학이 자연과학처럼 필연적이라는 말을 사용할 수 있을 것이라고 기대하지는 않았다. 어떤 사건에 대하여 원인을 밝혔더라도 역사에서는 '가능성이 매우 컸다'는 표현을 쓰는 것이 더욱 현명하다고 했다.

이처럼 역사를 이해함에 있어서 결정론을 적용할 수 있느냐 없느냐, 원인을 파악하여 법칙을 발견할 수 있느냐 없느냐의 논쟁은 여전히 진행 중이다. 만약 역사학을 인과법칙의 발견만 진리로 받아들이는 자연과학과 접목시킨다면, 이 문제는 치명적인 걸림돌이 될 것이다. 그러나 심리학이 그 대상이라면 이 부분은 어느 정도 수용 가능한 방향으로 해결될 수도 있다. 심리학은 역사학과 달리 일정 조건만 주어지면 실험을 할 수 있고, 생리심리학처럼 자연과학의 방법과 내용을 받아들이는 분야에서는 자연과학 못지않은 인과관계를 증명할 수도 있기 때문이다. 그러나 심리학의 나머지 분야에서는 사정이 좀 다르다. 인간의 마음과 행동에 영향을 미치는 원인이 한두 가지가 아니라서 고려해야 할 조건과 변인이 매우 많다. 때로는 서로 상충되는 듯한 두 이론이 공존하는 경우도 많이 있다. 예를 들어 이성 간의 매력에 영향을 미치는 요인으로는 얼마나 비슷한지를 따져 보는 유사성도 있으나, 얼마나 달라서 서로를 보충할 수 있는지를 따져 보는 상보성도 있다. 전반적으로 보자면 심리학에서도 인간의 마음과 행동의 원인을 완벽하게 규명할 수 있다거나, 모든 상황에서 모든 사람들의 행동을 100퍼센트 설명하고 예측할 수 있는 유일무이한 법칙을 발견할 수 있다고 장담하지는 않는다.

결론적으로 심리학자들이 심리학은 과학임을 인정하며 자연과학적 방법론과 그 용어를 받아들이는 데 별다른 저항을 보이지 않는 반면, 사학자들은 과학이나 결정론과는 거리 두기를 시도하고 있다. 그럼에도 이 두 분야의 학자들은 모두 사람과 사람들이 벌이는 사건을 이해하고 나름대로 설명하고자 하는 시도를 멈추지 않고 노력을 경주하고 있다는 점에서 똑같다.

통섭(統攝)

역사와 심리학이 상당히 가까워진 듯한 기분이다. 그러나 기분과 현실은 다르다. 현실적으로 심리학과 역사학의 접목은 근본적인 한계를 가지고 있다. 이것은 비단 심리학과 역사학뿐만 아니라 연접하면 서로 도움이 되는 여러 학문들의 관계에도 존재하는 것으로, 바로 학제 간 연구의 어려움이다.

대부분의 학문들은 고대 그리스 철학에 그 기원을 두고 있다. 고대 그리스 철학자들은 인간과 인간이 살고 있는 이 세상에 대하여 관심을 가졌고, 이 관심은 자연스럽게 다양한 탐구와 연구 활동으로 이어졌다. 그래서 그들은 수학자이자 물리학자였으며, 천문학자이기도 했다. 그러면서 동시에 사람의 마음에 대하여 관심을 갖는 심리학자, 인간의 정치 제도가 어떠해야 하는지를 주장할 수 있는 정치학자였고, 더 나아가 인간의 사후 세계에 대해서도 논할 수 있는 종교인들이었다. 그 당시에 학문이란 것은 동일한 진리를 향해 나아가는 방법론에 지나지 않았다. 그러나 시간이 흘러 중세시대와 대발견의 시대, 계몽주의 시대를 거치면서 학문들은 끊임없이 분화하고 전문화했다. 전문화의 결과는 아주 바람직했다. 각 학문이 전과 비교할 수 없이 비약적인 발전을 이루었기 때문이다.

발전은 언제나 좋고 선한 것이라는 생각이 들지만 이면에는 희생이 따르는 법이다. 비약적인 발전과 전문화는 학제 간 연구를 어렵게 만드는 주요한 원인이 되었다. 용어들은 지나치게 전문화되어서 적어도 그 학문을 몇 년 동안 공부하지 않으면 쉽게 이해할 수 없었다. 이것이 비단 용어 이해의 문제라면 우리의 무지함을 탓할 수밖에 없을 것이다. 그러나 비슷한 현상이나 같은 사건에 대해서도 학자들은 자신들만의 용어로 정의하고 개념화한다. 학문 간의 차이는 물론이고, 학문 내에서도 서로 다른 학파와 이론들이 난립하고 있다. 심리학의 하위 분야인 상담심리를 봐도 그렇다. 분석심리학의 융과 인간주의 심리학자인 로저스(Carl Rogers)는 모두 자기(self)라는 용어를 사용하지만, 이는 서로 다른 개념이다.

이렇게 각 분야의 전문화는 반드시 다른 분야와의 차별성으로 이어지게 마련이고, 결국에는 학제 간 연구나 여러 이론의 통합적이고 절충적 이해를 불가능하게 만든다. 학제 간 연구가 필요하다는 사실은 많은 학자들이 동감하고 있지만 현실적으로 학자들은 자신의 분야에서 당장 인정받을 만한 연구를 해야 한다. 그리고 학제 간 연구를 위해서는 다른 분야의 학자들과 끊임없는 소통을 하거나 새로운 분야를 배우기 위해 다시 학생의 입장이 되어야 한다는 부담감이 따르게 마련이다. 또한 자칫하다가는 정체성 논란에 휩싸이면서 숨어 있던 정적으로부터 일격을 당할 수 있는 위험도 있다. 그나마 자연과학의 경우에는 철저하게 객관적인 사실에 근거하기에 학제 간 연구가 가능하지만, 심리학과 같은 사회과학이나 역사학처럼 끊임없이 논란이 있을 수 있는 분야에서는 현실적으로 거의 불가능에 가까운 일이다.

그러나 학계에서 논문을 발표하고 교수라는 직분을 유지해야 하는 학자의 입장이 아니라면 이야기는 조금 달라진다. 학계의 눈치를 보지 않아도 될뿐더러, 정체성 논란에 휩싸일 필요도 없다. 연구 실적의 압박에서도 자유로우니 마음만 있다면 다양한 학문세계를 연결할 가능성이 있다. 물론 자신이 모르는 분야에 대해서는 관심을 갖고 배우려는 자세를 갖출 필요가 있다. 그러면 대중들을 위하여 다양한 정보들을 서로 연결해 주고, 기존의 것과 다른 관점을 제시할 수 있을 것이다. 물론 이때 기존의 학계에서도 어느 정도 인정받는 이론과 사실에 근거해야 하는 것은 두말할 필요도 없다.

사회생물학 혹은 진화심리학의 개척자이자 인문학과 자연과학을 통합하려는 노력을 하고 있는 윌슨(Edward Osborne Wilson, 1929~)은 자연과학과 사회과학, 그리고 인문학의 지식은 본질적으로 통일성을 가지고 있다면서 서로 협력해야 함을 강조한다. 그는 이러한 주장을 담은 자신의 책 제목을 『통섭: 지식의 대통합』이라고 했다. 통섭으로 번역된 'consilience'는 19세기 자연철학자 휴얼(William Whewell, 1794~1866)이 창안한 말로서 라틴어 'consiliere'에서 유래되었다고 한다. 함께라는 뜻을 가진 접두사 'con-'과, 뛰어넘는다는 뜻을 가진 'salire'를 합쳐서 만든 이 단어의 의미는 어떤 현상을 설명하기 위하여 여러 분야를 가로지르는 사실들과 사실에 근거한 이론을 연결하는 지식의 통합을 의미한다고 할 수 있다. 윌슨의 제자이자 이 책을 번역한 최재천은 이를 통섭(統攝)으로 번역했다. '큰 줄기' 또는 '실마리'라는 뜻의 통(統)과 '잡다' 또는 '쥐다'라는 뜻의 섭(攝)을 합쳐 만든 말로서 '큰 줄기를 잡다'라는 의미를 지닌다고 한다.

역사와 심리학의 통섭, 가능하지 않겠는가!

심리학으로 보는 로마인 이야기

펴낸날 **초판 1쇄 2011년 3월 18일**

지은이 **강현식**
펴낸이 **심만수**
펴낸곳 **(주)살림출판사**
출판등록 **1989년 11월 1일 제9-210호**

경기도 파주시 교하읍 문발리 파주출판도시 522-1
전화 031)955-1350 팩스 031)955-1355
기획 · 편집 031)955-4667
http://www.sallimbooks.com
book@sallimbooks.com

ISBN 978-89-522-1557-4 03180

※ 값은 뒤표지에 있습니다.
※ 잘못 만들어진 책은 구입하신 서점에서 바꾸어 드립니다.

책임편집 **정홍재**